高等院校建筑与环境艺术设计专业系列教材

本书由浙江省教育厅科研项目（Y202148344）和
浙江大学平衡建筑研究中心配套资金资助

城市环境无障碍

陈瑜　吴佳雨　主编

中国建筑工业出版社

图书在版编目（CIP）数据

城市环境无障碍/陈瑜，吴佳雨主编. — 北京：中国建筑工业出版社，2022.6
高等院校建筑与环境艺术设计专业系列教材
ISBN 978-7-112-27353-9

Ⅰ.①城… Ⅱ.①陈…②吴… Ⅲ.①残疾人—城市道路—设计—高等学校—教材②残疾人—城市公用设施—设计—高等学校—教材③残疾人住宅—建筑设计—高等学校—教材 Ⅳ.①U412.37②TU984.14③TU241.93

中国版本图书馆CIP数据核字（2022）第070571号

本书为聚焦城市尺度的无障碍环境规划设计的教材，系统介绍了城市无障碍环境建设的概念与演进、我国城市无障碍环境建设的现状与问题分析、国际城市无障碍环境建设的进展与经验、城市环境无障碍建设的总体框架、城市环境无障碍建设的用户群体特征、城市环境无障碍的现状分析与规划调研方法、城市无障碍环境规划要求、城市环境无障碍子系统设计导则、城市环境无障碍模块化建设指引、城市环境无障碍建设的实施保障共10个章节。本书可以作为高等学校城乡规划、风景园林、建筑设计、环境设计等专业的教学用书；也可供有关政府部门、规划、设计和施工技术人员阅读参考。

责任编辑：唐　旭　张　华
书籍设计：锋尚设计
责任校对：王　烨

高等院校建筑与环境艺术设计专业系列教材
城市环境无障碍
陈瑜　吴佳雨　主编

*

中国建筑工业出版社出版、发行（北京海淀三里河路9号）
各地新华书店、建筑书店经销
北京锋尚制版有限公司制版
北京市密东印刷有限公司印刷

*

开本：880毫米×1230毫米　1/16　印张：15¼　字数：468千字
2022年6月第一版　2022年6月第一次印刷
定价：**48.00**元
ISBN 978-7-112-27353-9
（39041）

版权所有　翻印必究
如有印装质量问题，可寄本社图书出版中心退换
（邮政编码100037）

目录

1 城市无障碍环境建设的概念与演进
1.1 城市无障碍环境建设的基本概念　1
1.2 城市无障碍环境建设的理念演进　4
1.3 城市无障碍环境建设的范畴与服务群体　6

2 我国城市无障碍环境建设的现状与问题分析
2.1 我国城市无障碍环境建设的实践发展历程　10
2.2 我国城市无障碍环境建设的法制规范　18
2.3 我国城市无障碍环境建设的主要问题　23
2.4 我国城市无障碍环境建设的发展趋向　25

3 国际城市无障碍环境建设的进展与经验
3.1 国际城市无障碍环境建设的发展历程　27
3.2 国际城市无障碍环境建设的法规建设与实践　29
3.3 国际城市无障碍环境建设的经验借鉴　38

4 城市环境无障碍建设的总体框架
4.1 总体目标　41
4.2 主要原则　41
4.3 系统架构　42
4.4 理论支撑　43

5 城市环境无障碍建设的用户群体特征
5.1 面向人群的主要类型　48
5.2 不同人群的城市环境无障碍尺度特征　50
5.3 面向人群的无障碍环境基本需求特征　58

6 城市环境无障碍的现状分析与规划调研方法
6.1 数据收集与社会调研　67
6.2 规划（规范）实施评估　76
6.3 服务群体需求特征分析　80

7 城市无障碍环境规划要求
7.1 规划目标与指标体系　88
7.2 市域层面的无障碍规划　94
7.3 中心城区的无障碍规划　102
7.4 无障碍详细规划　118

8 城市环境无障碍子系统设计导则
8.1 出行无障碍　125
8.2 休闲无障碍　150
8.3 交往无障碍　163
8.4 居住无障碍　192

9 城市环境无障碍模块化建设指引
9.1 通行类模块　206
9.2 功能类模块　218
9.3 导识类部件　226

10 城市环境无障碍建设的实施保障
10.1 规范政策标准体系　233
10.2 健全组织工作机制　235
10.3 强化管理监督系统　236
10.4 全流程公众参与　237
10.5 开展研究宣传工作　238

1 城市无障碍环境建设的概念与演进

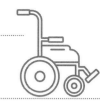

1.1 城市无障碍环境建设的基本概念

1.1.1 障碍的概念和内涵

无障碍是一个与每个生命的权利和自由都密切相关的概念。世界卫生组织统计数据显示,全世界有超过10亿人口面临某种形式的残疾,比例约14%,其中又有接近2亿人口面临相当严重的功能困难,这一比例随着全球老龄化时代的到来与慢性疾病风险的提高仍将持续攀升。

在过去的认知中,提及行动和感知障碍人群往往首先指向的是占全国约14亿总人口6%的8500万残疾人。然而,如果认同人与社会的多样性,每个人在生命周期中都会因为年龄、性别、伤病甚至文化等因素遇到看得到的或者看不到的身心障碍、交流障碍等问题。障碍存在于人生的各个发展阶段,只是发展程度、存在时长不同,影响范围不同,困难程度不同。

2011年,世界卫生组织与世界银行联合发布《世界残疾报告》(以下简称《报告》),对残疾(功能减弱或丧失)定义为一种广泛存在的暂时或永久性损伤状态,几乎在每个人生命中都有可能出现,越是步入老龄越有可能经历更多的功能障碍。《报告》同时提出,由于残疾的复杂性,为克服其不利状况而采取的干预措施也是多样且系统的,且会随着情景发生改变而变化。更进一步的,国际社会已经在广泛讨论并逐渐认同由于基因和遗传等因素带来的神经多样性(Neurodiversity),以及由此导致的差异,包括运动、计算、情感障碍、注意缺陷多动障碍、自闭症谱系综合征等被看作人的多样性体现。这是将障碍作为人的多样性的一种加以理解,使得讨论残疾相关的范式(Paradigm)发生了变化。

总体而言,人类社会对残疾的理解经历了从"个体型残疾"到"社会型残疾"的转变。个体型残疾的概念认为,残疾的问题是直接地由个体的问题带来的,包括病痛、障碍消极状态等,改善他们的生存状况就是要改变他们的身体和心理,而社会型残疾的观点由关注残疾人身上的限制,转而关注环境给特定人群带来的限制。社会型残疾观点认为障碍是绝对的,因为没有任何一个人是能适应任何环境的,但在某个具体的情况下是否构成障碍,是由身体因素、活动因素与环境因素三者共同决定的。"身体损伤者反对隔离联合会"(UPIAS)于1976年提出过一个典型的社会型残疾观点,即认为这是一种由社会组织不顾及或很少顾及损伤者情况而将其排除在主流活动之外的身体情况;与身体损伤不同,其侧重于迫使损伤者的活动受到限制。进一步而言,2006年发布的联合国《残疾人权利公约》(以下简称《公约》)对残疾人概念进行了重新界定,认为残疾人受到的生理、心理、智力、感官缺陷,以及这些缺陷之间的相互作用,是阻碍他们像其他人一样平等、充分和有效地参与社会生活的原因。《公约》将残疾观从"个体残缺"提升到"社会及模式",倡导整个社会应通过消除信息、观念和环境的障碍,促使残疾人可以平等、自主地参与社会事务、工作和生活,实现个人价值。

城市无障碍环境建设的基础来源于社会型残疾观点。城市无障碍环境建设即对社会进行必要的调整以使其适应残疾人的需求,并由立法确保其强制性。长期以来,城市环境建设均以服务身心功能完好的健全人为要旨,城市道路、交通设施、市政建设、公共建筑、住宅等的规划设计，无一不是以健全成年人的尺度、活动空间、活动模式与使用需要为基本参数。这使得城市环境的许多方面不仅不适合残疾人使用，还因为这种障碍的存在使得残疾人减少甚至丧失了与其他人发生密切联系的机会，实质上是在剥夺残疾人平等参与社会生活的权利。时至今日，许多规划设计和管理部门仍对此缺乏认识与了解，即未将城市建设视作应服务综合性人口结构和各种群体而存在。

专栏1-1 » 障碍的表述

英文中与障碍（残疾）相关的表述有三个：
Impairment：损伤，指生理和心理上的不正常。
Disability：疾，指能力缺乏。
Handicap：残障，指障碍的状态。
前两者倾向于"个体型残疾"的观点，后者则倾向于"社会型残疾"的观点。

1.1.2 无障碍设计与无障碍环境建设

无障碍设计（Barrier Free Design）的概念是由联合国于1974年提出的，主旨是：有关衣食住行的公共空间环境和设施设备，其规划设计应同时且充分考虑具有不同程度生理伤残缺陷者和正常活动能力衰退者的使用需求，营造充满爱与关怀、保障人类安全、便捷与舒适的现代生活环境。

无障碍设计的目标是通过规划设计减少或消除各人群在公共空间活动中的各类障碍，实现路径是基于对人类行为、意识与动作反应的细致研究，对一切物体与环境进行优化，在使用全流程中清除让使用者感到困难的障碍。无障碍设计在老年公寓中相当广泛，至少涵盖产品与环境两个方面，其中产品指的是人们日常生活使用的无障碍产品设计，而环境指的是人们生活空间设施的无障碍环境设计，也是本书关注的重点。

无障碍环境（Barrier Free Environment）由物质环境（社会性设施、信息传播方式）和精神环境（思想认识和意识）两方面组成。其中，无障碍物质环境即指能使全龄健全人与残疾人没有任何不便，能够共同自由生活、活动的物质设施空间，具体包括：环境无障碍设计、设施无障碍设计、空间无障碍设计、信息交流无障碍设计（电视手语和字幕、盲人有声读物、音响信号、手机和网络信息）等。

无障碍环境设计主要是针对无障碍环境中的设施建设，从建设部门来看，即要求城市道路、公共建筑、住宅等的规划设计和实施都应该尽可能方便行动障碍者使用，例如城市道路应满足肢体不便和视力残疾者通行，步行道上铺设盲道、触觉指示信号等；建筑空间应关注出入口、电梯、扶手、卫生间等每个细节，进行相应的调整或增设设施，以便于行动障碍者通行和使用。

信息交流无障碍则要求公共传媒应使听力、言语和视力残疾人员能够无障碍地获取信息并进行交流，主要内容包括：影视节目的手语和字幕工程、主要公共场所设立明显的信息标志牌、盲人计算机推广工程、手机短信和屏幕的可视通话推广应用工程、盲人有声读物出版等。信息的无障碍建设主要侧重于在公共场所建立明显的信息标识牌和盲文地图，并对位置选择、数量控制、颜色、高度、大小进行具体规定，需参照《无障碍设计规范》（GB 50763—2012）及有关标准规范。

1.1.3 从无障碍到通用无障碍

从历史的角度来看，"残疾"本身就是一个演变中的概念，"无障碍"的内涵和外延更是伴随着社会的发展不断发生着变化。随着残疾观从"个体型残疾"转向"社会型残疾"，平等、参与、共享逐渐成为国际共识，无障碍的内涵也在不断拓宽，衍生出包容性设计（Inclusive Design）、有利环境（Enabling Environment）、为所有人的设计（Design for All）、正常化（Normalization）、通用设计（Universal Design）等概念。

在中文语境中，"无障碍"一词并非某个英文单词的简单直译，也并无广义、狭义之分。在我国官方文件和学术研究中，Barrier Free通常被翻译成"无障碍"，本身既代表了物质空间环境的无障碍，也涵盖信息、服务等领域的可达和无障碍。当然，面对"无障碍"问题针对残疾人尤为突出，在我国提及"无障碍"，大家也往往认为是涉及残疾人的专门领域，这就是为什么在今天的发展中强调无障碍通用普适性的原因。

在英文语境中，无障碍（Barrier Free）与通用设计（Universal Design）代表着不同历史阶段观念的差异。20世纪30年代开始，北欧国家率先开始兴建残疾人专用设施，这是无障碍设计的萌芽。此后，英国、美国等国也开始大力推动空间环境的无障碍设计。到如今，全世界已有100多个国家和地区颁布了无障碍设计有关标准。而正是在各国无障碍建设不断探索、不断发展的过程中，残疾观开始转变，无障碍建设不再仅作为对残障人群的特殊关照。正如1975年"国际康复论坛"提出的，应以"面向所有人"为基础，"不仅对特殊群体，对老年人和滞后于主流社会的人群都应给予关照"，即一种广义的无障碍设计。

实际上，广义无障碍设计是无障碍发展到一定阶段的高级设计理念。狭义无障碍仅针对特殊人群和弱势人群，广义无障碍设计则是致力于在最大可能范围内，提供适合所有性别、年龄与能力人群以使用方便的环境和产品。因此，广义无障碍实际上是在狭义无障碍基础上的扩展与延伸，具有更广、更宽的概念范畴。基于"能为广大人群使用"的目标，广义无障碍设计首先立足于将残疾人、老年人等弱势群体和健全成年人作为一个整体来考虑，进而研究不同群体各自的行为特征，力图将所有不同使用者的元素和需求考虑在内，不仅仅是完成行动上的无障碍，更是追寻精神层面的"无障碍"。

通用设计（Universal Design）理念是广义无障碍设计理念中影响最广的，由美国肢体残障设计师罗纳德·梅斯（Ronald Mace）于1987年首次提出，强调产品、环境和服务的设计与提供应立足于以人为本，达到可以最大限度地被所有人使用的目的，且无须再进行专门的改造与设计。这一理念已广为国际社会认同和采纳，许多国家都将通用设计作为建设无障碍城市环境的标准与路径，例如新加坡从2006年起推行无障碍总体规划（Accessibility Master Plan to Create User-friendly-Built Environment），在日本发布的《通用设计2020》行动计划中，结合举办奥运会和残奥会的契机，建设人人都能安全、舒适行动的通用设计是其中最为重要的组成部分。这一理念对于实现人类社会共同繁荣与和平意义深远，已被包括曾任联合国秘书长潘基文在内的多个国际组织和机构反复重申。

从无障碍设计到通用无障碍设计的发展，是"由特殊到一般"的全方位设计模式的转变，其既扩大了目标人群，还有别于原来的差别化设计，不会给残疾人群体带来心理上的压力，以人人都应该受到尊重、人人平等的理念为指导，提倡一种"不受可能的限制，谁都能利用的"通用、包容性设计模式。

专栏1-2 »《北京宣言》中关于通用无障碍发展的行动倡议

作为共识，我们应当在各自领域推动通用无障碍发展，提出如下行动倡议：

（1）我们认识到不同地域在经济发展水平、社会生活习惯、历史文化传统等方面的差异，所以我们应当着力研究通用普适的无障碍目标与因地制宜、因时因人制宜的关系，尊重不同的差异和发展水平，权衡并选择合理的目标与方式，从环境、信息、服务、就业等多方面提升通用无障碍水平。

（2）我们认识到通用无障碍的目标是为了推动全社会平等、包容与充分参与，因此应当关注利益相关方以及各种行为与感知有不同障碍的群体，包括但不仅限于性别、年龄、文化、宗教、身心障碍等方面。与此同时，我们也应当意识到必须重点关注那些对消除障碍、实现平等更加敏感、高度依赖的群体，比如儿童、妇女、残疾人、贫困的老年人等，这些群体在实现通用无障碍愿景的过程中需要更多的投入与关爱。

（3）我们督促相关政府部门以及利益相关方，在法律法规、政策标准与发展规划的制定中，充分纳入通用无障碍的理念和原则，尊重不同群体的差异，保障残疾人群体在无障碍事务中的深度参与与广泛协商，提升残障人参加生活与生产活动的自主能力，以法律为准绳，监督通用无障碍在各个环节的落实，确保不同群体消除歧视的基本诉求。

（4）我们在遵守相关政策和法律的前提下，应当加强合作和交流，分享知识和经验，突破行业、领域等带来的壁垒，因为通用无障碍是所有人的福祉，需要所有人的投入。

（5）我们决心通过《通用无障碍发展北京宣言》强化我们在21世纪新时代面对城镇化诸多挑战的信心，加深我们对全社会平等、包容、永续发展的认识，促进我们在每一项具体行动中对上述理念的落实，实现我们的共同愿景。

1.2 城市无障碍环境建设的理念演进

针对城市无障碍环境建设的理念演进，学界较普遍的观点有两种：一种将对待残障人士的观念模式分为医疗模式和社会模式，另一种在两种模式之后又加了一个权利模式。

1.2.1 医疗模式

医疗模式（The Medical Model）是将残疾人作为被救助的群体从普通人群中划分出来，他们被认为是被动的、病态的、需要救助的特殊群体，是社会需要救助的对象。在这种观念模式下，他们被"隔离照顾"，被隔离于特殊的"福利院""残障学校""残障工厂"等，因为这样做相对社会成本是最低的。在医疗模式下，残疾人的价值往往被忽略和否定，他们仅被当作社会福利和社会财富的消耗者，是社会的累赘。

无障碍的"医疗模式"主要产生于第二次世界大战前后。第二次世界大战前，整体社会经济并不发达，很多残疾人因自身的缺陷，连基本生存都无法保障，更无法向社会要求任何权利。即便得到救济，获得的也仅仅是一时的生存权，因而生活没有质量，没有尊严，没有保护，一个时期，社会对残疾人的帮助、认识，仅限于"救济"生存障碍。第二次世界大战后，因战争出现了为数众多的生活贫困者、儿童、身体残疾者，随着对福利需求的增大及社会的进步，近代以来国家、政府以"救助"为宗旨，为残疾者等制定了福利法、保护法，相对之前存在的救济方法，救助所表达的意义是拯救和帮助、救护和援助，使被帮助者获得一定的物资上的支援或精神上的解脱。与救济相比，对残疾人来说不再是施舍者的居高临下，残疾人群体开始为社会所接受，其不仅获得了生活质量的改善，同时开始有机会参与劳动，得到了更自立的生存状态。基于"救助"的意念，制定无障碍设计基准、无障碍设计法规等为残疾人群体提供援助。

1.2.2 社会模式

此后，随着社会经济的发展、人口结构的变化、老龄化和少子化趋势的发展，人们逐渐认识到，残疾人无法正常参与社会生活并非完全由自身缺陷造成，实质上与隔离残疾人的社会环境密不可分，如果消除这些障碍，残障人士完全可以与其他人一样参与到正常的社会生活中，甚至可以同样地创造社会物质财富与精神文化财富。

基于这一观念转向的社会模式（The Social Model）不再认同绝对区别的存在，而是立足于对人类自身生命进程的全景认识，理解到每个社会个体都有不同的能力限制，在不同的阶段与场合可能遇到与残障人士一样或类似的障碍，认识到自始至终一直正常的人几乎是不存在的。无障碍环境建设所需要消除的不仅仅是阻碍残障人士参与社会生活的障碍，更包括为所有社会成员创造一个能在生命不同阶段自由活动、交流的社会环境和生存空间。社会观念的变化与生活方式的改变以及技术的发展也促进了残障人士融入社会的可能。正是社会模式"支撑了"无障碍环境建设的必要性。

基于认识、认知的转换，各个国家的制度也发生了变迁。首先是将一般公共空间的残疾人设施配置制度化，同时将住宅可达与公平纳入考量，进一步结合老龄化的发展状况，推动社会福利设施从治疗设施转为介护设施。残疾人设施也由最初的康复援助设施阶段发展到社会环境无障碍发展的住宅保健阶段，从选择居住福利设施进展到选择居住在家中享受福利的方式。此外，居住设施更加贴近生活，公用设施种类也在不断增加，随着个人独立和参加社会活动的多样化，相关领域的政策及设施不断扩大，使得各种福利的界限逐渐模糊，不再限于设施的复合化和制度本身。

1.2.3 权利模式

权利模式（The Right Model）主张残疾人作为社会主体之一，享有与生俱来的基本人权。正如《世界人权宣言》所书，"人人生而平等，在尊严和权利上一律平等"，残障人士和其他社会弱势群体应当具有均等的机会参与社会生活和发展。支持残疾人融入社会应当包括参与立法、参与社会事务、享用社会资源以及承担义务等。这种从被动救助对象到主动权利主体的转变，也反映了国际社会对残疾和残障人士看法的根本性变化。

权利模式与社会模式从本质上是一致的，反映了一种从"被施予者"到"权利主体"的根本变化，但前者在"社会模式"的基础上更加强调"自治、自决、接纳"等概念。接纳即意味着全面参与社会的各个领域，自治和自决的理念更加尊重残疾人的心理尊严，这些概念不但影响了法律法规的调整，也影响了无障碍设计方式逐渐向残疾人"自我决定模式"的发展。2002年，由联合国亚太经济社会委员会（ESCAP）发布的《琵琶湖千年行动纲要》正式通过了为亚洲及太平洋地区残疾人提供包容、无障碍和以权利为本的社会决议，其中所强调的包容、无障碍和以权利为本也是这种观念模式转变的证明。

社会模式和权利模式下的福利理念由救济和救助转变为"服务"，"服务"的概念是为他人做事，满足他人需要，并使他人从中受益的一种有偿或无偿的工作，不以实物形式而以提供劳动的形式出现。这里清楚地表明了提供服务者和使用者对等关系的确立，残疾人也可以像健全人一样参与社会生活、决策，平等地行使各种权利，为残疾人"服务"的意识转化为社会成员的义务，福利服务设施体系、社会福利法成为所有人的权利。

随着社会时代的变迁，无障碍建设作为一种社会性制度，根据时代的需求也在不断改变其作用，人们对残疾人的生活权利及走入社会的认识也由"救济"转换为"救助"，并发展到今天的"服务"意识，从表面上看是用词用语的变化，但是对整个社会来说则是责任、权利、制度、人性化等内涵的转变，当然也是社会文明发展的必然结果。从早期的反歧视，发展到救助，再发展到平等参与，残疾人从被动接受帮助的角色，转变为共享和融入社会的共同目标，提供公平地参与社会的环境成为全社会的责任，这无疑是非常大的进步。

从无障碍设计认识分析，到无障碍设计思路变迁，实际上就是"由一般到特殊"，再"由特殊到一般"的发展过程，是由普通设计（以健全人为对象）到无障碍设计，再到通用设计的演变过程。采用"由一般到特殊"的无障碍设计思路，对待建筑设施的使用者，无论是健全人还是残疾人，无论是妇女还是儿童，都应该一视同仁。而从残疾人的心理入手，认定残疾人是正常的、与大众一致的、完全平等的，尽管是"残疾人专用标准"，但完全能够适用于普通设备供正常人使用,则是采用了"由特殊到一般"的设计思路。简单地理解就是,普通设备就是建筑中的任何设备,而非那些仅仅为残疾人所使用的设备,这也是避免歧视残疾人的思想。

1.3 城市无障碍环境建设的范畴与服务群体

1.3.1 服务群体

对应于通用无障碍理念基本概念的发展和无障碍环境建设理念模式的演进,城市无障碍环境建设的涉及群体也在不断变化,从初始阶段狭隘分离的服务对象,转变为发展阶段扩大兼顾的服务对象,再发展到通用阶段包容统一的服务对象。

初始阶段狭隘分离的服务对象:1963年发布的《国际残疾人行动计划》明确"以健全人为中心的社会是不健全的社会","无障碍"的概念开始形成。但由于发展仍处于早期,这一阶段无障碍设施的建设是独立的,服务对象仅仅限定于残障人士,特别是肢体残疾者。

发展阶段扩大兼顾的服务对象:20世纪70年代以来,随着生活条件的改善与医疗水平的提高,人类平均寿命提高,老龄化趋势广泛出现,老年人、儿童、孕妇、病人等也逐渐加入无障碍设施的使用者行列中来,拓展了无障碍设施建设的服务人群。

通用阶段包容统一的服务对象:进入20世纪90年代以后,"人人平等"的思想得到进一步关注和贯彻,无障碍环境的建设是为社会所有成员服务的,为每一个社会成员提供无障碍的出行、交流环境。

总体来看,城市无障碍环境建设的服务对象包含的人群很广泛,不再是传统上生理缺陷的残障人群,还包括老年人、儿童、孕妇、病人等这些由于自身生理阶段和限制造成使用社会各种设施不方便的人群,包括因推婴儿车、行李负担过重等外在原因造成的行动不便的人群,以及外国人等由于文化背景不同造成出行不便的人群。特殊需求人士与普通人一样都是社会的一分子,享有均等的作为社会成员的权利,而无障碍环境建设应当致力于让每一个社会成员能够公平、自尊、独立地参与社会生活。这一点已经成为国际社会普遍接受的共识。(表1-1)

参照相关标准,城市无障碍环境建设的服务对象涵盖暂时障碍者和长期障碍者,包括肢体障碍、视觉障碍、听觉和言语障碍、知觉障碍、精神障碍、发育障碍、老年人、孕妇、儿童、携带婴儿或大件行李者、外国人或其他语言不通者、患有内在疾病体弱者等。

城市无障碍环境建设的服务对象(参照日本标准) 表1-1

对象者	假定为目标的案例示例	主要特征
高龄者	步行困难的场合; 视力障碍的场合; 听力障碍的场合	行走时的不稳; 在楼梯和台阶上可能难以移动; 长时间连续行走或长时间站立可能会困难; 因视觉和听觉能力下降可能导致信息识别和交流困难
肢体不自由者 (轮椅使用者)	手动轮椅使用; 电动轮椅使用	上下楼梯(轮椅使用者)是不可能的; 需要一定的移动空间; 上肢疾病时,可能难以执行精细的操作和手腕工作; 可能很难书写或说话
肢体不自由者 (除了轮椅使用者)	使用拐杖等; 使用假肢、假手、假关节等	难以在楼梯、台阶或斜坡上移动; 长时间连续行走或长时间站立困难; 上肢疾病时,可能难以执行精细的操作和手腕工作; 可能难以书写或说话

续表

对象者	假定为目标的案例示例	主要特征
内部残疾人	难以长时间站立； 人造器官（人工肛门、人工膀胱造物）	难以从外面注意到； 难以长距离行走或站立很长时间； 由于残疾而必须携带氧气瓶等
视觉残疾人	全盲； 弱视； 色觉障碍	难以从外面注意到； 难以把握空间并确定到达目的地的路线； 视觉上不可能或很难识别信息； 信息主要是通过语音获得的； 难以读写文字
听觉和言语障碍者	先天失聪； 后天失聪； 有言语障碍	难以从外面注意到； 语音信息的识别和沟通是不可能的； 信息主要来自视野； 即使会大声说话，也可能听不到； 即使佩戴助听器，也可能无法沟通
知觉障碍者	初次参观该设施时； 当情况从平常改变时	沟通、情绪控制等困难时； 如果信息很多，可能会造成混淆； 对周围的言语和动作敏感； 有些人不善于理解复杂的故事和抽象概念； 有些人不善于阅读、写作和计算； 有些人即使出现问题也无法寻求帮助； 有些人由于注意力不集中而没有注意到危险部位，它可能会不断移动或突然弹出
精神障碍者	初次参观该设施时； 当情况从平常改变时	对压力敏感，容易疲倦、头痛，产生幻听； 对新事物感到紧张或焦虑，在拥挤或封闭的情况下极度紧张或焦虑； 有些人不善于与人见面，进行人际交往和沟通； 有时他们会非常谨慎并考虑与他们无关的事情； 年轻人由于疾病或长期住院，有些人不习惯社交生活
发育障碍者	初次参观该设施时； 当情况从平常改变时	难以与他人建立人际关系； 不能保持静止、四处奔走、过度活跃等冲动性活动； 对特定利益和兴趣的坚定承诺，重复性行为； 有些人不善于应对突发事件或时间表的变更； 有些人无法理解对方的故事或不能很好地表达自己的想法； 他们不擅长阅读、写作和计算； 有些人由于注意力不足，可能不会注意到危险区域，否则它可能会不断移动或突然跳出
孕妇	怀孕时	行走不稳定（特别是下楼梯时，看不见脚和感到不舒服）； 长时间站立困难； 可能会感到不适； 开始时很难从外表被注意到
带婴儿	使用手推车时； 抱婴儿时； 婴儿手牵着手时	难以长时间站立（例如握住时）； 儿童可能会表现出意外行为； 手抱婴儿时难以上下楼梯、台阶等（尤其是在手推车时难以使用楼梯）； 需要换尿布或母乳喂养
外国人	无法理解日本语时	日语沟通困难或无法沟通
其他	暂时受伤时（使用拐杖或石膏等）； 患病时； 搬运沉重的行李时； 首次参观公园时	可能难以移动、掌握信息、使用设备等

1.3.2 建设范畴

根据《联合国残疾人权利公约》、我国的《残疾人保障法》《无障碍环境建设条例》等相关公约和法律法规，无障碍环境建设包括物质环境、信息交流和社区服务的无障碍建设。具体而言：

物质环境无障碍指的是无障碍设施（工具），即在城市道路、建筑物和交通工具中，为方便残疾人、老年人、儿童及其他行动不便者设计、建设，使之能参与正常活动的设施（工具）。无障碍设施主要包括：无障碍出入口，无障碍通道、地面、坡道（包括缘石坡道和轮椅坡道），盲道（包括行进盲道和提示道），无障碍楼梯、垂直电梯、升降台等升降装置，低位装置（电话、柜台、窗口），无障碍停车位，无障碍座席，无障碍厕所（厕位），无障碍车辆，无障碍住房（客房），无障碍标志、提示信号装置等。

信息交流无障碍主要指方便残疾人等获取信息、进行交流的措施。如方便视力残疾人了解信息的盲文、语音提示，将文字和图片转换为声音的无障碍网络，方便盲人考试的盲文试卷、电子试卷等，方便听力残疾人了解信息的手语、字幕，方便视力残疾人和听力残疾人使用的无障碍信息交流技术产品，方便智力残疾人的简单易懂的图画、卡片等。

社区服务无障碍主要指社区公共服务设施和家庭的无障碍建设与改造在社区举行的选举采取无障碍方式（如选举场所无障碍、盲文选票），方便听力残疾人的文字短信报警、呼叫的无障碍措施等①。

> **专栏1-3 » 各类法规关于无障碍环境建设范畴的表述**
>
> 1.《残疾人保障法》
>
> 国家和社会应当采取措施，逐步完善无障碍设施，推进信息交流无障碍，为残疾人平等参与社会生活创造无障碍环境。
>
> 无障碍设施的建设和改造：新建、改建和扩建建筑物、道路、交通设施等，应当符合国家有关无障碍设施工程建设标准。
>
> 信息交流无障碍：国家采取措施，为残疾人信息交流无障碍创造条件。各级人民政府和有关部门应当采取措施，为残疾人获取公共信息提供便利。
>
> 公共服务机构和公共场所：应当创造条件，为残疾人提供语音和文字提示、手语、盲文等信息交流服务，并提供优先服务和辅助性服务，公共交通工具应当逐步达到无障碍设施的要求。有条件的公共停车场应当为残疾人设置专用停车位。
>
> 2.《无障碍环境建设条例》
>
> 无障碍环境建设，是指为便于残疾人等社会成员自主安全地通行道路、出入相关建筑物、搭乘公共交通工具、交流信息、获得社区服务所进行的建设活动。包括：
>
> 无障碍设施建设：城镇新建、改建、扩建道路、公共建筑、公共交通设施、居住建筑、居住区，应当符合无障碍设施工程建设标准。乡、村庄的建设和发展，应当逐步达到无障碍设施工程建设标准。
>
> 无障碍信息交流：县级以上人民政府应当将无障碍信息交流建设纳入信息化建设规划，并采取措施推进信息交流无障碍建设。
>
> 无障碍社区服务：社区公共服务设施应当逐步完善无障碍服务功能，为残疾人等社会成员参与社区生活提供便利。
>
> 3.《无障碍设计规范》
>
> 本规范适用于全国城市新建、改建和扩建的城市道路、城市广场、城市绿地、居住区、居住建筑、公共建筑及历史文物保护建筑等。本规范未涉及的城市道路、城市广场、城市绿地、建筑类型或有无障碍需求的设计，宜按本规范中相似

---
① 中国无障碍环境建设发展研究——基于残疾人社会融入的视角。

类型的要求执行。农村道路及公共服务设施宜按本规范执行。其中：

无障碍设施：包括缘石坡道、盲道、无障碍出入口、轮椅坡道、无障碍通道和门、无障碍楼梯和台阶、无障碍电梯和升降平台、扶手、公共厕所和无障碍厕所、公共浴室、无障碍客房、无障碍住房及宿舍、轮椅席位、无障碍机动车停车位、低位服务设施、无障碍标识系统和信息无障碍。

城市道路：无障碍设计的范围应包括城市各级道路、城镇主要道路、步行街、旅游景点、城市景观带的周边道路。城市道路、桥梁、隧道、立体交叉中人行系统均应进行无障碍设计，无障碍设施应沿行人通行路径布置。人行系统中的无障碍设计主要包括人行道、人行横道、人行天桥及地道、公交车站。

城市广场：无障碍设计的范围应包括公共活动广场、交通集散广场。

城市绿地：无障碍设计的范围应包括城市中的各类公园，包括综合公园、社区公园、专类公园、带状公园、街旁绿地等；附属绿地中的开放式绿地；对公众开放的其他绿地。

居住区和居住建筑：无障碍设计的范围应包括道路（居住区路、小区路、组团路、宅间小路的人行道），居住绿地（出入口、游步道、体育设施、儿童游乐场、休闲广场、健身运动场、公共厕所等），配套公共设施（居委会、卫生站、健身房、物业管理、会所、社区中心、商业等为居民服务的建筑，供居民使用的公共厕所，停车场和车库），居住建筑（住宅及公寓、宿舍建筑等）。

公共建筑：无障碍设计的范围应包括办公、科研、司法建筑（政府办公建筑、司法办公建筑、企事业办公建筑、各类科研建筑、社区办公及其他办公建筑等），教育建筑（托儿所建筑、幼儿园建筑、中小学建筑、高等院校建筑、职业教育建筑、特殊教育建筑等），医疗康复建筑（综合医院、专科医院、疗养院、康复中心、急救中心和其他所有与医疗、康复有关的建筑物），福利及特殊服务建筑［福利院、敬（安、养）老院、老年护理院、老年住宅、残疾人综合服务设施、残疾人托养中心、残疾人体育训练中心及其他残疾人集中或使用频率较高的建筑等］，体育建筑［作为体育比赛（训练）、体育教学、体育休闲的体育场馆和场地设施等］，文化建筑（文化馆、活动中心、图书馆、档案馆、纪念馆、纪念塔、纪念碑、宗教建筑、博物馆、展览馆、科技馆、艺术馆、美术馆、会展中心、剧场、音乐厅、电影院、会堂、演艺中心等），商业服务建筑（各类百货店、购物中心、超市、专卖店、专业店、餐饮建筑、旅馆等商业建筑，银行、证券等金融服务建筑，邮局、电信局等邮电建筑，娱乐建筑等），汽车客运站（各类长途汽车站），公共停车场（库），汽车加油加气站，高速公路服务区建筑，城市公共厕所。

历史文物保护建筑无障碍建设与改造：进行无障碍设计的范围应包括开放参观的历史名园、开放参观的古建筑博物馆、使用中的庙宇、开放参观的近现代重要史迹及纪念性建筑、开放的复建古建筑等。

2 我国城市无障碍环境建设的现状与问题分析

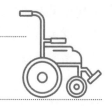

2.1 我国城市无障碍环境建设的实践发展历程

我国的无障碍事业起步于20世纪80年代,从《宪法》层面的关注到《无障碍设计规范》的出台,经历了从无到有、由点到面、逐步摸索、不断提高的过程。

2.1.1 起步阶段：制定实施技术规范

我国无障碍环境建设的探索始于《宪法》修订。前一段时间,中国香港于1976年发布《香港残疾人通道守则》,中国台湾于1980年发布《残障福利法》(1997年修订为《身心障碍者保护法》)。1982年颁布的《中华人民共和国宪法》正式提出"国家和社会帮助安排盲、聋、哑和其他有残疾的公民的劳动、生活和教育"。中国残疾人福利基金会于1984年正式成立,我国残疾人平等参与社会环境有关工作开始推进。

1985年4月,"在建筑设计规范和市政设计规范中考虑残疾人需要的特殊设置"的提案正式提出。1988年9月,当时的建设部协同有关部门共同制定颁布了《方便残疾人使用的城市道路和建筑物设计规范(试行)》,不仅在技术上对无障碍环境建设做出了强制性规定,还将一系列规划设计落到实处,标志着我国无障碍设施建设工作走上正规化。此后,《残疾人保障法》《老年人权益保障法》分别于1990年和1996年相继出台,中国残疾人事业连续六个五年工作纲要中都明确规定要建设无障碍设施。住建部等部门也下发了相关规范性文件,提出实施无障碍规范、加强无障碍环境建设的政策措施。

2.1.2 实践阶段：地方专项建设探索

从"八五"(1991~1995年)时期提出"大中城市要设立残疾人活动场所,其他地区和残疾人集中的单位要因地制宜地开辟残疾人活动站(室)"开始,我国逐步开始了从大城市和沿海开放城市、重点旅游城市扩展到中小城镇,从新建城市道路和重要公共建筑拓展到新建、改建和扩建项目的地方无障碍专项建设探索。1995年,联合国亚太经济社会委员会在我国北京、泰国曼谷、印度新德里开展发展中国家无障碍改造试点,选定北京市方庄小区进行无障碍改造,助推了无障碍理念在中国的传播。

从"九五"(1996~2000年)开始,我国地方的无障碍建设实践工作开始有了实质性推进。

前一段时期,由于无障碍设施建设在各地的重视程度不高,一些全国政协委员在1998年全国政协会议上提出了将无障碍建设纳入城市建设审批验收程序的提案,国家建设部于同年4月发出《关于做好城市无障碍设施建设的通知》,城市道路、大型公共建筑、居住区等建设的无障碍规划、设计审查、批后管理与监督开始逐步加强。同年6月,建设部、民政部、中国残联联合发布《关于贯彻实施方便残疾人使用的城市道路和建筑物设计规范的若干补充规定的通知》,主要对此前相关政策执行过程中暴露的资源浪费、均等性不足等问题提出整改意见,重申了切实有效加强工程审批管理、严格把好工程验收关的有关要求,公共建筑和公共设施的入口、室内,新建、在建高层住宅,新建道路和立体交叉中的人行道,各道路路口、单位门口,人行天桥和人行地道,居住小区等均应进行无障碍设计。

进入21世纪,我国自2002年开始举办创建全国无障碍设施示范城市的活动,北京、天津、上海等12个城市被评为首批示范城市,上海、杭州等城市积极推动无障碍设施建设专项规划的编制实施工作。2003年,上海市实施了国内第一部地方性无障碍设计标准《无障碍设施设计标准》。2004年,建设部、民政部、全国老龄工作委员会办公室、中国残疾人联合会制定《全国无障碍设施建设示范城实施方案》《全国无障碍设施建设示范城标准(试行)》。同年,北京颁布中国第一部无障碍地方性法律《北京市无障碍设施建设和管理条例》。

2007年,《无障碍建设"十一五"实施方案》正式颁布,无障碍城市工作建设工作开始在包括直辖市、计划单列市和省会城市等在内的全国100个城市推行。至2010年年底,上述城市的盲道建设工程基本完成,覆盖建成区的主干道,市区级商业街、步行街等人行道,以及城市公园、广场、商业区、重点公共建筑的人行道,公交车站的等候区等;各类道路出入口、交叉口的缘石坡道和坡化改造共计506512处,占路口总数的83.2%;11633处主要路口已设置盲人过街提示音响装置。与此同时,相当比例的公共建筑完成了无障碍设施的建设与改造,其中,政府办公建筑达到82.3%,商业服务建筑达到74.1%,文化纪念和观演体育建筑达到74.6%,学校教育建筑达到51.7%(包括5%的特殊教育学校),医疗建筑达到87.1%,园林建筑达到79.9%,福利企业达到74.1%,康复中心达到68.1%,养老机构达到78.6%,老年人服务设施达到88.9%,居住小区达到51%(居住建筑比例达到75.6%),还包括85.2%的室外公共厕所。此外,这些创建城市共增加了232个配字幕的电视频道、498个手语栏目、252个无障碍网站,开展了1366次针对窗口服务行业从业人员的手语培训,覆盖规模超过8万人。各创建城市在道路、设施、建筑、信息交流等方面开展的探索初步形成了我国的无障碍环境建设格局。

一些大型的国际活动如奥运会、亚运会、世博会的举办,也助推了我国的城市无障碍环境体系规划建设进程。例如2008年北京奥运会和残奥会的成功举办,推动了1.4万多项无障碍改造项目,部分设施达到或超过世界先进水平,这是我国无障碍设施建设上的巨大成就,也标志着我国的城市无障碍环境建设进入了新的发展阶段。

专栏2-1 » 北京奥运会、残奥会无障碍环境建设实践

2001年,北京成功申办了2008年奥运会、残奥会。到2008年,北京市以承办奥运会和残奥会为契机,城市无障碍设施建设水平有了极大提高,对建设宜居城市,构建和谐社会发挥了应有的作用。

(一)北京无障碍设施建设和改造工作概述

20世纪80年代起,北京市正式启动了无障碍设施建设改造工作,在从无到有、由点及面、试点推广的过程中取得了很大的进展。

1. 20世纪末无障碍建设走过的历史进程。1985年,对王府井等4条繁华街道进行了第一批无障碍设施改造。1991年在蓝靛厂修建了第一条盲道,1993年首规委办、市计委、市建委等单位联合发布《关于执行方便残疾人使用的城市道路和建筑物设计规范的通知》。1995~1997年,与联合国亚太地区经济和社会理事会合作,在方庄居住区完成了1.47平方公里的无障碍改造示范小区工程。1998年,在国家行业标准的基础上出台了符合北京地方需要的《方便残疾人使用的城市道路和建筑物设计规范实施细则》。2005年,北京正式被国家有关部门评为"全国无障碍设施建设示范城"。

2. 进入21世纪后加强无障碍设施建设和管理的法制建设。2004年5月16日起,全国首部城市无障碍环境建设的地方性法规《北京市无障碍设施建设和管理条例》正式实施。条例不仅明确了无障碍设施建设管理的主要内容,还对各级政

府、有关部门和相关单位的责任与义务进行了规范，同时对规划、设计、施工、监理、验收、维护、管理等提出明确要求。

3．进一步建立完善无障碍设施建设和改造的工作机制。《北京市无障碍设施建设和管理条例》规定，北京市无障碍设施建设和管理工作由北京市人民政府统一领导，下辖区县政府详细负责各自行政区内无障碍设施的组织建设、改造和监督管理。2005年，北京市政府进一步建立了多部门联合参加的无障碍设施建设改造联席会议制度，由市规划委牵头，具体涉及单位包括市残联、市建委、市市政管委、市交通委、市民政局等。在这一制度下，由政府主导，坚持每年制定和实施无障碍设施建设和改造年度计划，统筹协调城市运行方面无障碍设施建设和改造工作。与此同时，按照《条例》依法开展无障碍社会监督工作的规定，市残联会同老龄委、妇联制定了《北京市无障碍监督工作实施细则》，建立了无障碍监督宣传联席会议制度，积极开展无障碍监督活动。建立了由残疾人、无障碍专家、妇联组织者、社会志愿者等组成的总计约5000人的监督员队伍，设置每月定期的无障碍推动日，以专职和兼职相结合的方式，有重点地监督每一个行业的无障碍设施建设和改造、使用、维护管理等情况。

（二）北京奥运会、残奥会无障碍设施建设和改造工作成效

按照《北京市无障碍设施建设和管理条例》的有关规定和市政府确定的《市政府奥运会前重点工作》倒排工期，把无障碍设施建设和改造任务，逐年进行细化，分期制定年度计划，挂账督办，并向社会公布，接受监督。

1．完善城市运行相关无障碍设施

一是加快了交通无障碍设施建设。包括首都机场轨道交通大容量公交线路的无障碍改造，对火车站和省际客运站、大型公交枢纽进行无障碍设施改造，开辟无障碍公交运营专线等。

二是加快了公共服务和大型商业建筑的无障碍设施改造。重点包括宾馆、医院、商场超市等为奥运服务的公共场所，以及行政司法等政府机关。

三是加快了居住小区的无障碍设施建设和改造。居住小区无障碍设施综合改造工程于2005年正式启动，重点围绕城八区，通过试点为后期更为综合和系统的工作提供经验借鉴。

四是加大了对涉及文物古迹的旅游景区无障碍设施改造的实施力度。八达岭长城增设能使轮椅使用者自主登临长城的设施，故宫午门安装轮椅升降机，在不影响文物保护和景观质量的前提下设置了无障碍坡道、无障碍卫生间等。

总体而言，仅2008年一年，北京市无障碍设施建设和改造就取得了诸多成果。据不完全统计，新建和改造项目覆盖530余处无障碍出入口，480个无障碍车位，1730余处路口坡化，3.03万余米不同等级道路，2200余个低位服务台，300余部低位电话，完成残疾人家庭无障碍改造5000户。

2．推进残奥会场馆、相关设施及签约酒店、定点医院等无障碍设施建设和改造

以各类国家标准、《残奥会比赛场馆技术手册》等规范为准则，充分结合残奥会运动项目特点，在赛事筹备期间，严格把控各残奥会场馆及残奥村、新闻中心等相关设施的建设过程，确保所有设施均可满足残奥会的赛事需求，还对服务赛事的签约酒店、定点医院以及购物餐饮场所等无障碍设施进行了重点改造。

（1）残奥会场馆及相关设施

残奥会在京竞赛项目共19项，涉及18个竞赛场馆、7个独立训练场馆、8个相关重要设施，赛事训练均由奥运会后的场馆和设施承担。改造过程中严格落实了我国行业标准《城市道路和建筑物无障碍设计规范》和《体育建筑设计规范》，比赛区、运动员活动区、媒体和观众座席、卫生间等设施和整体流线设计严格遵循《残奥会比赛场馆技术手册》的标准，通过永久性建设和临时性改造等多种技术手段予以保障。结合工程具体

情况各重要设施在高水平满足国标的基础上，精益求精，最大限度地满足残奥会大家庭及各类人员的使用需求并尽可能周到地方便残障人员的使用。

具体而言，以尽可能满足残奥会运动员各项生活需求为目标，残奥村还专门设置了运动员分级中心、轮椅假肢主维修站、轮椅存储处等特殊服务设施；中心公共区也为观众及运动员等各类人员提供了完备的无障碍设施，确保赛事相关的文化交流和展览工作均能有序开展；交通方面，配备了超过33个无障碍大客车上下车点和318处无障碍上下车站台，同时配备了低底盘大巴车、无障碍中巴车、无障碍小轿车、无障碍电瓶车等公共和特殊客户群无障碍服务车辆，使所有用户群中的残疾人都能够方便使用无障碍的车站和下车点；场馆中配备了200余台滚动电梯，5个场馆的主席台还安装了电动无障碍轮椅升降平台；设置了329个永久无障碍卫生间、302个临时无障碍卫生间，无障碍厕位几乎全覆盖；各大场馆均按国家标准设置了无障碍座席，总数超过2476个，达到甚至超过了国际残奥委会的要求。此外，残奥会场馆设施还提供了备用轮椅、低位电话、无障碍售票亭、无障碍售卖点等无障碍设施设备，提供了完善的无障碍标识系统，包括国际标准符号和象形图、无障碍标识和盲文标识等，以帮助残疾人了解无障碍设施设备的使用，为其指明各类设施的方向等。

（2）残奥会定点机构。一是港澳中心、五洲皇冠酒店等16家残奥会签约酒店，经过无障碍改造提供无障碍客房174间。其他三星以上酒店，可提供286间无障碍客房。二是中日友好医院、协和医院和安贞医院3家残奥会定点医院，基本实现了无障碍化。可提供残疾人专用停车位、低位服务台、无障碍卫生间、垂直电梯等多种无障碍设施。三是残奥会宾客接待项目2条线路，包括故宫博物院在内的11处接待单位，也按照奥组委的要求完成了改造任务。

（3）轨道交通、城市道路及公园等旅游景点的无障碍改造情况。地铁1号线、2号线，八通线、13号线无障碍设施开通使用，全部70座车站实现无障碍通行；并加强了服务人员培训，还提供了预约服务和接力措施，使残障乘客在线路内实现全程服务。为轮椅使用者提供了70辆可以通过电话预约的无障碍出租车。完成了残奥会大家庭饭店周边步道和过街通道改造，34条奥运公交线路、318处站台无障碍改造，地铁1号线、2号线、13号线和八通线的64个车站、183个出入口道路的无障碍设施和道路的对接，完成周边道路和交通设施的整体改造，包括31条市政道路，外围11条主要道路、63座天桥、58座通道。地铁、交通专线周边的19处旅游景区购物餐饮接待单位均进行了无障碍设施改造，奥运场馆和重点商业街区内的大中型商场基本达到了系统化的无障碍要求。市属公园全部做到了出入、游览、如厕和服务四个畅通。八达岭长城设置了总长度达到180米的自主登长城无障碍坡道和两处临时性垂直升降机。市城管综合执法局开展了盲道"无障碍通行"专项整治行动。

专栏2-2 » 上海世博会无障碍环境建设实践

（一）世博会园区无障碍环境建设工作情况

1. 园区无障碍规划

自2004年起，编制上海世博会总体规划时，世博局就非常重视园区无障碍规划工作。根据国际展览局的相关规定，世博园区内大部分展馆都为临时建筑，为规范世博园区临时建筑物、构筑物无障碍环境建设，世博局会同市有关部门和专家，针对世博园区特殊情况，编制完成了《中国2010年上海世博会临时建筑物、构筑物设计标准（无障碍专篇）》，对园区内城市道路、各类广场、高架步道、人行天桥、展馆、办公建筑、商业建筑、援助和功能建筑等有关的18类设施无障碍改造做出明确规范，对世博园区内的临时建筑物、构筑物的无障碍设计标准加以规范。并且，为了让官方参展者在展馆设计环节重视无障碍设施设计，世博局在市无障碍推进办的支持下，编写完成了《中国2010年上海世博会参展指南·无障碍设计》专篇。

2．园区无障碍建设工作

依据规划要求，园区"一轴四馆"等重要场馆内设置无障碍导向标志、无障碍停车位、无障碍预约设备、无障碍出入口、无障碍通道、无障碍电梯、无障碍厕所位、低位服务台、低位电话机、低位饮水机、无障碍信息设备、无障碍休息室等设施以满足残障参观者参观需求，部分展馆内还设置电子信息屏，提供播放展示内容的手语翻译录像、语音讲解等传媒形式。世博会园区内基本实现了无障碍设施全覆盖。

3．园区无障碍服务工作

世博局编制《中国2010年上海世博会无障碍服务方案》《无障碍菜单式参观路线》和《无障碍特殊服务指南》，由市残联、聋人协会等相关部门、机构的专业人员对园区服务人员开展专门培训，从而满足残障参观者的参观预约、问询、物品寄存、特殊残障用品租赁等多方面需求。

4．"生命阳光馆"

世博会诞生159年来，首次设立名为"生命阳光馆"的残疾人综合馆。立足残疾人的主体地位，场馆通过互动体验、多媒体手段等方式，集中展示了"消除歧视、摆脱贫穷、关爱生命、共享阳光"的主题，彰显了"城市让残疾人生活更美好"的理念，使参观者"留住脚步，带走感动"。

(二)上海市城市无障碍环境建设工作情况

1．全面完成设施建设改造目标。截至2010年底，全市完成各类建筑无障碍设施改造29807个。其中，政府机关及司法部门办公建筑2004个；综合医院749个；航空、火车、地铁、码头、汽车客运站130个；城市广场、城市公园336个；大中型商场、购物中心512个；星级宾馆、大中型餐饮店982个；银行1362个；邮局332个；室外公共场所1767个；图书馆、文化馆、展览馆等319个；体育场、科技馆118个；高等院校、中小学校3480个；已建中高层住宅入口7165个；已建居住小区10551个。另外，累计完成道路2551.48公里，路口缘石坡道51662个。

2．交通和信息无障碍建设成果显著。新增500辆无障碍公交车及具有无障碍功能的出租车。成立专门为双下肢重残人士服务的"阳光车队"并实行凭卡优惠乘车。轨道交通、磁悬浮、机场、火车站等长途客运无障碍设施建设全面达标。积极开展信息无障碍建设，大力推广影视字幕工程，在电视台增设手语节目推广，开发残障人专用手机短信的应用，推广信息屏幕系统、指示牌和手语翻译，建成上海市无障碍设施GS系统，为残疾人出行、交流提供方便。

3．无障碍设施服务进社区、进农村、进家庭有效推进。积极推动无障碍设施进入中心城和郊区城市化地区的各类社区、新农村建设范围和有无障碍需求的残疾人、老年人等社会特殊群体家庭。累计完成无障碍设施进家庭53153户，无障碍设施进居委会、社区服务中心、农村三室一点2315个，拓展了无障碍建设范围，贯彻了"以人为本"的理念，让残疾人得到全面关爱。

4．规范体系进一步完善。积极开展无障碍通用设计、交通无障碍等工作研究，开展无障碍立法调研等。完成了轨道交通、体育场馆、养老设施、社区、家庭、公共绿地、商业建筑和交通枢纽八个专业无障碍设施建设导则的编写。在网络等媒体平台开展无障碍设施新技术、新材料、新设备征集活动，并将其中的20项成果逐步推广运用于迎世博600天无障碍环境建设项目中，提升了无障碍环境建设科技含量。

5．建设和管理长效机制初步确立。将无障碍环境建设作为一项重要工作，纳入市建设交通委的日常工作中，初步确立了无障碍环境建设和无障碍设施管理的长效机制。强化对各类已建无障碍设施的维修养护，完善无障碍设施建设监督检查，加大对设施侵占行为的执法力度，并以数字化城市管理为依托，形成条块联手、职责明确、管理有序、监督有效和综合评价的无障碍设施管理常态长效机制。开展相关人员培训，提高从业人员无障碍知识水平和无障碍设施养护技能。

6．无障碍社会环境初步形成。充分利用迎世博会的契机，通过各类媒体、公益广告等形式，进一步增强关爱残疾人的公众意识，培育市民无障碍理念，为无障碍建设营造良好的社会氛围。

专栏2-3 » 广州亚运会、亚残运会无障碍环境建设实践

广州市市委、市政府以2010年举办亚运会、亚残运会为契机，着力推进城市无障碍环境建设，努力创建全国无障碍城市，极大地提升了广州城市无碍环境建设的总体水平，基本形成了一个覆盖全市道路、城市交通、公共建筑等公共活动及服务场所的无障碍设施网络，为残疾人、老年人等社会特殊群体出行创造了条件，全民无障碍意识和社会文明程度得到显著提升。

（一）无障碍建设主要措施

1．加强领导，健全组织，形成分工明确、上下联动的工作机制。广州市市委、市政府把无障碍设施建设和改造工作视为一项民心工程。

一是建立组织机构。市政府成立无障碍建设工作领导小组，建立无障碍设施建设联席会议制度，组建无障碍设施建设督察领导小组，12个区、县相应成立督察领导小组，编制了《无障碍设施督察员职责》；明确了牵头单位市建委及成员单位的职责权限和任务，市残工委秘书处负责协调、监督，承办无障碍建设日常工作。亚运会、亚残运会期间，成立广州市无障碍设施应急保障团队，市直属22个单位、部门相应成立无障碍应急团队，编印了200本《广州亚运会、亚残运会无障碍设施应急预案》，设定无障碍应急联络点，印发了25000份无障碍应急保障通讯录和便民服务热线卡片。

二是明确责任分工。按照"谁主管谁负责"及"业主负责制"的原则，相继制订《广州市无障碍建设与改造工作方案》和《广州市进一步完善城市无障碍环境工作分工方案》，明确了相关单位、部门无障碍设施建设的工作职责和工作任务；把无障碍设施纳入公共文明指数测评的内容，促成了市直相关单位、部门都将无障碍设施建设、改造工作列入本辖区、本行业的"创建文明城市"内容，创建全国无障碍建设城市与创建全国文明城市工作任务一体布置，一同实施，一并检查。广州市各单位、部门携手共促无障碍环境，形成了各负其责、密切配合、齐抓共管、上下联动的工作机制。

三是布置任务要求市领导多次主持召开无障碍工作会议，各级政府及责任部门领导对无障碍工作高度重视，纳入议事项目，定期召开无障碍工作会议。按照创建全国无障碍建设城市和创建国家文明城市的标准加快无障碍环境建设和改造工作；相关单位、部门倒排工期，制定建设计划书，加强跟踪督导。

四是督促落实任务。市领导主持研究城市无障碍环境情况，协调解决矛盾和问题，督促无障碍建设和改造工作全面落实。

2．加强宣传，广泛动员，营造无障碍环境，建设良好社会氛围。无障碍建设涉及面广，需要全社会的参与和支持，需要公众对特殊需求人士的理解与认同。为提高公众对无障碍建设工作的认识，对无障碍建设工作进行了广泛宣传。

一是充分利用广东电视新闻台、广州电视新闻台、广州日报、电台、互联网等媒体多次对无障碍环境的意义和城市无障碍环境整治情况进行宣传报道。

二是在居委会、社区创办墙报宣传栏，主要道路张贴标语宣传无障碍知识理念。

三是通过公共汽车、地铁、出租车等交通工具的视屏、车厢外张贴海报进行宣传。

四是面向64个市直单位和相关责任部门，先后编印36期《创建"全国文明城市"无障碍设施建设整治行动简报》，9期《广州城市无障碍设施建设简报》，市旅游局、文广新局、市残联开设"无障碍专栏"，通报无障碍环境建设情况、推进工作开展，使无障碍工作和理念逐步深入人心。

五是举办亚残运会倒计时100天"爱心满羊城、快乐亚残运"广州城市无障碍体验活动，邀请残疾人、志愿者和媒体代表约100人共同体验城市道路、公交、地铁、公园、商场的无障碍环境，广州电视新闻台等媒体对此进行专题报道，充分展现广州以人为本、残健共融的人文关怀。通过广泛宣传，呼吁社会各界关心、支持、参与无障碍建设工作，自觉建设好、维护好、管理好无障碍设施，树立起每个人都是无障碍环境潜在的服务对象和受益者的文明理念。

3. 加强无障碍业务知识培训，提升无障碍工作水平，大力加强无障碍培训学习。一是通过会议对各级领导进行培训，讲解无障碍的重要性和深远意义，提高认识，统一思想，主动推动工作开展。二是面向全市200名无障碍督察员先后举办了四期无障碍业务知识培训班，邀请北京等地无障碍专家讲课，使他们更深入了解无障碍知识。三是对无障碍工作检查组人员进行培训，提高无障碍建设工作的业务水平；制订了1800册《广州市无障碍设施检查指南》，使检查人员了解无障碍知识，掌握无障碍工作标准。

4. 加强无障碍设施监督管理，确保无障碍建设工作顺利开展

市建委、交委、经委与亚组委场馆部、重点办等部门，邀请残疾人运动员参加，具体落实"场馆每周两次，而社会每周一次"的检查改造工作，保证了城市无障碍环境建设得到落实。一是全面检查城市环境，分别对亚运会、亚残运会体育场馆、场馆周边设施、城市公共设施、公共交通设施进行无环境检查，反映存在问题，对受检单位提出改造要求；二是检查重点场所多次组织检查重点领域、重点部位、重点环节的无障碍环境情况，要求无障碍建设要高标准完成，确保无障碍环境的系统性和设施细节部分的规范性；三是无障碍设施建设督察领导小组组织各地区督察员每周在辖区内开展检查工作，收集情况，督促改造无障碍设施。

（二）无障碍建设和改造工作成效

城市道路和公共建筑方面：人行道路坡化率达到100%，建成坡道5600个，盲道1129.34公里，安装盲人过街音响信号装置1100套，修建人行天桥、人行地道无障碍设施12个；完成35家大型商场、44家超市、57个文化纪念建筑、26个体育建筑、1500所学校建筑、106家医疗建筑、13个城市公园、1100座室外公共环卫厕所、30个宗教场所、334家宾馆、饭店建筑、81家餐饮店及部分办公建筑（其中包括36家残疾人服务机构）的无障碍设施改造工作，办公建筑坡化率达到90%，通信、邮政、银行营业厅网点无障碍设施改造率达85%。公共交通方面，完成8条地铁线路、24个客运站场、74个公交站点、18个客运码头、23艘客轮、4个铁路旅客车站、66个铁路客车（组）及广州白云国际机场和58架民用飞机的无障碍设施建设和改造工作；保障亚运会、亚残运会购置和改造无障碍车辆961台，其中保障运动员和赛事运行261台，保障城市交通700台（大型公交车500台、中型公交车100台、出租车100台），30条公共交通线路安装了第三代盲人公共汽车语音遥控系统。

信息无障碍方面，统计整理无障碍数据建设广州城市无障碍电子网站，编写印发《广州城市无障碍出行指南》《中心城区无障碍基础设施图》，广州电视台开播聋人手语节目，广州残联建立残疾人呼叫中心，坚持24小时值班为残疾人服务。居家环境无障碍方面，对41个社区、113户残疾人家庭进行无障碍设施改造，为400幢已建住宅楼改造安装。

2.1.3 系统完善阶段：全面纳入法制化轨道

从2008年开始，我国进一步加大了无障碍环境建设有关法律法规的制定和实施力度，将其全面纳入法制化轨道，弥补了无障碍环境建设仅靠政策和技术标准推动的不足。

2007年3月30日中国政府在联合国《残疾人权利公约》开放签署日当天签署了该公约，2008年6月26日正式批准，同年9月正式生效。

2008年4月，国家组织开展了对《残疾人保障法》的修订工作，对30项有关无障碍建设的标准规范进行了全面梳理和审定，有关内容在修订后的《残疾人保障法》进一步丰富和强化，将无障碍建设由原规定的一条扩展为一章，明确了国家特别是政府统筹规划无障碍环境建设、加强无障碍设施建设和改造、推进信息交流无障碍建设、加强无障碍设施维护管理、研发推广无障碍技术产品等责任，还增加了未进行无障碍设施建设和维护的处罚条款。《防震减灾法》《道路交通安全法》《政府信息公开条例》等有关法律法规也都规定了无障碍建设的内容。

2012年国务院颁布了《无障碍环境建设条例》（以下简称《条例》），同年8月1日起正式施行。这是我国第一部关于无障碍环境建设和管理的专项法规。与《残疾人保障法》相比，《无障碍环境建设条例》内容更加明确、细化、具体。《条例》的实施，标志着我国无障碍环境建设进入依法开展的阶段，为依法全面系统地开展无障碍环境建设、提高城乡现代化建设水平、促进残疾人社会融入和社会文明进步提供了法规保障。

《条例》发布后，中国残联下发了《关于切实贯彻落实无障碍环境建设条例加快推进无障碍环境建设的通知》（残联〔2012〕97号），要求各地要加快推动制订地方无障碍环境建设法规、规章。目前一些省（区、市）已将制订地方无障碍环境建设法规、规章列入立法计划。2013年8月，中国残疾人联合会又下发了关于加快制订《无障碍环境建设条例》地方性法规、规章的指导意见（残联〔2013〕148号），在意见中对进一步加快各地无障碍环境建设法规、规章的制定工作提出具体要求。各地纷纷结合地方探索实践经验，陆续发布地方性法规和规章，如广州在2020年1月发布了《广州市无障碍环境建设管理规定》，上海在2021年6月发布了《上海市无障碍环境建设与管理办法》，北京在2021年3月对《北京市无障碍环境建设条例》进行了修订。

2.1.4 深化转型阶段：从无障碍到通用设计

2018年10月15日，在北京召开的"包容与多样：无障碍发展趋势国际学术会议"上，发布了《通用无障碍发展北京宣言》，宣言提出：为了确保所有残疾人充分和平等地享有一切人权和基本自由，给予其应有的尊重，以"合理便利"与"通用设计"等理念与方法消除"基于残疾的歧视"是实现机会均等、切实参与、包容发展的重要途径。《北京宣言》强调了人居环境建设遵循"通用无障碍"原则的现实性、重要性和紧迫性，标志着我国无障碍环境建设开始向"通用无障碍"理念深化转型。

《北京宣言》提出人居环境与基本服务无障碍、信息无障碍、确立通用无障碍发展的范式、多主体共同参与模式几项任务，为我国未来城市无障碍环境建设工作的开展提供了方向。

人居环境与基本服务无障碍：城镇化进程中多种形式的贫困、社会与经济发展水平的分化与空间隔离将导致在消除"基于残疾的歧视"的过程中产生更复杂和尖锐的矛盾，有些群体在社会经济快速发展中容易被遗漏和忽略，这为社会全体的持续发展带来巨大挑战，必须在人居环境的建设和社会基础设施与基本服务中，确立通用无障碍的基本原则，为所有人提供平等与充分参与的机会。

信息无障碍：信息社会的科技进步与创新日新月异，人们对信息科技与人工智能的依赖程度不断提升。由于技术手段在通用无障碍性能上的差异，从而导致信息获取、加工、利用的困难和不平等，这些新兴技术的障碍使行动或感知不便利的群体失去了在信息社会交流与平等参与的机会。

确立通用无障碍发展的范式：在定义和实施通用无障碍发展的过程中，政策、立法以及从规划、融资、建设、运行治理的各个环节在系统化衔接、同步化实施等方面的不足，是导致通用无障碍的设施与服务效率低下的关键原因，必须重新反思与认识通用无障碍的发展范式对人居环境建设与社会服务产生的根本性影响，确立以法律为准绳、以用户为中心、以实际需求为基础、以无障碍愿景为导向、以无障碍系统规划为框架、以无障碍要素统筹为方法、以行动计划为保障的发展范式。

多主体共同参与模式：理念的不断提升需要切实的行动给予保障，在不同层面、不同区域、不同环节提升通用无障碍的水平，需要包括政府、企业、社会组织在内的多方利益主体的充分参与与合作，确保在行动过程中，有充分的立法保障，有对行动主体的适当赋能，及时的监督、检查、评估与权衡，充分认识到通用无障碍的发展是一个达成"全社会最大公约数"的动态协调过程，是一个"永远在路上"的持续演进和改善过程。

2.2 我国城市无障碍环境建设的法制规范

随着全国范围内对城市无障碍环境建设重视程度的提高，通过法律法规对规划设计过程进行切实保障已经成为各地的工作重点。一系列法律法规的颁布实行，从制度上赋予了残疾人平等融入和参与社会的权利，对无障碍环境建设做出了强制性的技术规定，确保了无障碍环境的建设得以实施。

2.2.1 无障碍环境建设法律法规

目前，我国主要的无障碍法律包括1990年颁布、2008年修订的《中华人民共和国残疾人保障法》和1996年颁布的《中华人民共和国老年人权益保障法》等，主要的全国性无障碍法规为2012年通过实施的《无障碍环境建设条例》。

《中华人民共和国残疾人保障法》主要关注残疾人在康复、教育、劳动就业、文化生活、社会保障、无障碍环境、法律责任等方面的权益保障。明确规定："国家和社会逐步实行设计规范，采取无障碍措施。"明确提出"新建、改建和扩建建筑物、道路、交通设施等，应当符合国家有关无障碍设施工程建设标准"，"公共交通工具应当逐步达到无障碍设施的要求"，"有条件的公共停车场应当为残疾人设置专用停车位"。在重新修订时，该法参考国际无障碍法规理念的发展，第七章"无障碍环境"中提出"推进信息交流无障碍""为残疾人信息交流无障碍创造条件"，"组织选举的部门应当为残疾人参加选举提供便利；有条件的，应当为盲人提供盲文选票"等残疾人权利问题。残疾人保障法的颁布施行，为我国建立残疾人的法规体系奠定了基础。

《中华人民共和国老年人权益保障法》规定："新建或者改造公共设施、居民区和住宅，应当考虑老年人的特殊需要。建设适合老年人生活和活动的配套设施"。以上法律规定，保证了我国众多的残疾人以"平等""参与""共享"为宗旨，享有与其他公民平等的权利并保护其不受侵害。

专栏2-4 »《中华人民共和国残疾人保障法》(节选)

1990年12月28日第七届全国人民代表大会常务委员会第十七次会议通过。2008年4月24日第十一届全国人民代表大会常务委员会第二次会议修订。

第七章 无障碍环境

第五十二条 国家和社会应当采取措施，逐步完善无障碍设施，推进信息交流无障碍，为残疾人平等参与社会生活创造无障碍环境。各级人民政府应当对无障碍环境建设进行统筹规划，综合协调，加强监督管理。

第五十三条 无障碍设施的建设和改造，应当符合残疾人的实际需要。新建、改建和扩建建筑物、道路、交通设施等，应当符合国家有关无障碍设施工程建设标准。各级人民政府和有关部门应当按照国家无障碍设施工程建设规定，逐步推进已建成设施的改造，优先推进与残疾人日常工作、生活密切相关的公共服务设施的改造。对无障碍设施应当及时维修和保护。

第五十四条 国家采取措施，为残疾人信息交流无障碍创造条件。各级人民政府和有关部门应当采取措施，为残疾人获取公共信息提供便利。国家和社会研制、开发适合残疾人使用的信息交流技术和产品。国家举办的各类升学考试、职业资格考试和任职考试，有盲人参加的，应当为盲人提供盲文试卷、电子试卷或者由专门的工作人员予以协助。

第五十五条 公共服务机构和公共场所应当创造条件，为残疾人提供声音和文字提示、手语、盲文等信息交流服务，并提供优先服务和辅助性服务公共交通工具应当逐步达到无障碍设施的要求。有条件的公共停车场应当为残疾人设置专用停车位。

第五十六条 组织选举的部门应当为残疾人参加选举提供便利；有条件的，应当为盲人提供盲文选票。

第五十七条 国家鼓励和扶持无障碍辅助设备、无障碍交通工具的研制和开发。

第五十八条 盲人携带导盲犬出入公共场所，应当遵守国家有关规定。

第八章 法律责任

第六十六条 违反本法规定，新建、改建和扩建建筑物、道路、交通设施，不符合国家有关无障碍设施工程建设标准或者对无障碍设施未进行及时维修和保护造成后果的，由有关主管部门依法处理。

《无障碍环境建设条例》（以下简称《条例》）于2012年通过施行，该条例的出台具有里程碑的意义，是二十多年来无障碍建设实践的产物，标志着我国无障碍环境建设进入了新的发展阶段，对社会发展产生了深远影响，是我国全面实行《残疾人权利公约》、人权保障工作和残疾人"社会保障和服务体系"建设的重要成果。

《无障碍环境建设条例》借鉴了国内外无障碍立法的先进成果，也将多年来开展无障碍建设的一些行之有效的做法上升到法规的要求。《条例》从无障碍设施建设、无障碍信息交流、无障碍社区服务三个方面提出要求：其一，明确提出所有城镇新建、改建和扩建道路、公共建筑、公共交通设施、居住建筑、居住区，应符合无障碍设施工程建设标准；其二，乡镇和村庄建设应当逐步达到无障碍设施工程标准；其三，县级以上人民政府应当将无障碍信息交流建设纳入信息化建设规划，并采取措施推进信息交流无障碍建设；其四，社区公共服务设施应当逐步完善无障碍服务功能，为残疾人等社会成员参与社区生活提供便利。

此外，《条例》还明确了县级以上人民政府负责组织编制无障碍环境建设发展规划的要求，指出将其纳入国民经济和社会发展规划以及城乡规划，由住房和城乡建设部负责会同有关部门制定无障碍设施工程建设标准，对无障碍设施工程建设的情况进行监督检查，国务院工业和信息化主管部门等有关部门在各自职责范围内，做好无障碍环境建设工作。

2.2.2 无障碍环境建设政策规划

中国残联自1988年成立始，就积极致力于推进无障碍建设，积极向相关部委反映残疾人的无障碍需求，提出相关建议，配合职能部委推进，随着国家经济社会发展，国家和社会也逐步认识到无障碍建设的重要性，认识到我国无障碍的欠缺，应该有计划、有重点、有保障地逐步推进。于是国务院逐步将残疾人事业纳入国民经济和社会发展五年规划，特别是制定实施残疾人事业专项规划，对无障碍建设的任务目标、主要措施进行安排。

（1）无障碍建设纳入国民经济和社会发展规划

《中华人民共和国国民经济和社会发展第十个五年规划纲要（2001—2005年）》虽未明确对无障碍建设进行要求，但其中提出"加强残疾人事业，帮助残疾人康复、就学和就业，创造残疾人平等参与社会生活的条件"。

《中华人民共和国国民经济和社会发展第十一个五年规划纲要（2006—2010年）》在第三十八章全面做好人口工作的第五节保障残疾人权益中，首次纳入无障碍的部署："倡导和鼓励社会各界关心、支持和参与残疾人事业。推进无障碍设施建设，加强残疾人康复、贫困残疾人脱贫、残疾少年儿童义务教育、残疾人就业服务和社会保障等工作，创造残疾人平等参与社会生活的条件。"

《中华人民共和国国民经济和社会发展第十二个五年规划纲要（2011—2015年）》进一步重申了无障碍建设的要求，在第三十六章全面做好人口工作的第五节加快残疾人事业发展中指出："健全残疾人社会保障体系和服务体系，为残疾人生活和发展提供稳定的制度性保障。实施重点康复和托养工程、0~6岁残疾儿童抢救性康复工程和阳光家园计划，推进残疾人人人享有康复服务。大力开展残疾人就业服务和职业培训。加大对农村残疾人生产扶助和生活救助力度。丰富残疾人文化体育生活。构建辅助器具适配体系，推进无障碍建设。制定和实施国家残疾预防行动计划，有效控制残疾的发生和发展。"

《中华人民共和国国民经济和社会发展第十三个五年规划纲要（2016—2020年）》在第十五篇提高民生保障水平的第六十六章保障妇女、未成年人和残疾人基本权益中指出：提升残疾人服务保障水平。支持残疾人事业发展，建立健全残疾人基本福利制度，实现残疾人基本民生兜底保障。完善重度残疾人医疗报销制度。优先保障残疾人基本住房。完善残疾人就业创业扶持政策，健全公共机构为残疾人提供就业岗位制度。加强残疾人康复和托养设施建设，鼓励社会力量提供服务。加强残疾人无障碍设施建设和维护。实施0~6岁残疾儿童康复、贫困残疾人基本型辅助器具适配等重点康复工程。建设康复大学，培养康复专业技术人才。

《中华人民共和国国民经济和社会发展第十四个五年规划和2035年远景目标纲要》在第十四篇增进民生福祉提升共建共治共享水平的第五十章保障妇女未成年人和残疾人基本权益中指出：提升残疾人保障和发展能力。健全残疾人帮扶制度，帮助残疾人普遍参加基本医疗和基本养老保险，动态调整困难残疾人生活补贴和重度残疾人护理补贴标准。完善残疾人就业支持体系，加强残疾人劳动权益保障，优先为残疾人提供职业技能培训，扶持残疾人自主创业。推进适龄残疾儿童和少年教育全覆盖，提升特殊教育质量。建成康复大学，促进康复服务市场化发展，提高康复辅助器具适配率，提升康复服务质量。开展重度残疾人托养照护服务。加强残疾人服务设施和综合服务能力建设，完善无障碍环境建设和维护政策体系，支持困难残疾人家庭无障碍设施改造。

（2）无障碍建设纳入国家残疾人事业专项规划

《中国残疾人事业五年工作纲要（1988—1992年）》提出，逐步为残疾人创造良好的环境条件。新建的城市道路和公共建筑设施应实行方便残疾人的设计规范对省会和特大城市的主要道路、公共设施、公共建筑，在合理可行的范围内，应有计划地分步骤加以改造，为残疾人活动提供方便。

《中国残疾人事业"八五"计划纲要（1991—1995年）》提出，指出大中城市要设立残疾人活动场所，其他地区和残疾人集中的单位要因地制宜地开辟残疾人活动站（室）。

《中国残疾人事业"九五"计划纲要（1996—2000年）》提出，将执行《方便残疾人使用的城市道路和建筑物设计规范（试行）》纳入基本建设审批内容制定相应规定；广泛宣传、逐步推广无障碍设施的任务。

《中国残疾人事业"十五"计划纲要（2001—2005年）》提出，在新建、改建城市道路、交通设施、重要公共建筑物、居住区以及住宅时，要认真执行《城市道路和建筑物无障碍设计规范》和其他有关方便残疾人使用的强制性标准。规划、设计、施工、监理等单位要切实负起责任，保证工程建设中有关方便残疾人使用的强制性标准落到实处。

《中国残疾人事业"十一五"发展纲要（2006—2010年）》提出，全面推进无障碍设施建设，在全国100个城市开展无障碍设施建设，制定实施无障碍建设条例，依法实施无障碍环境建设工程；积极开展信息交流无障碍工作，增强社会公众无障碍意识，关注残疾人享受信息化成果、参与信息化建设进程。

《中国残疾人事业"十二五"发展纲要（2011—2015年）》提出，加快推进无障碍建设与改造，开展全国无障碍建设市、县、区创建工作；加强信息无障碍建设，公共服务信息方便残疾人使用；开展残疾人家庭无障碍改造，对贫困残疾人家庭提供改造补助。

《中国残疾人事业"十三五"发展纲要（2016—2020年）》提出，努力促进残疾人及其家庭脱贫与增收，进一步完善残疾人社会保障和福利补贴制度，加强残疾人服务体系的制度设计，建立能够满足残疾人基本需求的公共服务平台，统筹城乡和区域残疾人事业发展，积极推动残疾人事业法治化和信息化，完善与残疾人事业发展相适应的一系列法律法规和政策举措，围绕"互联网+"搭建残疾人服务平台，开发适合残疾人使用的软硬件信息产品，大力营造扶持助残的社会环境。

（3）无障碍环境建设纳入了国家相关规划

《国家新型城镇化规划（2014—2020年）》"第十六章提升城市基本公共服务水平第二节：加强市政公用设施建设"中明确部署"加强无障碍环境建设"，为在国家城镇化建设进程中同步推进无障碍环境建设提供了保障，对于全面、加快推进城乡无障碍环境建设，避免设施建成后再进行无障碍改造，促进残疾人充分平等参与社会生活，加快残疾人同步小康进程进而提升我国城乡现代化建设水平，促进社会文明进步具有重要意义。

《国家基本公共服务体系"十二五"规划》将无障碍建设作为国家基本公共服务的一项重要内容，提出"加快无障碍建设和改造，推进公共设施设备和信息交流无障碍，有条件的地方为有需求的贫困残疾人家庭无障碍改造提供补助"。

《国家"十三五"推进基本公共服务均等化规划》将残疾人基本公共服务作为国家基本公共服务体系建构的重要组成部分，在残疾人基本公共服务专章中提出为残疾人提供无障碍服务和无障碍环境支持，推进公共场所和设施无障碍改造；继续开展针对贫困重度残疾人家庭的无障碍改造；逐步开展互联网和移动互联网无障碍信息服务。

《中国老龄事业发展"十二五"规划》将"全面推行城乡建设涉老工程技术标准规范、无障碍设施改造和新建小区老龄设施配套建设规划标准"作为主要发展目标之一，提出重点推动高龄和失能老年人居家养老服务设施、环境的无障碍改造，加快对居住小区、园林绿地、道路、建筑物等与老年人日常生活密切相关的设施无障碍改造步伐，方便老年人出行和参与社会生活。同时提出要研究制定《无障碍环境建设条例》，继续开展全国无障碍建设城市创建工作。

《"十三五"国家老龄事业发展和养老体系建

设规划》提出推动设施无障碍建设和改造，严格执行无障碍环境建设相关法律法规，完善涉老工程建设标准规范体系，推动各类保障性设施设计改造，使得老年人能自主安全地通行道路、出入相关建筑物、搭乘公共交通工具、交流信息、获得社区服务。加强居住区公共设施无障碍改造。探索鼓励市场主体参与无障碍设施建设和改造的政策措施。

2.2.3 无障碍环境建设技术规范

（1）国家标准

和世界大多数国家一样，在中国技术标准是工程建设的基础，在项目建设中发挥引导和约束作用。1985年，中国残联、北京市残联和北京市建筑设计院联合召开首届"残疾人与社会环境"研讨会之后，在总结相关科研成果，北京市王府井等4条城市道路、百货大楼等5家商业服务和观演建筑改造试点成果，以及借鉴国外无障碍设施建设经验的基础上，建设部、民政部、中国残联启动了行业标准《方便残疾人使用的城市道路和建筑物设计规范》（以下简称《规范》）的编制工作，自此我国走上了以标准规范无障碍建设之路。

《无障碍设计规范》GB 50763—2012是我国无障碍工程建设的总标准，前身是1989年发布的《方便残疾人使用的城市道路和建筑物设计规范》、2001年发布的《城市道路和建筑物无障碍设计规范》。《方便残疾人使用的城市道路和建筑物设计规范》实施10年后，为了适应迅速发展的无障碍设施建设的需要，建设部、民政部、中国残联在总结《规范》实施经验和问题的基础上，组织开展了《规范》的修订工作，增加了城市桥梁立体交叉设计、学校和居住建筑及居住小区无障碍设计的内容，而且，基于"无障碍设施不仅方便残疾人使用而且也方便老年人等全社会成员使用"理念，《方便残疾人使用的城市道路和建筑物设计规范》更名为《城市道路和建筑物无障碍设计规范》，自2001年8月起实施。从内容上看，

《规范》修订后条文规定更科学，更具可操作性，符合我国国情，技术水平也有较大提高。重要的是，建设部还将《规范》有关规定纳入了工程建设标准强制性条文，违反者将被严格惩罚。为提高标准的约束力，2009年住建部、民政部、中国残联组织对2001版《规范》修订并上升为国家标准，修订增加了城市绿地、历史文物保护建筑改造、信息交流无障碍的内容，扩大了建筑类型以及无障碍设施的类型名称变更为《无障碍设计规范》，于2012年9月起实施。

《无障碍设计规范》的适用对象包括全国所有城市中各类新建、扩建和改建的城市道路、房屋建筑和居住小区，以及有残疾人生活与工作场所的无障碍设施。是确保行动不便者能方便、安全使用城市道路和建筑物，用以进行道路和建筑设计必须遵守的共同规则。《无障碍设计规范》提出城市道路无障碍实施范围涵盖城市道路与桥梁无障碍设计、人行道路无障碍设施设计。在城市道路无障碍设计方面，从缘石坡道、盲道、公交车站、人行天桥、人行地道、桥梁、隧道、立体交叉等层面提出无障碍设计标志建设内容。

《无障碍设施施工验收及维护规范》GB 50642—2011。为加强无障碍物质环境的建设，规范无障碍设施施工和维护活动，统一施工阶段的验收要求和使用阶段的维护要求，2010年住房和城乡建设部、国家质量监督检验检疫总局联合发布《无障碍设施施工验收及维护规范》国家标准，自2011年6月起实施。该《规范》适用于包括各类新建、改建和扩建的城市道路、建筑物、居住区、公园等场所的无障碍设施的施工验收和维护，提出了无障碍设施的施工质量验收方式、验收合格条件、分部分项划分标准、施工管理要求、设施缺损识别和维护方式，使无障碍设施施工验收和管理工作有据可依，日常维护工作有章可循。

《老年人居住建筑设计规范》GB/T 50340—2016。为适应我国人口老龄化趋势，实施积极应对人口老龄化战略，2017年住房和城乡建设部发

布《老年人居住建筑设计标准》（以下简称《标准》）国家标准，自2017年7月起实施。《标准》适用于新建、扩建和改建的老年人居住建筑设施，《标准》规定老年人居住建筑设施应符合现行国家标准《住宅设计规范》和《无障碍设计规范》的相关规定，并对道路交通、场地设施、出入口、公用走廊等的无障碍设计要求做出具体规定。

《公共信息导向系统基于无障碍需求的设计与设置原则》GB/T 31015—2014。2014年12月，国家质检总局、国家标准化管理委员会发布了《公共信息导向系统基于无障碍需求的设计与设置原则》国家标准，自2015年2月1日起实施。标准针对残疾人、儿童等的无障碍需求规定了公共信息导向系统相关设计与设置要求，如采用提高颜色饱和度和对比度、加大字号和尺寸缩短视距及盲文等非视觉信息方便视力残疾人；采用简单、形象、易懂的图画方便智力残疾人；通过字幕、手语等视觉信息消除听力残疾人障碍；针对肢体残疾人，宜在中低位增设标志等。标准的发布实施，对于规范我国公共场所公共信息设计设置，保障残疾人、老年人、伤病人、儿童及全社会成员辨识、接受信息，平等参与社会生活，提升我国城乡无障碍环境建设水平具有重要意义。

此外，与城市无障碍环境建设相关的国家标准还有《肢体残疾人驾驶汽车的操纵辅助装置》GB/T 21055—2007、《肢体残疾人驾驶汽车的操纵辅助装置》GB/T 21055—2007、《中国盲文》GB/T 15720—2008、《铁道客车及动车组无障碍设施通用技术条件》GB/ 37333—2019。

（2）行业技术标准

在推动无障碍环境建设工作中，各行业及各地市也十分重视无障碍环境建设标准的制订工作，截至目前，我国已基本形成了层级分明、覆盖全面、相对完善的技术标准体系，包括行业标准、产品标准等。

1）行业标准

《民用机场旅客航站区无障碍设施设备配置技术标准》MH/T 5047—2020

《特殊教育学校建筑设计标准》JGJ 76—2019

《老年人照料设施建筑设计标准》JGJ 450—2018

《网站设计无障碍技术要求》YD/T 1761—2012

《网站设计无障碍评级测试方法》YD/T 1822—2012

《信息无障碍用于身体机能差异人群的通信终端设备设计导则》YD/T 2065—2009

《无障碍出租汽车技术条件》（待发布）

2）产品标准

《地铁设计规范》GB 50157—2013、《城市轨道交通技术规范》GB 50490—2009、《公共汽车类型划分及等级评定》JT/T 888—2020、《游艇码头设计规范》JTS 165—7—2014、《滚装码头设计规范》JTS 165—6—2008、《道路交通标志和标线第3部分：道路交通标线》GB 5768.3—2009、《电梯操作装置、信号及附件》GB/T 30560—2014、《住宅卫生间功能及尺寸系列》GB/T 11977—2008、《住宅厨房及相关设备基本参数》GB/T 11228—2008，等等。

2.3 我国城市无障碍环境建设的主要问题

当前，我国社会在以无障碍为基本范式推动人居环境与公共服务发展方面，还面临很多挑战，在应对社会经济发展水平差距、无障碍相关科学问题和科学规律的基础研究、法律法规和政策的完善、落地实施的精度和质量、专门人才和理念的培养与传播等方面都需要探索符合国情、具有中国特色的道路。我们面临的问题可以简要概括为以下几个方面。

2.3.1 重底线轻指引

我国虽然颁布了多部无障碍法规、规章和设计标准、规范，但多数只在原则上制定了相关政策，细化的指引性内容较少，可操作性不强，与发达国家、地区相比差距较大。法规规章或设计规范缺乏与实践工作的交叉互验，导致其指导无障碍设施建设缺乏时效性和针对性。

建议结合目前城市规划建设的变化，对原有的无障碍法规标准进行修订，对强制性要求给予扩展完善和细化，特别是针对近年来轨道交通广泛建设和信息无障碍体系快速发展的情况，完善轨道交通设施无障碍和信息无障碍的建设要求，同时，积极应对老年人、残疾人生活需求，加强住宅内的无障碍设计，并逐步开展关于无障碍住房的配建标准的细化研究。同时，参考美国等国家的经验，定期对无障碍法律规范进行验证分析，及时修正更新。

2.3.2 重部件轻系统

我国许多城市在无障碍环境规划与设计中缺乏体系性和连续性，常常将无障碍环境建设简化为局部设施问题。无障碍建设不成体系导致了整体建设水平不高、实际使用不便利、各子系统各自为政等问题。例如：由于无障碍设施的建设普及程度不高，很多地段没有设置缘石坡道，绝大多数公交站未设置语音、字幕报站系统，普遍缺乏无障碍设施指示标牌、缺少过街音响提示装置，在公共场所缺少残疾人专用车位等；由于建设单位各自为政，分头建设无障碍设施，导致建筑无障碍、道路无障碍、公交无障碍系统间缺乏衔接，新建项目中配置的无障碍设施与已有无障碍设施缺乏衔接，不能满足残疾人出行的实际需要。

确保无障碍设计的系统化，需逐步建立由发改委、财政、规划、建设、交通、城管、教育、老龄、残联、民政等多个部门组成的推进协调机制，把无障碍设施建设管理中诸如计划安排、规划建设、资金投入等问题放到一个开放的平台上，充分协调解决遇到的各项问题，并形成指导、检查、督促无障碍设施建设和改造工作，保障规划建设的有效实施。同时不断提高设计人员执行规范的自觉性，保障每个环节畅通无阻、方便实用，实现无障碍设计的系统化。

2.3.3 重物理轻心理

我国三十余年的无障碍设计的强化，使盲道、坡道等大量无障碍环境设计已十分普及，但由于无障碍意识普遍薄弱，设施设计不合理，残疾人虽获得走进正常人生活空间的机会，却无法平衡参与正常人的生活环境，许多无障碍设施也成为摆设。建设全方位、系统化的城市无障碍环境，不仅要打造无障碍物理空间，更要培育通用包容的理念文化，健全无障碍制度，形成理念文化、制度规则、器物环境的三维协同。应使市民认识到，无障碍不仅仅是残障人的事，每个人的一生都不可避免地要经历障碍状态，都需要"无障碍"的帮助，每个市民应自觉捍卫生活环境"通用无障碍"的权利。

2.3.4 重硬件轻软件

中国已经成为全球第一互联网大国，不仅拥有最多的用户，在技术上也位居前列，未来数字城市、智慧城市的发展，更是让绝大多数社会生活都以网络为基本载体。当前的城市无障碍环境建设也更加依赖于高科技和信息化，譬如耦合线圈听力设备、智能手机APP，在很大程度上改变了听力、视力残障者的生活质量，缩短了残障者与健全者之间的差距，为他们创造出适应社会更多工作岗位的可能性。但相较于传统基础设施的建设，我国的信息无障碍建设却严重发育不良，还应与时俱进，各类最新科学技术成果没有被及时转化为无障碍环境建设中的应用产品，即便是国家部委网站，有相当一部分也没有采用无障碍辅助技术。各种无障碍设计的专用设备、产品总体来说仍然较少，室内盲砖、安全抓杆、音响信号以及标志的品种仍然相对缺乏。

2.3.5 重建设轻运维

虽然我国目前无障碍设施建设数量很多，但面临后期管理环节的缺失，无障碍设施被挤占、损坏的情况比较普遍。随意占用盲道现象突出，有的路段被人为破坏，无头无障碍道路和破损无障碍设施造成新的障碍，严重影响无障碍设施的通用性、使用率；存在侵占或用作他用的现象；无障碍厕所也存在安全扶手和坐便器损坏、无人修理，甚至一些公共场所的无障碍厕所并未开放使用等现象，面临管理不善、形同虚设等问题。

切实加强无障碍设施的运营维护，保障其正常使用和发挥服务效能，应当成为各级部门高度重视的工作内容。需要按照"谁设置谁管理"的原则，进一步加强无障碍设施的日常管理。相关部门和残疾人组织应依法对无障碍设施的建设、维护、使用情况等实施监督，定期召开专题会议，加强和改进工作，定期对已建无障碍设施组织检查，严肃处理占用、损坏无障碍设施的行为，切实提高无障碍设施整体建设和管理水平。

2.4 我国城市无障碍环境建设的发展趋向

2.4.1 从无障碍环境到无障碍城市

当前关于城市中无障碍建设更多的是着眼于城市空间与设备设施的无障碍，旨在为残疾人提供一个优良的无障碍环境。未来的无障碍建设将在"通用无障碍"理念的影响下，上升至物质空间、文化空间、制度空间的全面建设，建设针对的人群也将从残疾人拓展到广义的能力障碍人士（老年人、儿童、孕妇、携带重物者、临时性伤残）进而拓展到全龄友好、全域通用、惠及社会全体成员，更体现以人为本、平等包容的观念。

2.4.2 全生命周期的无障碍建设

以往的无障碍建设开发模式，仅仅是基于图纸层面的无障碍设计审查，甚至没有落实到施工图专项审查，建成后也没有专项竣工验收，导致设计与施工环节的衔接脱离，完成质量多逊于预期。如今对于城市无障碍环境的建设，更多地强调无障碍建设的全生命周期管理。建立"策划—规划—专项设计—建造—专项验收—运营维护"全流程管理机制，并积极推动能力障碍者在策划、规划设计与验收阶段的合理介入与有效建议，使无障碍建设落到实处。强化行政和社会督导力量，按照《残疾人保障法》《无障碍环境设施条例》等法律法规规定，对无障碍设施的管理和维护进行有效监督，确保在后期运营时的可持续动态发展。

2.4.3 存量更新下的无障碍建设

由于历史因素和经济条件的制约，我国老城区的已建城市道路和建筑物大都没有配套建设无障碍设施。老城区是居民居住的密集区，不解决已建城市道路和建筑物的改造问题，无障碍环境就难以形成。当前我国的城市发展已进入"存量时代"，在城市有机更新的总体工作进程中加快已建设施的无障碍改造将成为下一阶段的工作重点。政府及相关部门应因地制宜地制定详细的无障碍改造规划或计划，按产权人、约定责任人及财政专项共同负担的原则，多方落实改造资金，将任务分解到各系统、部门单位，落实责任，逐步推进已建设施无障碍改造。特别要结合城市整体建设改造工程的实施，将无障碍设施建设纳入旧城改造、危房改造、棚户区改造、市政道路改造、建筑抗震加固、节能改造、小区绿化工程建设、室外公厕改造等统筹考虑，或借助创建全国文明城市、承办国内外重大活动等契机，加快推进已建设施无障碍改造。

2.4.4 推行信息交流无障碍建设

信息交流无障碍建设的目标是推动残疾人在各种情况下平等、方便、无障碍地获取信息、利用信息，包括电子、信息技术无障碍和网络无障碍进行交流。信息技术的快速发展、互联网工业的强势崛起都为城市无障碍环境建设带来了更多的可能性，通过先进的信息技术手段可代偿残障人士等对无障碍有需求的人群所缺失功能，对其实现"赋能（Enable）"，使其更加自由、安全与便捷地参与城市生活，实现"平权"。从各类规划和政策文件分析，信息无障碍环境建设是我国未来发展的重点，如无障碍电召服务平台的建设，电子盲道的铺设，电信、网络服务终端的信息无障碍改造等工作将逐步开展。

2.4.5 提升无障碍社区服务水平

社区无障碍改造能够最直接、最有效地帮助残疾人补偿功能、方便日常生活，与其生活息息相关，是其最迫切的环境改造需求。国家和地方政府在各类规划和政策中，普遍重视残疾人的家庭无障碍改造，安排资金投入，为贫困重度残疾人家庭无障碍改造提供补贴，改善残疾人家庭无障碍环境，提高其生活质量，为残疾人实现小康奠定物质基础。同时，伴随着"十五分钟社区生活圈"建设的全面推进，各类规划更加重视社区公共服务设施无障碍建设和改造，为能力障碍者的居住、出行、文娱、康体、教育、医疗等打造一站式无障碍服务。

2.4.6 逐步推进村镇无障碍建设

在无障碍环境建设系统不断完善的情况下，我国农村无障碍建设开始受到更多关注。虽然近些年来我国城市无障碍环境建设取得了积极进展，但由于城乡发展不平衡、农村无障碍建设未得到重视等原因，很长时间以来量大面广的村镇无障碍环境建设未有效开展，相当多的地方甚至是空白。我国农村残疾人占残疾人总数的75%以上，农村无障碍现状不能满足残疾人对基本公共服务的需求，不适应残疾人平等参与社会生活的需要。2015年2月，住房和城乡建设部、民政部、中国残联和全国老龄办等部门出台了加强村镇无障碍建设的政策，提出了村镇无障碍建设的指导思想、基本原则、目标任务和主要措施，农村无障碍建设开始提上日程。未来，伴随着国家新型城镇化推进和新农村建设、旧村改造、村庄整治等工作的开展，无障碍设施建设或许可以与村镇道路、建筑同时规划、同时设计、同时施工、同时验收，从而逐步推进村镇的无障碍建设。

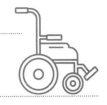

3 国际城市无障碍环境建设的进展与经验

3.1 国际城市无障碍环境建设的发展历程

在西方国家，对待能力障碍者的态度以及对于无障碍的早期认识和理解从基于基督教的天赋人权、仁爱人道的理念，历经公民权等运动，通过一系列国际人权保护条约、公约和宪章的制定，到最终实现从法律层面自觉理性地对能力障碍群体权利进行保护，经历了漫长的发展历程。进入现代社会，通用设计的理念对无障碍视野的新生与发展起到了重要的作用。

3.1.1 传统民权保护阶段

人类社会在20世纪经历了"三大动乱"时期，即第一次世界大战、1929年世界经济危机和第二次世界大战，不仅给人们的生活带来了极大的灾难，同时也导致了大量残疾人的出现，产生了严重的社会问题。

20世纪初开始，由于人道主义的呼唤，为了保持社会稳定、保障社会发展，有识之士提出了有关无障碍设施问题，使得建筑界萌发了一种新的设计方向——无障碍设计。瑞典、丹麦等国家首先探索建设专供残疾人使用的设施，各国政府也相继采取了一系列措施，推动社会保健和康复技术的进步。但最初对残疾人所采取的措施多是将其自正常社会生活中孤立、隔离收容在大规模的集中设施中，即所谓的"设施福利"。

20世纪50年代以后，由北欧高福利诸国开始的主张让残障者也能像普通人一样过正常生活，强调"只以健康的人为中心的社会并不是正常的社会"，残障者应在社区中生活"正常化"的观念，逐步向欧洲本土延伸并扩及美国。同时，西方社会进入高速发展时期，而劳动力的短缺对经济发展产生不利影响，一些工厂、机关开始雇用残疾人，认同残疾人也有为社会做出贡献的潜能，开始以新的目光评价残疾人的价值。20世纪60年代，美国民权运动的影响促使残疾人联合起来为争取其基本权利而斗争，抗议社会对他们的歧视态度、不平等待遇以及环境中的各种障碍给残疾人造成通行上的困难。至此，基于民权保护的"无障碍"概念开始形成，"设施福利"的旧有观念向"社会权利"的新理念转变。

3.1.2 各国制度建设探索

20世纪50~60年代以来，无障碍设施的大规模建设与社会无障碍环境培育的迫切需求促使世界各国开始探索无障碍法律、规范、标准的研究和制定。

1959年，丹麦颁布了一个内容广泛的"新社会福利法"，这项法律将公民社会中智力障碍人士的社会辅助原则置于一个完全崭新的基础之上，这部社会福利法提出"正常化"的理念，认为"正常化"的目标是实现和保障残障者（包括社会上的弱势群体）与普通市民一样可以享受普通生活的权利的社会环境。同年，瑞典颁布了世界上最早的《残疾人住宅建设法规》。1961年，美国颁布了第一个无障碍标准《便于肢体残疾人进入和使用的建筑与设施的美国标准》，为世界无障碍设计标准树立了模型。这一标准目前已经在全世界100多个国家和地区推行。

3.1.3 国际法规制定建设

联合国等国际组织，半个世纪以来在无障碍国际法规制定方面始终进行着不懈努力。联合国的宗旨为倡导全人类的人权、自由和平等，对残疾人福利和权利的关注是其中重要的组成部分。在《联合国宪章》《世界人权宣言》《国际人权盟约》及其他相关人权规范中均确认，残障人士和正常人一样拥有在平等的基础上行使他们的公民、政治、社会和文化的权利。1982年，联合国通过了《关于残疾人的世界行动纲领》《世界残疾人行动方案》，1993年通过了《残疾人机会均等标准规则》。2000年9月8日，在联合国千年首脑会议上通过的《联合国千年宣言》，强调必须促进和保护残疾人所有人权和基本自由的充分享受，并认识到，必须在实施联合国各次主要会议和首脑会议的成果时考虑到残疾观点，以实现国际上商定的各项发展目标包括《联合国千年宣言》中所载目标。《关于残疾人的世界行动纲领》《残疾人机会均等标准规则》《残疾人权利协议》为联合国保障残疾人权利的三项支柱性文件。（表3-1）

3.1.4 观念转型拓展阶段

2006年，第61届联合国大会通过了《残疾人权利公约》，这是首个面对192个国家的有关残疾人权利的国际协议。《残疾人权利公约》的制定标志着人们对待残疾人的态度和方法发生了"示范性转变"，其带来了著名的国际残障运动口号：没有我们的参与不要做出与我们相关的决定（Nothing about us without us）。

《残疾人权利公约》（以下简称《公约》）的

联合国关于无障碍建设的相关法规文件 表3-1

时间	事件
1948年	联合国《世界人权宣言》第25条："残疾人有受社会保障的权利。"
1950年	联合国设立"国际残疾人康复协会"
1959年	联合国《儿童权利宣言》第5条："对于在身体上、精神上有残疾或社会生活中有困难的儿童，应根据其特殊情况给予特殊的治疗、特殊的教育和养护"
1963年	挪威奥斯陆会议，提倡无障碍设计正常化理念
1969年	联合国"禁止因残疾造成的社会条件差别"决议，康复协会制定残疾人国际符号标志
1970年	联合国《弱智人权利宣言》
1974年	联合国召开残疾人生活环境专家会议
1975年	国际标准化机构ISO提出"考虑残疾人需要的一般规格标准化系列"的设计指导纲领；国际社会经济理事会大会通过《残疾人的预防及残疾人的康复》
1975年	联合国《残疾人权利宣言》
1976年	国际标准机构成立残疾者设计小组
1979年	ISO制定残疾者设计小组大纲
1981年	国际残疾人年；世界性的第一个残疾人自己的组织"残疾人国际"成立
1982年	联合国《关于残疾人的世界行动纲领》
1983年	制定1983~1992年为联合国残疾人十年
1989年	联合国社会发展和人道主义事务中心通过《开发残疾人资源的塔林行动纲领》
1991年	制定1993~2002年为亚太残疾人十年
1994年	ISO出版《身体残障者的建筑需求》设计指南
1997年	日内瓦成立"国际残疾人中心"
2005年	国际残疾人奥委会首次制定了《国际残疾人奥林匹克运动会场馆技术手册》

组成内容包括序言、宗旨、定义、一般原则等，其核心是确保残疾人享有健全人相同的权利，并以正式公民的身份生活。《公约》明确了残疾人应享有的各项权利，包括不受歧视、在法律面前平等、健康、受教育、就业、参与政治和文化生活的权利等。无障碍环境方面，《公约》第九条明确规定了残疾人有无障碍地进出物质环境，使用交通工具、利用信息、通信以及各种公共设施和服务的权利。第九条还要求制定和公布无障碍公共设施及服务的标准和导则，并监测其实施。

专栏3-1 » 联合国《残疾人权利公约》（节选）

2006年12月13日联合国大会通过

第九条 无障碍

一、为了使残疾人能够独立生活和充分参与生活的各个方面，缔约国应当采取适当措施，确保残疾人在与其他人平等的基础上，无障碍地进出物质环境，使用交通工具，利用信息和通信，包括信息和通信技术、系统，以及享用在城市和农村地区向公众开放或提供的其他设施和服务。这些措施应当包括查明和消除阻碍，实现无障碍环境的因素，除其他外，应当适用于：

（一）建筑、道路、交通和其他室内外设施，包括学校、住房、医疗设施和工作场所；

（二）信息、通信和其他服务，包括电子服务和应急服务。

二、缔约国还应当采取适当措施，以便：

（一）拟订和公布无障碍使用向公众开放或提供的设施和服务的最低标准和导则，并监测其实施情况；

（二）确保向公众开放或为公众提供设施和服务的私营实体，在各个方面考虑为残疾人创造无障碍环境；

（三）就残疾人面临的无障碍问题向各有关方面提供培训；

（四）在向公众开放的建筑和其他设施中提供盲文标志及易读易懂的标志；

（五）提供各种形式的现场协助和中介，包括提供向导、朗读员和专业手语译员，以及向公众开放的建筑和其他设施的无障碍；

（六）促进向残疾人提供其他适当形式的协助和支助，以确保残疾人获得信息；

（七）促使残疾人有机会使用新的信息和通信技术、系统，包括因特网；

（八）促进在早期阶段设计、开发、生产、推行无障碍信息和通信技术、系统，以便能以最低的成本使这些技术和系统无障碍。

3.1.5 可持续发展理念下的新阶段

在全球生态建设与可持续发展范式转变的背景下，通用无障碍的发展已经不局限于历史上"建筑可达"的概念，而是和当今世界最重要的发展议题和目标血脉相连，无论是从政府治理，还是从市场生产消费，抑或从社会自治，通用无障碍都是基本原则。2015年联合国纪念国际残疾人日以"包容至上：赋予所有残疾人无障碍设施和权能"为主题，呼吁国际社会认识到推动残疾人赋权和平等在实现可持续发展目标中的重要性，建立包容和无障碍的城市。2016年联合国关于住房和永续城市发展的会议通过了《基多宣言》，各个国家、政府的首脑、部长以及高级代表共享愿景，即平等地使用和享受城市与人类住区，寻求促进包容性，确保所有现在和未来的居民没有任何形式的歧视，可以在正义、安全、健康、方便、可支付的、韧性和永续的城市和人类住区定居、生产，并提高所有人的生活质量，促进繁荣。

3.2 国际城市无障碍环境建设的法规建设与实践

在很多无障碍环境建设的先进国家，通用无障碍已经作为人类的基本权利受到法律、法规的保障，如果不能满足无障碍相关的法律规定，就有可能受到他人诉讼而最终接受法律的制裁。世界上的大部分国家都建立了自己的无障碍设计标准体系，较为知名的国内外无障碍法律法规如表3-2所示。本书选取英国、美国、日本几个国家作为典型案例，对其无障碍法规建设与实践进行总结梳理。

主要的国内外无障碍法律法规　　表3-2

名称	时间	性质	国别
《联合国亚洲及太平洋地区经济与社会委员会促进残疾人无障碍物理环境：指南》	1995年	技术标准	联合国
《残疾人权利公约》	2006年	宏观法规	联合国
《残疾人权利公约任择议定书》	2006年	技术标准	联合国
《交通与建筑无障碍法规》	2006年	法规标准	联合国
《欧洲无障碍概念》	2003年	宏观法规	欧盟
《美国残疾人法案》	1990年	宏观法规	美国
《残疾人康复法》	1973年	宏观法规	美国
《美国残疾人法无障碍设计标准》	2000年	技术标准	美国
《身心障碍者福祉法》	1950年	宏观法规	日本
《关于障碍者对策的长期计划》	1982年	技术标准	日本
《残疾人基本法》	1993年	宏观法规	日本
《反残疾歧视法》	1992年	宏观法规	英国
《建筑条例》	2010年	法规条例	英国
《平等法》	2012年	宏观法规	英国
《中华人民共和国残疾人保障法》	1994年	宏观法规	中国
《无障碍设计规范》	2009年	技术标准	中国
《无障碍环境建设条例》	2012年	法规标准	中国
《残疾歧视条例》（中国香港）	1996年	法规条例	中国
《设计手册：无障碍通行》（中国香港）	2008年	技术标准	中国
《无障碍设施设计规范》（中国台湾）	1997年	技术标准	中国

3.2.1 英国的法规建设与实践

（1）无障碍法规建设概况

20世纪60年代初，英国建筑家协会即提出"为残疾人设计"的理念，吸收当时欧美的标准，实证性地整理出设计导则，制定了集行政与设计为一体的指导性手册范本《使残疾人易接近建筑物的规范》，是英国无障碍法规体系发展的开端。

1970年发布的《慢性病人和残疾人法案》规定：无论是否为消费场所，公共建筑和场所必须在切实可行的情况下，为进出的残疾人提供室内外残疾人通道、方便残疾人的停车设施和卫生设施；残疾人通道和设施应在大学和其他各类学校的建筑中广泛建设。1976年，上述应为残疾人提供便利设施的场所扩大到工作场所。

1978年发布的《英国方便残疾人房屋设计标准行业法规》与1979年发布的《英国建筑残疾人通道标准行业法规》同为行业自律法规，规定建筑内必须安装必要的设施以确保残疾人使用方便。1982年，环境部发布通告，建议地方规划主管部门在颁布规划许可时附上说明，使得开发商对《慢性病人和残疾人法案》中所规定的义务更为明确，同时提出地方主管部门应指定工作人员负责与开发商及时、详细地沟通相关法律法规中提出的规范性要求。通告还将建筑物通道设计提到重要高度，认为这是规划问题又是涉及全体公众使用的重大问题，可以适当纳入办法规划许可证的条件。

1987年发布的《建筑规则：M部分　残疾人通道》在"残疾人通道"章节提出更明确的要求，规定办公室、商店、工厂的主要楼层、教学楼及公众经营场所必须提供残疾人通道和残疾人设施，《建筑规则：M部分　残疾人通道》还为弯道、楼梯、扶手、门、大厅、电梯和旅馆卧室、卫生设备和观众席等的设计提出详细技术指导。1991年修订后的版本进一步将感官残疾者纳入其中，增补了通道设备维修和障碍物清除问题。

1988年发布的《关于英国残疾人疏散方法的

标准行业规定》虽仅属于行业规范，但对建筑物的设计和管理提供了权威性的指引，并且将《建筑规则》中对残疾人的规定从移动困难者扩大到失聪者和失明者。

1995年发布的《禁止歧视残疾人法案》（以下简称《法案》）是英国无障碍建设的一个里程碑式的法律文件。其保障了残疾人在申请工作和录用后不受歧视的权利，允许公众参与单项工程的无障碍设计标准讨论。《法案》还首次明确提出，残疾人在购物、使用设施和享受服务时应具有享受方便的权利，如果残障者不能利用或者非常难以利用公共设施或交通设施等，可以对这些设施的所有者进行诉讼。如果雇主没有采取合理措施消除残疾人工作中遇到的人身障碍，或因没有调整自己的行业规范而使残疾人不能就业，即被视为侵犯这项权利。这要求各行业应及时更新政策规范，以适应消除人身交流障碍的需求。

从整体涉及的内容分析英国的无障碍设计理念及法规的发展（表3-3），其大体历程为：建设残疾人通道和设施，并且在残疾的定义上从行动残疾扩大到感官残疾；保障无障碍交流和就业权利；提倡公众参与无障碍设计。英国各地方政府也在完善无障碍设施和信息交流方面给予了足够的立法和财政保障。

英国无障碍法规体系发展历程　表3-3

时间	法律法规名称
1963年	《使残疾人易接近建筑物的规范》
1970年	《慢性病人和残疾人法案》
1974年	提出"考虑移动性的住宅"
1978年	《身体残疾人的建筑规则》《英国方便残疾人房屋设计标准行业法规》
1979年	《身体残疾人的住宅设计规范》《英国建筑残疾人通道标准行业法规》
1987年	《建筑规则：M部分　残疾人通道》
1988年	《关于英国残疾人疏散方法的标准行业规定》
1991年	修订《建筑规则：M部分　残疾人通道》，将感官残疾者包含在内
1995年	《禁止歧视残疾人法案》
2005年	修订《禁止歧视残疾人法案》

（2）无障碍环境建设特点

1）无障碍法律规定可操作性强

英国在立法中很注重法律的可执行性和实际可操作性。无障碍法律法规体系主要是以国家层面的建设为主，地方政府被允许自行制定相关法规来逐步落实全国性法律。《禁止歧视残疾人法案》是英国推行无障碍建设的首要法律依据，在此之下，英国政府推出了一系列的相关实施条例，进一步推动法律的执行，指导各方落实相关法律义务，维护残障人权利。以《禁止歧视残疾人法案》有关公共交通无障碍的规定为例，该法案授权国务大臣制定公共汽车无障碍规章，这就避免了法律条文因涉及过多的技术细节而缺乏对技术变迁的适应性，同时也对规章的大体内容和制定程序做了较为详细的规定，以确保立法意图在规章中得到贯彻。

2）无障碍建设改造资金投入渠道多元

仅靠政府投入无障碍环境建设特别是无障碍改造资金是远远不够的，英国主要是通过以下三个方面来保障无障碍建设过程中的资金支持：

首先，英国非常重视通过法律的形式来保障无障碍建设的资金支持。法律规定将无障碍建设的责任具体落实到了明确的执行主体，如地方政府、地方医药部门、雇主、企业及其他组织等。这就保证了相关主体必须将无障碍建设所需资金纳入自己的公共财政或私人财务预算。如1944年《残疾人就业法案》，要求雇主为其所雇佣的残疾人提供必要的无障碍设备；1995年《禁止歧视残疾人法案》，要求餐馆、商店、娱乐中心以及企业组织按照一定的步骤进行无障碍改造，消除残疾人享受服务过程中存在的障碍。同时，英国政府还专门列支无障碍改造资金，对企业、组织等进行无障碍改造给予一定的资金支持。如对老公共建筑物无障碍改造，政府专门列支历史建筑物改造资金。在英国，个人无障碍改造经济困难的，可向政府申请无障碍改造资金。

其次，英国通过推动公共部门和私人业主合力参与无障碍建设计划，促进公有和私有资金建立合作的伙伴关系，有效地解决了一部分城市交通环境无障碍改造的庞大资金问题。近年来这类合作在城市更新计划和发展计划中的案例越来越多。

最后，英国非常鼓励多方参与无障碍环境建设，尤其是鼓励企业参与。企业作为产品、技术和服务的提供者，作为工作岗位的提供者，作为法规和标准的实践者，对推动英国无障碍环境建设的发展发挥了重要作用。尤其值得一提的是，企业并不将帮助行为当作慈善，而是将其与企业经营结合，谋求共同发展。

3）无障碍建设政策、技术标准完善

英国环境交通与区域部门在规划政策指导中制定了一系列声明，特别是在总的原则上提出为残疾人和带儿童者提供通道以及通往旧建筑的通道，同时建议规划者可以借助建筑规范来建设无障碍设施。此外，许多地方政府也都将相关无障碍政策声明纳入房屋、就业和交通的发展计划中。

1987年，英国制定了无障碍技术标准，1992年、2003年分别进行了补充。这是英国推进无障碍建设的技术法规保障。这部规范不仅对新建筑或彻底重建的公共建筑有效，同时也包括私人居所。

4）加强对无障碍建设的专业指导和服务

英国对无障碍建设的指导是来自多方面的，它既包括平等与人权委员会的指导，也包括政府相关部门的指导。这些指导都是具体而深入的，它涉及无障碍建设的方方面面和各个阶段。平等与人权委员会成立于2007年10月，其下属机构残障委员会旨在消除残疾人所面临的歧视并促进残疾人机会均等。平等与人权委员会出台了很多手册来指导无障碍建设，这些指导都是非常具体和可操作的。例如《2010平等法案指导——关于确定与残障定义相关问题需要考虑的事》《如使有残疾顾客得到更加便利的无障碍产品及服务》等。平等与人权委员会还有相应的网站，相关人员也可以通过网络或电话获得他们的帮助。

同时，负责规划、建筑控制、建筑标准和公路、道路等的政府部门也有相应的人员提供无障碍方面的专业指导。例如，业主在进行建筑控制申请前可以向当地的市政厅申请获取包括无障碍建设方面在内的指导。

最后，英国政府还通过为残疾人提供法律咨询的方式，来帮助残疾人对造成障碍的业主进行诉讼，争取赔付并消除障碍。为此，平等权利委员会专门设计有一系列相关指南，如《向郡法院提起有关反残障歧视法第三部分货物及服务案件诉讼的指南》相关调查表等。

5）社会组织是推进无障碍建设的重要力量

由于英国政府在无障碍建设中扮演的角色非常有限，作为一个有着悠久自由主义传统的法治国家，英国的无障碍环境建设更多是借助社会力量，并依法推动，而非在整个国家战略层面的政府强势推动。在法律规定的政府职责以外，更多的是鼓励社会各方协商和自愿。英国无障碍建设发展的一个典型轨迹是先由残疾人团体发出呼吁，继而获得国会重视，再督促公共部门推动，进而成立英国无障碍环境推动委员会（咨询性质），向公共部门提供建议。故英国无障碍环境建设的成绩在很大程度上也应归功于非官方或半官方组织。

3.2.2 美国的法规建设与实践

（1）无障碍法规体系概况

美国于1961年颁布《便于肢体残障者进入和使用的建筑设施的美国标准》。这是世界上第一部无障碍设计标准，主要针对身体残障人士使用物质空间和各类设施，通过出台统一标准使无障碍设计具有某种强制性。同年启动了针对残疾人教育、就业等问题的法案制定。

1968年通过的《建筑无障碍法》是美国公共建筑与设施设计的基本法，也是"无障碍设计"开始进入美国公众视野的开端。法案做出的主要规定包括：凡美国政府兴建的建筑物或受联邦政府融资补助的新建建筑和改建建筑，须设置一个以上的便于残疾人进出的出入口；公用厕所面积必须保证残疾人轮椅在其内部空间能周转行驶；停车场须用蓝色专用图标标注供残疾人使用的汽车停车位，其他车辆不得占用；较大型商业场所须配备供残疾人士使用的小型电动轮椅；火车车厢应提供可供残疾人轮椅停靠的空间，并配备保障其稳定性、避免出现晃动的安全装备。

1973年发布的《残疾人康复法》进一步明确了改扩建建筑的设计要求，规定所有受政府补助的建设项目必须为残疾人士提供必要服务，改建翻建必须充分满足其各种可能需求，不得造成差别待遇。法案1974年修订版增设了监督落实《建筑无障碍法》的有关条款，同时扩大了残疾人士的认定范围，提出给予相关人群公平就业的机会。

1990年通过的《美国残疾人法案》对无障碍设计有关的法律法规体系做出全面更新，将适用建筑项目扩大到所有对公众开放的公共建筑、交通设施、营业场所，将方便残疾人使用的出入口数量从至少一个扩大到至少一半以上，同时提出要考虑增设便于视觉和听觉残疾者使用的通信系统装置。与此同时，《美国残疾人法案》还详细规定了残疾人专用停车位的数量、会议室和餐厅等场所中固定座椅的数量、方便残疾人使用的柜台设计标准和数量要求等。《美国残疾人法案》基于民权运动的背景，具有很强的人权保护色彩，它从法律层面确保了残疾人在使用社会公共和服务设施进入公共场所和保证平等就业等方面的权利，标志着美国残疾人事业真正步入"无障碍时代"。

1996年通过的《电信法案》旨在推动信息通信等多方面的无障碍设计，致力于消除身心障碍者等弱势群体被差异对待的现象，让所有群体都能平等享受各种通信服务、平等操作各类机器设备。

1998年对1981年颁布的《建筑最低标准》做出修订，在此前提出老年住宅中的10%必须设计为无障碍住宅的基础上，进一步扩大了残疾人的公民权，规定民间建筑也必须充分考虑和营造无障碍环境，新建四户以上集合住宅，必须在出入口、通道、厕所、浴室等装设安装扶手。

基于上述发展历程，可知美国无障碍法规涉及的内容逐步扩大，从身体残疾扩大到老年人和身心残疾，从受政府资助的建筑项目扩大到各种类型的建筑和设施，从涉及物质空间环境到向社会制度延伸。（表3-4）

美国无障碍法规体系发展历程　表3-4

时间	法律法规名称	备注
第一次世界大战结束	《职业康复法》	世界第一部专门针对残疾人就业的法律
1961年	《便于肢体残疾人进入和使用的建筑与设施的美国标准说明》	世界第一个无障碍标准
1968年	《建筑物无障碍法》《建筑无障碍条例》	—
1973年	《残疾人康复法》住宅与城市发展局制定建筑最低标准	—
1974年	修订《残疾人康复法》设置改造建筑物的交通委员会	—
1977年	修订《残疾人康复法》	禁止残疾人差别待遇
1980年	修订《便于肢体残疾人进入和使用的建筑与设施的美国标准说明》	—
1981年	制定残疾人的建筑设备上的最低必要条件	—
1986年	《航空运输无障碍法案》	—
1988年	修订《公共住宅法》	禁止差别对待残疾人
1990年	《美国残疾人法案》（ADA）	标志性民权法律，在国际上产生巨大影响，有超过40个国家在立法中采用了此法案的表述
1991年	《便于肢体残疾人进入和使用的建筑业与设施的美国标准说明》更新版本	—
1996年	《电信法案》	促进信息通信无障碍
1998年	《残疾人康复法修改法案》《公平住房修改法案》	—
2002年	《老年人和残疾人选举无障碍法案》	—

（2）无障碍环境建设特点

美国的无障碍环境建设具有领先性和示范性，无论在包括公共设施、道路交通、无障碍通信等在内的硬件环境方面，还是相关法律法规、监管体制、维护体制、社会意识等软件环境方面，都起步很早、发展很快，也推动了国际无障碍环境的发展。其具备较高的系统性、科学性和成熟性，具有重要研究价值。

1）无障碍立法健全

美国的无障碍法规包括三个层次：法律、规定和标准。法律指核心的无障碍法律，包括1968年《建筑无障碍法》、1973年《残疾人康复法》、1990年《美国残疾人法案》。规定指用以补充完善法律的众多规定细则，如1990年《美国残疾人法案》促使美国建筑和运输部门制定了强制执行的无障碍设计规定。标准包括技术标准、指导方针与技术辅助手册，技术标准包括对诸如建筑物尺寸、大小等相关细节的叙述，常常由有影响力的非政府组织编制，是否具强制性要看是否得到联合法以及进一步的认可推广，指导方针与技术帮助则是给予技术指导和流程参考的文件，对无障碍环境具体建设具有重要作用。

这些无障碍法律法规涉及了生活的大部分领域，从各方面保障着公民的权利，不仅保障了公民生存环境的无障碍，还保障了其通信权、出行权、居住权、社会参与权、政治生活权等个人发展权益的无障碍，不可否认，美国在无障碍化建设中的立法是相当充分与完备的。

2）制定实施激励无障碍设施发展的税收优惠政策

除了官方立法，美国联邦政府还出台了包括税收和财政等在内的多项优惠措施，以推动州政府、地方政府、私人企业更好地履行法律规定，加快推进住房、公共场所、工作场所等环境的无障碍设施建设与改造。例如1986年通过的《税收调整法案》规定用于无障碍技术改造的费用，可替代部分税收。相关税法还提出针对老弱病残低收入家庭实施免税或税收优待，以完善残疾人的社会保障。这种激励无障碍发展的税收优惠政策能促使社会中更多的个人与组织参与支持无障碍的建设和改造，为无障碍的发展提供了重要帮助。

美国对无障碍建设提供财政补贴主要包括两种形式：其一是为无障碍相关的设备和服务提供直接经费补偿，为了确保这些经费投入能高效地服务于残疾人的利益，美国政府还向各残疾人团体提供相关经费支持，鼓励他们参与从事对无障碍法律的执行情况调查和监督，以及通过与相关公共设施业主达成协议来具体实施无障碍改造；其二是提供替代性融资计划，借助市场机制引导社会各界积极参与无障碍环境建设和改造，以使残障者可以更加便利地享受无障碍设施和服务。这些融资计划包括循环贷款资金、低息贷款、贷款担保、无担保低息贷款等。

3）政府部门在无障碍执法中职能划分清晰

与此同时，美国政府注重部门职权划分的清晰化，各主管部门分别负责各自领域的无障碍建设。例如，各类规范标准的更新和管理由无障碍委员会统筹，政府和公共设施的无障碍建设由总务署负责，住宅建筑无障碍由住房和城市发展部负责，军事建筑无障碍由国防部负责，教育机构无障碍由教育部负责，医疗机构无障碍由卫生部负责，无障碍法规及投诉由司法部负责，交通无障碍由交通部负责，电信无障碍由电信委员会负责等。州政府和地方政府机构设置不尽相同，但也都进行了清晰、明确的人物划分，这为无障碍相关法律法规的有效落实提供了有力保障。

4）有独立的无障碍监管机构和无障碍政策制定、反馈机构

美国联邦政府设立了完善的无障碍法律监督系统，即无障碍委员会。无障碍委员会成立于1973年，是一个独立的美国联邦机构，在无障碍环境建设中处于领导和核心地位。其设立了面向普通公众的投诉系统，鼓励公众针对各类机构和设施的无障碍建设情况进行日常监督，并通过网站、邮件、传真等方式向委员会进行反馈。

投诉渠道多，投诉方式简单无门槛，投诉被保密保护。接到投诉后，委员会立刻进行信息查证，若发现确实违反规定，无障碍委员会将督促责任方进行改造，并进行严格审查和验收，唯有合格后，投诉案件才能最终结案。此类针对法案执行和落实情况的调查监督得到政府的资金支持。

此外，美国还设有国家残疾人理事会（NCD），这是一个直接向国会和总统报告残疾人政策的制定和实施情况的正部级机构，委员只有15人，均为美国各州有名望的残疾人士，他们的出任是由国会提名，后经总统任命。因此，该委员会在其享有很高的社会地位和很高的行政级别双重身份下，有一定的话语权和建议权。美国国家残疾人理事会，每年不定期地研究无障碍相关法规和重要事务，并形成决议后递交国会或总统，由国会或总统审定后发布实施。

5）社会力量广泛参与和推动无障碍建设

美国的无障碍建设首先是由关心残障人士的社会组织大力推动，最终得到政府的响应和国会的立法支持。当前，美国政府的不少经费投入也要求相关非政府组织参与，以便更好地服务于残障人士的需求。可见，社会力量在美国无障碍建设的历程中一直发挥着重要作用。在美国，非政府组织运作方式灵活高效、人性化、社会化，有效推动了美国无障碍环境的建设和发展。比如，美国马里兰州听障者自主组织对残障者提供教育和培训，推进残疾人的教育融入，帮助其获得参与社会生活的人力资本；美国残疾人协会旨在不断完善无障碍相关法律、政策，督促执法不力；今日美国残疾人帮助组织旨在通过大力开展各种宣传活动提升公众无障碍意识，并提出了促进无障碍环境发展战略。

美国无障碍建设也得到了科研和教育领域的大力推动。与无障碍相关的研究机构、高校可以向政府申请教育和科研以及宣传经费，开展无障碍教学和科研工作。作为世界上最早开设无障碍研究课程的国家之一，包括建筑系在内的许多院系都开设了无障碍设计专业。美国部分中小学学校教学中也渗入了"平等参与社会"的内容，成为美国民众无障碍意识培养的重要途径。

3.2.3 日本的法规建设与实践

日本的无障碍建设称为"福利城镇建设"，宗旨是让全年龄段的身体残疾者和健全者都能拥有便捷、安心的生活。相应法规建设以全体公民都能利用为核心，目的是提高残障人士自主生活的便捷程度，扩大他们的生活圈和活动范围。

（1）无障碍法规体系概况

日本于1950年发布《身体残疾人福利法》，法律提出了推动身体残疾人重返社会的可能途径，即建设有关设施并对其进行针对性训练，此类设施即一般意义上的福利收容中心。1965年以后，残疾人在本地生活的诉求越发被重视，福利收容中心开始向福利住宅发展。但由于这一时期的福利设施大多为地方探索，缺乏国家统一标准，更缺乏法律的约束力，导致这一转换在总体上较为混乱。也正因为如此，人们开始意识到仅靠纲要性的制度建设无法满足福利设施发展需求。

20世纪70年代，日本启动了体系化的无障碍环境建设。20世纪70年代的福祉街区整备运动是基于北欧的"正常化"理念，即让所有人在当地像健康人一样安心地生活。这些实践活动最初从消除物质无障碍开始，例如町田市等一些地方政府以及公共团体制定了与无障碍相关的实施纲要和条例。此后，日本于1976年开始施行"福利城市政策"，即推动20万以上人口城市进行无障碍改造，内容包括：增设交通路口安全设施，在公共场所配备轮椅，有特殊需求的场所配备滑轨升降机，修建残疾人专用厕所，为老年人、残疾人使用的浴缸和周边墙面安装扶手，为残疾人住宅改装电话，确保所有公共场所不设置开放障碍，建立通信服务网络等。

此后，1982年发布的《无障碍化建筑设计标准》对公共设施设计提出指导原则，1986年日本内阁会议提出"社区老年人住宅计划"，1993年日本《残疾人基本法》再次重申应提高公共设施无障碍化的覆盖度，要求国家、地方团体及相关部门切实落实责任。1994年，《关于促进高龄者、身体障碍者等能够顺利利用特定建筑物的建筑之法律》正式颁布施行，这部通称《爱心建筑法》的法律是日本唯一一部"使用权法"，也是日本迄今为止环境设施方面最重要的法规，对于统一技术标准、确保设施实效等有重要意义。

专栏3-2 » 日本《爱心建筑法》

1．制定宗旨

《爱心建筑法》的制定实施是为了向国际标准接轨，同时向国民明确建筑物无障碍化设施配备的具体形象，推动人们重新认识熟悉的建筑物，从以经济活动为中心、以健全成人为服务对象的观念，转变为创建一个更便于老年人、婴幼儿、残疾人等所有群体生活的环境。

2．设施配备标准

《爱心建筑法》标准分为两种：一种是服务最基本生活需求而必须配备的无障碍设施的设计标准，另一种是根据具体用途不同面向理想状态配备的推荐标准。基本标准是指为使建筑物能安全、便利地供老年人和残疾人使用，而将必不可少的基本内容标准化。推荐标准是指为使建筑物安全、舒适地供老年人、残疾人使用，应尽量配置的设施，并以努力提高市民生活质量为目标而提出的标准，是为考虑将来社会生活标准的提高而增加的准备设施的内容。

虽然标准是针对残障人士制定的，但是也希望设计人员能够立足于市民生活，适应不同市民的需要，通过与社会的联系，提出一个保障残疾人、老年人并与之相适应的设计理念，从而发挥更大的作用。

3．制定与实施特色

《爱心建筑法》的标准宽泛而严谨。其制定过程以"性能标准"为主要依据，不完全依靠有限的数值量化指标，而是结合更详细的描述性语言，例如采用具体数据来规范走廊宽度和电梯尺寸，通过"便于轮椅乘坐者使用"的定性描述对地面材料的色彩和材质做出规范要求等。

《爱心建筑法》提出实行奖励制度。日本采取的推动法律落实的配套措施与美国的强制性做法有所不同，主要是通过补助金、减免税、低利融资等奖励办法推动其进一步落实。例如1996年建立住宅金融公库，规定符合政府"节能"和"适合老年人居住"这两个条件的建设项目能获得国家的低息贷款，公库由建设省负责管理。此后进一步放开银行低息贷款，向符合规范的无障碍设施提供，特定设施扩建免征企业所得税，还提出了容积率奖励政策。

《爱心建筑法》提出按等级划分设计。根据公共建筑面积大小不同，日本设立了不同等级的无障碍设计标准。例如，面积为300～1500平方米的商业建筑仅需提供能进入室内的无障碍通道，但当商业建筑面积超过1500平方米时，必须为残疾人等提供专用停车场、厕所、电梯等设施。

2000年，《爱心建筑法》吸收了针对交通设施的《促进高龄者、残障者方便使用交通设施的法律》的内容，与其合并为《促进高龄者、残障者移动方便的法律》（俗称《无障碍新法》）并加以实施，《无障碍新法》主要包括以下几个方面的内容：主管部长负责综合策定国家（无障碍事业的）基本方针；无障碍设施管理者的标准和义务（对应无障碍化设置区域的扩大）；无障碍重点区域的制定及基本方针的制定；促进相关者及居民参与无障碍事业；落实特定具体的无障碍项目；缔结协议，保证无障碍的路径通畅；规定主管部长具有劝告、命令和惩罚的权限。日本进行两法合一的背景在于原来两法各有侧重、中间形成真空地带，以及过于侧重各类硬件设施、对包括信息和使用者需求对应不够。

考察日本无障碍环境的法规发展历程，可知其具有以下特点：从狭义上的收容中心扩大到福利城市政策,最终将其法制化;从地方先行探索,到随着法制深化,在全国范围内展开(表3-5)。

日本无障碍法规体系发展历程　　表3-5

时间	法律法规名称	备注
1949年	《身体障碍者福祉法》	三大支柱福利法之一
1950年	《精神保健及精神障碍者福利法》	三大支柱福利法之一
1960年	《智力障碍者福利法》	三大支柱福利法之一
1963年	"福利城市政策"(厚生省)	—
1970年	《身心障碍者对策基本法》	有统领意义的法律
1982年	《关于障碍者对策的长期计划》	—
1983年	交通工具无障碍措施	—
1986年	《长寿社会对策大纲》"社区老年人住宅计划"	—
1987年	《无障碍化建筑设计标准》《关于障碍者对策的长期计划的后期重点施策》	—
1993年	《残疾人基本法》	—
1994年	《关于促进高龄者、身体障碍者等能够顺利利用特定建筑物的建筑之法律》	俗称爱心建筑法,针对无障碍建筑环境
1995年	《与长寿社会相适应的住宅设计标准》	—
2000年	《促进高龄者、残障者方便使用交通设施的法律》	针对交通设施
2000年	《促进高龄者、残障者移动方便的法律》	俗称无障碍新法,为爱心建筑法和交通无障碍法的合并
2004年	《身心障碍者对策基本法》修正	—
2005年	《障碍者自立支援法》	标志着日本的残疾人保障的法制由福利立法转入综合立法
2006年	《交通与建筑无障碍法规》	—

(2)无障碍环境建设特点

1)无障碍法律体系较为完善

日本国土面积狭小,人口密度极高,老龄化问题非常严重,这使得无障碍建设显得尤为迫切,因此,急促的老龄化进程也推动了日本无障碍法律体系的建设和完善。虽然无障碍法规制定与无障碍建设进展较为缓慢,但是起步早,范围宽,层次清晰。同时法规中强制性政策少,指导性与参考性的政策多。无障碍建设的法规分为五个层次:法律、条例、设计实施纲要、设计指针、手册。

2)政府和社会组织各负其责

日本无障碍环境组织保障体系主要涉及中央政府机构、地方政府机构和非政府组织。

中央政府机构:在2001年之前,与无障碍环境建设相关的主要政府机构是总理府、建设省、厚生省、运输省等。各个部门各司其职,依据各自的权利和责任范围制定相应的无障碍政策和标准,共同推动无障碍环境建设。建设省主要负责城市建设和住宅建设的规划,在无障碍环境建设中发挥了重要作用。厚生省主要负责国家行政办公管理、社会保障、医疗保障等方面。2001年之后,中央政府机构进行重组,原总理府、经济企划厅、冲绳开发厅和金融再生委员会等重组成内阁府。与无障碍环境建设相关的主要政府机构改为重组的内阁府、厚生劳动省和国土交通省等,无障碍法律环境组织保障体系也随之发生变动。

地方政府机构:日本地方政府具备高于中央政府的推动无障碍环境建设的积极性。地方政府设置有专门部门负责对每一幢竣工的建筑物进行验收,审查其无障碍设计是否齐全和规范。1994年日本中央政府提出了设置无障碍环境的法令,但也没有强制性,可是地方政府认为其具有可行性,就开始各自推动实施,希望新建建筑物达到无障碍环境的设置,有些新商场因为有无障碍环境的设置,引来商场生机,于是陆续在日本展开实施。广岛市对商业建筑的无障碍设计进行分层管理,要求商业建筑按其营业面积的大小,实现不同等级的无障碍设计。

非政府组织:日本也有很多无障碍相关社会团体,他们主要通过各种类型的活动为残疾人提供帮助,或为残疾人提供教育培训、帮助残疾人就业，或为残疾人提供信息服务，或为无障碍法规、政策、标准提供建议，或提升社会无障碍意识，或向残疾人发放慰问金等，借此帮助残疾人参与和融入社会生活。

3）建立扶助和奖励等无障碍经费投入机制

在无障碍经费投入机制方面，日本主要采用了扶助和奖励等措施。

扶助措施：中央设立专款通道，用于交通无障碍设施建设和改造，仅1997年、1998年、2001年就对铁路车站有关的无障碍项目投入了10亿日元、840亿日元、940亿日元，2001年又花费120亿日元引进低底盘大巴。残障人士在很多公共服务上享受减额照顾，如日本残疾人可凭借残疾证享受免交所得税和居民税的优惠，获得通信使用费、公共交通费、航空费的折扣或减免。政府通过给予补助的方式，鼓励研制残疾人康复、就业、教育、培训等所需用品用具，供应对视力、听力和肢体残疾人的辅助器具，对重度残疾人进行住宅改造以及提供日常护理服务，经济困难残疾人家庭的此类费用由政府承担。

政府对残疾人康复、就业、教育、培训等所需用品用具进行研制和供应对视力、听力和肢体残疾人的辅助器具、重度残疾人的住宅改造以及日常护理服务等费用都给予补助，经济困难的残疾人家庭的费用全由政府承担等。1982年，住宅金融公库决定对与残疾者同居的家庭增加贷款。住宅金融机关对青年人与老年人同住者提供照料补贴。为满足残疾人对文化体育娱乐的需求，日本专门开设盲文点字图书馆和专供残疾人使用的体育馆，为视力残疾人提供免费有声读物和盲文书籍，为各类残疾人员提供免费的活动设施和通勤车辆。

奖励措施：日本无障碍设施需求人口的比例比较高，仅靠政府供应显然无法满足，因此日本政府采用低利融资、减免税、补助金等奖励办法，鼓励更多的社会力量参与到无障碍环境建设中。

3.3 国际城市无障碍环境建设的经验借鉴

3.3.1 推行通用设计理念

从无障碍环境建设的国际经验上来看，在无障碍环境建设的观念模式、服务对象、内容选择和设计理念等方面，都经历了一个由被动到主动、由特定对象到广泛对象、由单一目的到多能复合的过程。通用设计的理念已经成为无障碍环境建设与发展的主要方向。

其对象是所有人而非弱势群体，并非推翻原有标准，而是针对目前的问题提出新的解决办法，是对原有无障碍设计的补充和深入。当然，通用设计的理念还没能发展出明确的具有指导价值的规范，还需要具体的法规支持，以进一步完善和得到广泛认可。

3.3.2 完善法规体系建设

国际经验表明，完备的法律约束、全面的条例规范，是保障城市无障碍环境建设有序规范实施的前提条件。各主要发达国家和地区的立法推进过程无不如此。同时，法律法规和技术规范必须与执行体系和激励机制相结合，在司法、监督等环节提供更有效的保障措施。如美国的无障碍法律，有《建筑物无障碍法》《残疾人康复法》《美国残疾人法案》《电信法案》《残疾人康复法修改法案》《公平住房修改法案》《残疾人和老年人选举无障碍法案》等多达十几部，从各方面保障公民的权利，不仅保障了其生存权无障碍，还保障了其通信权、出行权、居住权、社会参与权、政治生活权等的无障碍，十分齐全。并且，美国政府部门在无障碍执法中职能划分明确，美国还专门有独立的无障碍监管机构，联邦政府设立了完善的无障碍法律监督系统即无障碍委员会，无障碍委员会在无障碍环境法律的监督中起到了核心作用。英国、日本的无障碍法律也较为完善。

3.3.3 提高资金保障能力

发达国家和地区实践表明,加大无障碍资金投入对于无障碍建设、特别是改造十分重要。日本从2007～2010年,对道路设施无障碍化推进和车辆交通无障碍化推进就分别投入资金23528亿日元、8693亿日元,还通过低利融资、补助金、减免税等办法,引入社会资本主体。英国非常重视通过法律的形式来保障无障碍建设的资金支持。法律规定将无障碍建设的责任具体落实到了明确的执行主体,如地方政府、地方医药部门、雇主、企业及其他组织等。这就保证了相关主体必须将无障碍建设所需资金纳入自己的公共财政或私人财务预算。英国还注意吸纳企业和私人的资金共同投入无障碍建设。美国不仅政府对无障碍建设进行投资,还采取了税收优惠等多项优惠措施,来鼓励社会各界参与无障碍改造和无障碍建设。

3.3.4 发挥社团组织效能

在西方发达国家和地区,无障碍建设的起源与进展,多源于残障人士对自己权利的抗争,经过相当长一段时期的磨合才逐步转化为政府行为。政府部门的主要职能是制定无障碍法规,实施、管理无障碍建设,社团组织反映特殊人士的需求,并推动和协助政府部门的工作,国际上一些国家成立的专门的无障碍部门起到了良好的沟通、协调、评估、反馈作用。如英国的国家自立生活中心、人民第一组织、残疾人权益组织,平等和人权委员会、美国的残疾人联合会等,都为推进无障碍建设的发展发挥了重要作用。

3.3.5 强化现代科技支撑

随着社会经济发展,现代科技正逐渐进入无障碍环境建设领域。无障碍建设的设计正从以体验为基础的经验性设计发展到以研究为基础的系统性设计,无障碍法律法规的制定正从以经验指导立法到以科研支撑设计标准。发达国家普遍重视无障碍环境建设的科研和教育,重视理论和应用研究,专业人才培养,许多国际知名的无障碍设计研究机构包括美国北卡罗来纳州立大学通用设计研究中心、东京大学先端科学技术研究所、德国柏林工业大学无障碍设计中心等。在美国的很多高校,接受了政府拨付的专项教育科研经费,由相关专业的教授及其学生在自己的专业领域从事无障碍相关课题的研究。还有很多专业的组织,如各种建筑设计院、医疗器械研发生产机构、残疾人辅助器具研发和生产商、相关企业等都会对无障碍进行研究和开发。

3.3.6 智能化网络化发展

随着人类社会全面进入信息化时代,无障碍环境建设正从传统的建筑与道路工程设计逐步转向智能化、网络化系统提升,交通无障碍和信息无障碍成为当前及未来无障碍环境建设的重点和热点。交通环节中的路径引导和危险防范需以准确的信息获取为前提,以卫星定位系统、电子地图数据库、通信技术能力等为信息技术保障,这就对信息无障碍提出了更高的要求。例如美国在银行的自动取款机安装耳机,向盲人作语音提示,既方便又保密;波兰为残疾人就业服务机构、有关公共场所提供方便聋人信息服务的可视电话及加强聋人信息中转平台建设;国外许多城市都建立了无障碍信息警报系统、电子监控系统等随时发现并能帮助求助人;日本采用新型盲砖,通过设置夜间发光二极体LED来为视者和轻度视障者提供引导,也对其他行人起到提示作用等。

3.3.7 参与式互动型模式

随着空间规划权利不断下沉并嵌入地方社群,社会对规划设计中的"实质性公众参与"的关注也日益增高,基于价值理性和程序正义的交流性或联络性规划在国外的社区治理中开展大量实践。发达国家正从无障碍的对象型立法转向参与型立法,从"单向型"设计发展到"互动型"设计,从为某些特定对象提供法律保障,转变为将其纳入法律制定的过程中，推动其参与立法等全过程，从而真正满足其需求。例如，日本无障碍环境建设的设计、施工、验收过程中都有残疾人和健全人的参与，使无障碍环境建设切实为所有的使用者服务。

此外，国际上许多国家都重视规划过程中控制方法的应用，认为其是更具有针对性、实操性的保障手段，是法规控制的有效补充。具体工作中，规划部门创造公众参与的渠道，设立"无障碍官员"，负责时差现场和参与组织讨论会，在残障人士和规划设计人员之间充当协调者的角色，对导则提出补充建议，与规划互相参照。

4 城市环境无障碍建设的总体框架

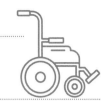

4.1 总体目标

城市环境无障碍设计的总体目标在于：推动全社会平等、包容与充分参与社会生活，关注所有利益相关方以及各种行为与感知有不同障碍的群体，包括但不仅仅限于性别、年龄、文化、宗教、身心障碍等方面，重点关注对实现障碍消除更敏感的群体，如儿童、妇女、残疾人、贫困的老年人等，通过与使用者共同努力来消除社会、技术、政治和经济过程中所产生的障碍，使每一个个体都能拥有尊严、自由选择和实现个人可持续发展的权利。

4.2 主要原则

4.2.1 以人为本

以人为本是无障碍设计的基本原则和根本出发点。无障碍设计出于对每个人的全方面呵护，形成于对人体自身特性的探究理解，核心理念是强调一切与人类衣食住行有关的公共空间环境和各类设施设备，必须充分将包括各类生理伤残缺陷者和正常活动能力衰退者（如残疾人、老年人）纳入服务对象，配备相应的设施、装置和人员来满足上述人群的需求，切实营造安全、便捷、舒适的现代生活环境。

4.2.2 系统协同

无障碍设计不仅需要考虑单系统布局的完整性，也要考虑多系统协调运作时的耦合关系。系统协同要求无障碍环境建设需要首先满足单系统的完整性，具有一定设施的覆盖完备度，并着重处理好故障点、衔接点，以保障系统功能得以正常发挥；进而需要满足多系统的系统耦合性，采取综合性的设计策略，从能力障碍者友好的视角出发，考虑能力障碍者所需的所有城市系统（如住房、水、卫生设施、交通、绿化、公共空间、食物），制定完备的建设、支持和协调发展策略。出行链分析是检验无障碍环境系统协同性的重要手段，只有当无障碍设施形成一个贯通的网络化的空间布局时，才能有效地为能力障碍者的出行过程提供完整、便利、连续不间断的服务。

4.2.3 多元包容

对差异性地尊重和接受能力障碍者作为人生多样性的一部分，是建设无障碍环境秉持的基本价值观。如何满足各类能力障碍人群巨大的差异性和多样性，是无障碍环境设计的核心课题。从现实操作的角度考虑，无障碍环境建设需要秉持包容性设计和通用设计的理念，尽量在一个项目的设计中，考虑到各类人士的需要，综合性地解决问题。包容性设计是指不论每个人的年龄、能力状况如何都可以被吸引和使用产品与环境的一种设计方法，或者指通过与使用者共同努力来消除社会、技术、政治和经济过程中所产生的障碍的一种基础建设和设计的方法。因此，通用设计理念的核心是将所有人群纳入考量对象，致力于向所有人群提供能使其自主使用产品和服务的建筑、环境、产品等优良设计。

4.2.4 公平可得

联合国《残疾人权利公约》对无障碍的界定是，要使残疾人能够独立生活和充分参与生活的各个方面。基于此，缔约国应确保残疾人在进出物质环境、使用交通工具、利用信息和通信服务等方面与其他人平等，不应因人群、地域有别而对设施和服务的开放设置障碍。在通用无障碍理念全面转向"权利模式"的情境下，无障碍环境建设如何实现城市服务于人的公平越发受到重视。具体而言，城市无障碍环境设计应体现对所有群体的可得性、便利性、可供性、支持性、平等性。"可得性"指能到达想去的地方，"便利性"意味着能方便地做想做的事，"可供性"表示能满足特殊需求，"支持性"指能被周围的人所接受，"平等性"指能与其他人一样被平等相待。

4.2.5 可持续发展

通用无障碍是可持续发展目标的重要内涵之一。《2030年可持续发展议程》（2015年）提出可持续发展目标（SDG）11——可持续性城市和社区："建设包容、安全、有抵御灾害能力和可持续的城市和人类住区"。通用无障碍的设计理念是社会的"可持续性"的一部分，在美国和日本，通用设计被归入"可持续设计"的大类之下。在过去，政府和公众可能认为仅为少数人群建设的无障碍是特殊的事情，但随着全球老龄化加剧和慢性病人群的增加，许多国家已经认识到城市环境无障碍在未来发展的重要性和紧迫性，除了可以提前应对多样化障碍人群对环境的要求，更有助于每个人平等参与社会和实现可持续发展，构建包容性社会能带来整体社会的高质量发展和增长，所以针对通用设计的投资具有经济和社会双重意义。

4.3 系统架构

城市环境无障碍设计的系统架构如下图所示，系统沿顶层设计、规划布局、设计导则、建设指导、产品生产的逻辑不断细化落实（图4-1）。

顶层设计内容为城市环境无障碍的规则定

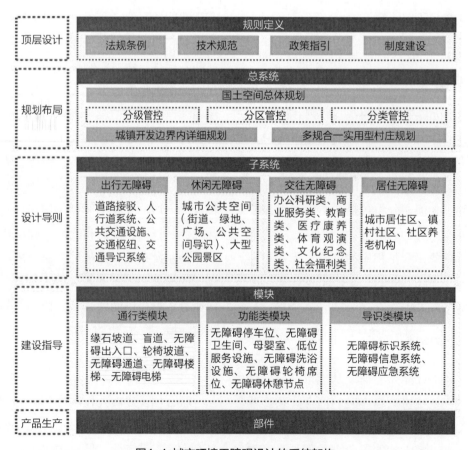

图4-1 城市环境无障碍设计的系统架构

义，包括法规条例、技术规范、政策指引、制度建设等内容。

规划布局旨在通过多系统的协同耦合与空间布局优化，实现通用无障碍服务的公平可及与包容共享，具体而言，将无障碍专项规划嵌入国土空间规划体系中，在总体规划阶段采取分级管控、分区管控与分类管控三种思路对总格局进行把控，进而分专项规划与详细规划逐步细化。

设计导则旨在结合人在社会空间中的个性化尺度，重点针对城市的四大基本功能（交通、游憩、居住、工作），相应地为出行、休闲、居住、交往四大子系统提供引导，保障系统功能的完整性与高效运作。

建设指导旨在对城市环境无障碍设计中的具体模块建造提出指导细则，结合城市的客观环境与能力障碍者的基本尺度，设计通行类、功能类、导识类三大标准化、可组合的通用无障碍模块。

4.4 理论支撑

4.4.1 人体工程学

人体工程学（Human Engineering）是无障碍设计最基础的依据。人体工程学也称人类工程学、人体工学、人间工学或工效学（Ergonomics），其原文出自希腊文，"Ego"即"工作、劳动"和"Nomos"即"规律、效果"，本义即探讨人们劳动和工作效能的规律性。根据国际功效学会，人体工程学的研究内容包括：人在某种环境中工作时解剖生理和心理等各方面因素的变化，人和机器及环境的相互作用在工作、生活等不同状态呈现怎样的效率，人的健康、安全和舒适何以保证等。

无障碍设计形成于对人体自身特性的探究理解，对现代建筑影响很大。事实上，自从建筑研究诞生以来，源于建筑空间与人体程度的固有联系，以及对人体不断更新的认识和研习，一直是建筑学知识体系演进的重要组成。从早期的静态尺度，到逐步发展的广义拟人化美学法则，再到工业革命后的产品化设计，及至近期更具有普遍意义的人体与社会公平，现代建筑已不再仅担负表达信仰的责任，人是它最重要的服务对象，也是设计时最重要的参照。其演进的内在逻辑与未来趋势，要求环境、空间必须与人体结构、功能、心理等方面实现合理协调，以适合人的身心活动需求，从而取得安全、舒适、高效的效能和目标。

人体构造、人体尺度和人体动作域是人体基础数据的三个方面。

人体构造，主要包括人的静态尺寸（例如身高、坐高、各关节之间的距离）和主要人体部位的各维度尺寸等。

人体尺度，从达·芬奇到现代主义建筑大师勒·柯布西耶都对人的尺度、行为做过系统化的分析和研究，尺度也是人体工程学研究的最基本数据之一。基于包容性设计理念，人体的概念已经从古典和现代时期的"完美范本"，演化为具有多样性的"不完美人体"的样本集合。正所谓"一个都不能少"，其初衷是基于最不利人体样本的数据来进行决策，保证所得结果为尽量多的人提供便利。例如，2018年扩建完成的圣路易斯拱门博物馆，库珀·罗伯逊建筑事务所在设计过程中严格遵循美国的《美国残疾人法案》，从整体到细节的设计过程中均注重将肢体残疾人体作为参照系执行，实现了这一历史博物馆公众可达性的全面提升。

人体动作域，指的是人们在室内工作和生活活动范围的大小，或称作人体动态尺寸，是确定室内空间尺度最重要的依据因素之一。人体动作域的具体数据与活动情景有关，室内设计对此类数据的应用，应以适合活动与安全，尤其是以保证安全性为前提，例如门洞高度、栏杆扶手高度、楼梯通行净高等的设计需取男性人体高度上线，并预留包括各种活动情景可能出现的动态余量，对踏步高度、挂钩高度等则应按女性人体平均高度设计。残障人士的人体动作域与健全人士有所不同，但缺乏共性，在设计时必须清楚具体个人对象，尽量予以兼顾。

4.4.2 系统工程学

系统工程学实际上是一种组织管理技术。首先是将研究对象或具体工程管理问题视作一个由相互联系、相互制约的多个部分构成的总体，继而运用运筹学方法，结合电子计算机技术，对组成系统的各部分进行分析、预测、评价，最后综合，从而达到系统最优。系统工程学的根本目的是在最短时间内对人力、物力、财力等进行优化，以完成系统任务。

4.4.3 社会融入理论

社会融入理论源自1951年法国社会学家涂尔干（E. Durkheim）研究自杀现象时提出的"社会融入"一词。他认为"社会融入"指的是社会个体用基于社会分工所形成的集体意识来维持正常社会秩序的过程。这里的"社会"是一个泛概念，而非具有明确界定的社会集合体。在涂尔干的基础上，学者们对社会融入的理论进一步扩充，例如美国学者帕森斯（Talcott Parsons）基于结构功能主义范式对其进行丰富，指出社会融入的理想状态是一种各系统内部要素相互和谐且相对稳定，能对抗外来压力的状态。这一理念也在国际上引起了广泛关注，例如2000年在葡萄牙召开的欧洲首脑峰会上，保障社会成员在就业、教育与培训、住房和健康等四个方面的社会融入也被纳入议事日程，峰会对社会融入的概念做出更深层次解读，认为其至少有两层含义，其一是社会成员能在政治、经济、文化等层面得到平等尊重，其二是能与家人、朋友、社区等拥有相互信任、尊重的人际关系。

社会融入与无障碍的关系在于，其引领了国际残疾人运动的发展潮流，20世纪后半叶以来的残疾人运动历史实际上就是一部残疾人的社会融入史。第二次世界大战以后，残疾人反对歧视、争取平等权利的运动开始兴起，人们提出了融入和正常化的概念。1981年"国际残疾人年"以"全面参与和平等"为主题，2006年通过的《残疾人权利公约》在残疾人权利的一般原则中写入"机会均等"和"充分参与和融入社会"，2015年国际社会在完成"千年发展目标"的基础上进一步启动了"残疾融入发展战略"，推动国际残疾人运动进入更为全面推进的新阶段。

社会融入是现代残疾人观的核心。历史文明进程中，认识和看待残疾现象，经历了从残疾医疗模式向残疾社会模式再向权利模式的转变，这些观点与平等权利、独立生活、自由发展等现代理念相契合，形成了现代残疾人观。现代残疾人观是建立在融入的观念之上的，残疾人社会融入有三个层面的意义：一是身份融入。残疾人首先是一个自然人，他们与其他社会成员一样，以一般社会成员的身份参与政治、经济、社会和文化生活，参加社会活动，融入社会的人际关系和社会交往中。二是文化融入。也就是思想认识和价值观念的融入，社会尊重人的多样性、文化的多元性。同时因为残疾的存在，让人们对生命更加尊重，对生活更加珍惜。三是心理融入。社会用包容的态度看待残疾人，残疾人也用正常、积极的态度面对社会，相互认同和接纳，逐步达到感情上的融洽、心灵上的融入。社会融入的观念，为我们认识和解决残疾人问题提供了新的视角：残疾人问题既与环境的设计和结构有关，更与人们的态度密切相关，从而造成人们参与社会的障碍，必须关注和消除这些障碍，才能让残疾人充当正常的社会角色，充分地参与社会、融入社会。

4.4.4 包容性理论

包容性理论的核心是确保所有边缘群体都成为发展过程的参与者。由于性别、种族、年龄、取向、贫困等因素，许多群体在既往的社会环境中难以参与社会发展，这种隐形排他性在全世界造成了不同程度的不平等现象，而包容性发展的目标正是创造一个能接纳个体差异，具备多元价值观的社会。正如国际残障与发展问题联合会（IDDC）做出的阐释，包容性理念意味着要在社会发展周期的各个阶段（设计、执行、监督和评价）都充分接纳残疾群体，让他们能真正有效地参与发展进程和政策制定。

包容性发展体现以权利为本，立足于国际人权标准，重视人权的促进与保护，包含以下主要内容：

（1）保证残疾人作为享有平等权利的社会成员，积极创造和维护社会发展中能促使其参与社会生活的各项积极成分，不因其身体伤残情况，或语言、种族、信仰、肤色、性别、年龄、财产状况、政治见解等原因差别对待或设置障碍。

（2）确保发展政策和计划的制定，发展机构的运行等必须充分考虑残疾人的权益，充分评估上述环节对残疾人生活可能产生的影响，大力促进和保护国际公认人权。

更进一步地针对能力残障人士包容性发展的关键原则可以细化阐释为"参与""不歧视"和"无障碍"：

（1）"参与"。这是保障一切发展活动可持续性的基本原则，对于克服残疾人被孤立、无视的状态至关重要。积极的措施和合理的调整是推动障碍消除和实现主动融入的必备条件。《残疾人权利公约》（CRPD）第43条提出，要通过以有代表性的残疾人组织为重要力量，广泛动员和鼓励各残疾人群体，推动他们积极参与制定法律和实施政策的全过程，从而推动涉及残疾人有关问题的落实。第32条也明确提出，要充分与相关的国际和地区组织、民间团体等建立合作关系，将其视作中坚力量。

（2）"不歧视"。消除"歧视"是《残疾人权利公约》（CRPD）的重要目标，"不歧视"与"机会均等"密切关联。并非人人都在同一起点，但须确保人人拥有平等的机会。残疾人事业的包容性发展要求要确保一切措施的均等性，例如要避免在号称服务于残障儿童的学校中出现不适合其学习的课程，不符合相关要求的师资等。《残疾人权利公约》（CRPD）第32条等内容对此做出详细说明。

（3）"无障碍"。无障碍的发展目标是让残疾人独立自主，充分参与社会生活。针对这一点，《残疾人权利公约》（CRPD）第9条提出应当采取必要措施，确保所有地域的所有残疾群体在使用物理环境、交通设施、信息通信等方面，都能够与常人无异。

此外，推动包容性发展的落实还可以通过采取双轨制。这一理念源自促进性别平等的社会运动，主要体现在两个方面的协同：一是将残疾人主流化，即将残疾人有关问题视作重点关切，高度重视以消除社会排挤现象；二是全方面推动具体措施的落实，提高受孤立或排挤群体在参与社会活动方方面面的能力。（表4-1）

包容性与非包容性示例　　表4-1

示例	残疾人主流化	具体措施
包含	制定发展计划时充分咨询残疾人组织意见； 教育项目中落实通用设计原则，建设残疾学生和普通学生平等入学的学校； 落实以人为本，提供康复服务，提高残疾人身体素质与机能； 组织项目会议并为所有人提供参与方式； 快速评估残疾人问题是否涉及平等性和有可能产生人道主义危机，及时干预和解决	促进残疾人权利发展，赋予其更多权利； 加强手语培训； 开展面向重度残疾儿童的特殊教育，加强其与其他儿童的互动
不包含	制定发展计划时未与当地残疾人代表协商； 修建单独的残疾儿童学校	解决就业时仅考虑把残疾人转移到庇护工厂； 把残疾人置于特殊的体制环境中，产生社会隔离

4.4.5 通用设计理论

通用设计（Universal Design，Inclusive Design）是一种旨在为使用者创造全方位良好体验的设计理念，能为服务残疾人和非残疾人群体，在环境、建筑、产品等方面提供全面指导。由美国北卡罗来纳州大学教授罗纳德·梅斯（Ronald L. Mace）于20世纪90年代首次提出，最初的定义为适合所有生活者的，不论性别、年龄、能力等因素的设计。1998年被国际通用设计中心修正为"在最大限度的可能范围内，不分性别、年龄与能力，适合有人使用方便的环境或产品设计。"

通用设计理念的进步在于，并不将残疾人问题孤立解决，而是把所有人都视作具有不同程度的能力障碍，致力于通过资源的合理利用来最大化地满足所有程度能力障碍者的使用需求。由于人的能力有限，不同环境中具备的能力也不尽相同，而社会资源同样具有有限性，对存在重合的资源诉求进行梳理整合，以通用设计理念作为核心指导，将能够在节约资源的同时为所有人提供改进后更好的使用体验。

具体而言，通用设计的理念可以进一步阐释为七大原则，即由通用设计理念创始人罗纳德·梅斯在成立通用设计中心时首次提出。七大原则一提出就被采纳为各国通用设计领域的指导性原则，对全球的通用设计和相关研究起到引领作用。具体包括：

（1）公平性原则（Equitable Use）。对所有能力及存在障碍者公平考量，使设计成果能为每一个群体负担得起且有意义。这是通用设计相对于一般意义上的无障碍设计的关键，即将针对的群体由残疾人扩大到全体人群，在实现去特殊化的过程中也消除了潜在的隐形歧视。具体指导方针包括：①尽可能为诉求相同的人群提供相同的使用方式，诉求有差异时保证设计公平；②避免对任一群体产生隔离和侮辱；③提供对所有群体同等的安全保障和隐私保护；④保证对所有群体的开放性。

（2）灵活性原则（Flexibility in Use）。重视人群差异性，使得通过设计成果能适用于广泛的能力种类及个人偏好。灵活性原则的指导方针为：①提供多种使用方法的选择；②同时适应左利手、右利手人群的使用；③适应生活能力具有不同准确度和精密度的人群；④适应不同活动速度的人群。

（3）简洁直观原则（Simple and Intuitive）。照顾不同能力障碍者，考虑所有人群的教育程度、经验背景、语言能力和专注能力，具体设计应遵循：①消除不必要的复杂性；②符合用户的期望和直觉习惯；③适应不同文化背景和语言能力；④按其重要性合理组织信息；⑤在用户使用期间及使用结束时提供有效的提示和反馈。

（4）信息明确原则（Perceptible Information）。使设计成果能在任何环境下，将信息有效传递给对任何感官能力人群，具体做法为：①使用不同模式（图像、语言、触觉）表达基本信息；②运用对比使基本信息从其周围环境中凸显出来；③使基本信息具有最大化的"易读性"；④关注信息的不同传达方式；⑤与使用者的各类科技产品及能力障碍者的各种辅助器具实现信息对接。

（5）容错能力原则（Tolerance for Error）。将如果产生错误或意外使用的情况下的影响降到最低，应注意：①合理组织信息以避免误用，最常用元素应最易接触，危险因素应被消除或孤立设置；②提供危险及错误警报；③提供故障情况下的安全保障；④避免用户无意识触发需要谨慎对待的任务。

（6）最低消耗原则（Low Physical Effort）。降低用户使用期间自身的身体能耗，避免疲劳，指导方针为：①允许用户保持直立；②设计合理的操作强度；③减少重复动作；④最小化持续性劳动。

（7）空间适用原则（Size and Space for Approach and Use）。充分考虑用户使用通用设计成果时所在的物理空间，保证不同体型、姿势和行动方式下都能顺利接触并使用产品，设计应遵循：①保证任何站姿、坐姿的使用者视线能无障碍接触信息；②保证任何站姿、坐姿的使用者可接触所有部件；③适应所有手型及握力；④为不同人群的辅助设备或辅助者提供足够的空间。

通用设计七原则为通用设计理念的根本指导方针，能为具体的设计实践提供切实可行的指导，被各国广泛采用。在具体设计和建设过程中还应针对具体情况进行优化设计。

专栏4-1 » 其他机构提出的通用设计原则

美国堪萨斯州立大学人文生态学院提出通用设计的5A原则：可亲近性（Accessible）、可调整性（Adjustment）、可通融性（Adaptable）、有趣性（Attractive）、经济性（Affordable）。

日本Tripod Design公司提出通用设计的原则，包括公平性、确保使用的可达、确保使用的简单易懂、使所有感官都能理解、容纳错误和防止事故、减轻身体负担、具有保障措施。

对于通用设计而言，服务对象不能简单地分为残疾人或非残疾人，罗纳德·梅斯提出应根据其所处特定情况的能力状况加以细分，并根据各等级人群对建筑及环境的使用便利程度对建设项目进行评价（图4-2）。

等级1为健康活跃的成年人；等级2为具有正常行为能力的成年人；等级3包括儿童、老年人及日常生活方面有特殊需求的人；等级4包括借助拐杖但能正常行走的老年人、推婴儿车的人等；等级5为借助辅具行动的残疾人；等级6为独自依靠轮椅行动的残疾人；等级7为需要监护人员陪同依靠轮椅行动的残疾人；等级8为需要多个人员陪同的残疾人。此前建设的建筑可大体分为A、B、C三类，A类为非无障碍设计；B类为未主动考虑无障碍却在建设方面考虑比较细致，无形中方便了等级3和等级5的部分人群；C类为无障碍设计，但C类建筑对等级3和等级5的部分群体的使用诉求仍考虑不周。通用设计中最完善的设计应为D类，充分考虑8个等级人群的使用诉求。

值得注意的是，这种人群界定的方式最大的突破在于其是以物理空间建设为出发点对人的空间使用能力进行评价，而不是类似于伤残等级认证的从人自身的身体情况出发的评价。从空间使用能力角度出发进行等级评价的好处是这种人群界定能够直接转化为对物理空间设计的人群覆盖程度的评定。

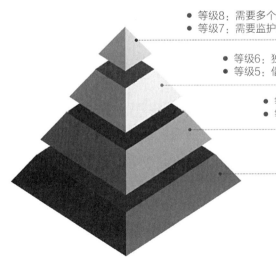

图4-2 美国通用设计理念人群界定金字塔

5 城市环境无障碍建设的用户群体特征

5.1 面向人群的主要类型

以健全人的一生分析，行为能力其实是一个由弱变强，再由强变弱的过程。婴幼儿时期，身体各器官发育不够成熟，语言、肢体能力、智力都处于羸弱状态，需要提供帮助；青壮年时期，身心健全但可能会因疾病、受伤等造成短期行动障碍，也需要帮助；老年阶段，因身体机能衰退、体弱，造成行为能力退化，仍需要帮助。因此，无论是健全人还是残疾人都存在行为障碍，只是障碍存在于人生发展阶段的时间长短不同，形成障碍的范围不同，障碍所造成的困难程度不同。通用无障碍设计强调一切设计以人为本、为人服务，着重以有各类能力障碍的人为研究对象，须针对障碍的不同类型、不同特性进行具体分析。按照存在障碍的时间长短、跨越障碍的困难程度分类，将残疾人、老年人划为长期能力障碍者，孕妇、幼儿等划为短期能力障碍者。

5.1.1 残疾人

（1）残疾人的定义

最初残疾人的定义是根据联合国《残疾人权利宣言》中阐明的，指那些身体功能或精神方面能力不健全，对日常生活或社会活动，完全不能或是部分不能自理的人。不同国家对于残疾者的调查统计、残疾程度的划分在确认范围和定义标准上有所不同，这影响着残疾率的调查结果，也使各国间的障碍与无障碍构成因素难以进行客观的比较研究。

1990年12月，全国人大常委会正式通过并颁布了《中华人民共和国残疾人保障法》，首次通过法律的形式对残疾人的定义予以明确，即残疾

不同国家对残疾人的定义 表5-1

国家	对残疾人的定义
印度等国家	肢体残疾者、智力缺陷者、精神病患者、盲人（包括视力低下者）、聋人、已经治愈的麻风病人，还有抑郁症、血友病侏儒、早老性痴呆症等患者
日本	视觉残疾者、听觉残疾者、智力残疾者、精神残疾者、肢体残疾者（包括脊椎损伤、脑血管损伤、脑瘫、慢性关节炎），语言残疾者、内部残疾（包括心脏病、肾脏疾病安装人工器官）和多重残疾者
美国	视觉残疾者、听觉残疾者、智力残疾者、精神残疾者、肢体残疾者、语言残疾者、重度情感紊乱及特殊学习困难等

人是指在心理、生理、人体结构上，某种组织、功能丧失或者不正常，全部或者部分丧失以正常方式从事某种活动能力的人。这一定义将国际提法与我国实际充分结合，包含功能障碍、能力障碍、社会性障碍三个层面，比较全面地概括了残疾人的基本特征。（表5-1）

（2）残疾人的分类

由于各国对于残疾人的定残标准、尺度把握不同，其划分残疾的类别也不完全一致。美国根据本国划分标准，将残疾人分为十一类，日本将残疾人分为八类，而我国则把残疾人分为五类，多重残疾者另列为综合残疾。病弱者、内脏问题、麻风病人、精神薄弱症等，目前尚未归入我国的残疾人之列。就主要的分类来说，主要根据肢体和感官残疾等因素划分，基本上与国际社会的分类是一致的，具体包括以下五类：

视力残疾包括全盲和低视力两类。视力残疾者指的是由于先天或后天因素，造成视力障碍或视野缩小到无法辨识物体形状、光学能力异常无法分辨颜色的程度，影响正常工作、学习和生活

的人群。视力残疾者面临的主要障碍为信息障碍和移动障碍。

听力残疾包括聋和重听。听力残疾者指的是听力完全丧失或有残留听力但辨音不清，听觉麻痹，听野狭窄，不能进行听说交往的人群交往者。主要障碍为听觉障碍、信息障碍、语言残疾，语言障碍中言语能力完全丧失和部分丧失不能进行正常言语交往的为交流障碍。

肢体残疾包括各部位躯体的残缺、畸形、麻痹。肢体残疾者指的是因下肢、上肢、躯干等部位因上述原因所致的运动功能障碍人群。其中下肢残疾者多使用拐杖、轮椅，上肢残疾者多为手或臂无法自由支配，躯干麻痹者包括高位截瘫等。肢体残疾者面临的主要障碍包括动作障碍和移动障碍。

智力残疾是指由于智力水平明显低于一般人而显现出的适应行为障碍。智力残疾者对信息的辨识和认知能力不足，存在运动技能残缺和反应迟缓的现象。产生的原因可能包括智力发育期间的各种内外因素，也包括智力发育成熟后的其他损伤作用。

精神残疾是指患精神疾病持续一年以上未痊愈，并且已在其应承担的家庭和社会职能方面出现障碍。精神残疾者的认识、情感、意志、动作等均可能出现持久明显的异常，许多行为难以被常人理解，本质上是由脑功能紊乱导致的心理障碍。

智力残疾和精神残疾两类患者，其障碍主要是存在于心理健康和神经系统方面，城市环境障碍的改善对其动作行为的影响力很难作出判断。而我国当前为方便残障者制定的一系列规范、措施，主要是以行动障碍者和视力残疾者为对象，无障碍设计中对智力残疾和精神残疾两类患者考虑较少。

5.1.2 老年人

老年人不算作严格意义上的"残疾人"，但也是有"障碍"的人。老年人和残疾人最大的区别在于残疾人多是身体局部部位的问题，失去功能或者严重的不适，而老年人是整体身体机能的退化，行动和反应能力也因之减弱。

（1）老年人的界定

老年是人生命历程中的一个阶段，鉴于生命的渐变过程，人们从壮年到老年的身体变化是含蓄的，其分界线也是模糊的。不同文化区域对老年人有着不同的定义，西方一些发达国家将65岁划为分界点，确定65岁以上的人群为老年人。我国称60岁为花甲，《老年人权益保障法》第二条规定法所称老年人为60周岁以上公民，即现阶段采取60岁作为通用标准，符合目前亚太地区的规定。

由于全世界的年龄呈普遍增高趋势，人类寿命的延长、主体界定的提高、老年资源的需求，为年龄的重新界定提供了主客观的可能性。1995年世界卫生组织对老年人的划分提出了新的标准，新标准的青年人指的是44岁以下人群，中年人指的是45~59岁人群，中老年人指的是60~74岁人群，老年人指的是75岁以上人群，其中90岁以上人群称为长寿老人。这一标准将逐步成为当下老年人的通用标准。

（2）老年人的特点

老年人随着年龄的增加身体状况开始下滑，生理上会表现出新陈代谢放缓、抵抗力降低、生理机能下降等特征，研究表明，65岁以上老年人在视觉、听觉、平衡感觉、体力、中枢神经等方面的功能衰退到不足成年人的一半。随着身体机能的加速衰退，老年人会逐步出现综合性的障碍，如视力模糊、听力下降、注意力涣散、记忆减退、动作迟缓、步履蹒跚等，给日常生活带来一定的影响。身心残疾者中约六成是老年人，其中的大多数还是重症残疾者。

在运动机能上，常言道"人老腿先老"，腿是人体的重要支柱，随着年龄增长出现的肢体动作缓慢、协调不灵活、关节僵硬等可能会导致老年人难以长时间站立，易于摔倒，并且应对危险运动的反应能力和平衡能力降低，容易出现碰撞等危险。

在感觉机能上，衰退一般按照视觉、听觉、嗅觉和触觉的顺序进行。当颜色识别与亮度辨别开始衰退，便会对日常生活造成影响，形成视觉障碍；当温热感等触觉降低时，便易导致皮肤受到伤害；听力下降，会干扰到人与人之间的交流，心理上容易对社会生活产生孤独感。

在心理机能上，由于记忆力、判断力的下降，会影响到自我认知和对社会环境的认识，导致安全感下降，缺乏方向性，会出现对导游图、说明书内容难以理解等障碍。

老年人处于社会的边缘地位，其心理和生理的变化使得他们迅速地转化为弱势群体，成为"长期行动困难者"的一个类型。为了保证老年人的身心健康，一个非常重要的因素就是要提高其参与社会活动的能力。因此，实现联合国倡导的"建立不分年龄，人人共享的社会"已成为十分紧迫的工作。

因此，老年人面临的环境障碍是全方位的，而且其涉及的人群和建筑类型也是全方位的，现在我国的无障碍设计对老年人的照顾还远远不够，需要结合通用设计的深入开展来深化整体性的无障碍环境建设。

5.1.3 短期行动障碍者

还有一些无障碍设施的短期利用者。所谓"短期"是指在生命成长过程中的一段时间或者生活过程中的一个时期成为弱势人群，需要使用无障碍设施或无障碍信息的人群。

婴幼儿：幼儿期孩童在骨骼、体能、心理和智能上都开始快速发展，周岁孩童大多能直立行走，并开始具有独立意识，但还不能很好地掌控自己，容易因好玩好动和注意力分散等面临环境中的风险。此外，由于文字理解能力刚开始发育，同时缺乏能进行合理推断的生活经验，在理解和使用成年人生产的东西方面存在障碍。

孕产妇：由于其特殊身体状况，例如腹部隆起造成的行动不便，产后身体变化等，可能面临行动、饮食、恢复工作等方面的障碍。

外国人：随着经济社会的发展和对外开放的扩大，国际间人员往来越发频繁，前往其他国家旅游、留学、工作，甚至安家落户的规模也日益扩大。由于文化差异，外国人可能会面临语言交流等方面的障碍，在日常生活和工作中也可能会遇到比本国人更多的困惑和无助，外国人在有些国家也被列为信息使用上的"残疾人"。

特殊情境下的健全人：一般情况下，处于健康状态的青壮年可以忽略环境障碍的存在，但当其面临复杂的交通情况、陌生的设施设备、迥异的生活环境，则可能面临茫然境地，甚至因为身体原因导致平常可以正常使用的设备也成为意想不到的障碍。当然，由于伤病原因，健全人也有可能有依赖轮椅生活的时期，成为短期的"残疾人"。

5.2 不同人群的城市环境无障碍尺度特征

人体尺度及其活动范围，是城市环境无障碍系统优化与建筑空间设计的主要依据。但是，根据健全人的尺度进行的设施设计往往难以满足残障人士的使用需求，甚至会给他们参与社会活动造成障碍。因此，建设城市无障碍环境的第一步，就是全方位考虑人体尺度及其活动与行为特征，尤其是关注残疾人、老年人等弱势群体的尺度和活动。

5.2.1 健全人的尺度

健全人在其一生的成长过程中，人体尺寸也是不断发生变化的，或由衰老、饮食引起，或由运动环境所致。成年人自然站立身高比立正时低20~30mm，而老年人因存在驼背现象，所测身高比成年人低50~100mm。目前引用较多的测量数据的依据是亨利·德雷富斯的《男性与女性的测量——设计中的人文因素》和史蒂芬·范森特的《人体空间人体测量依据，人体工程学与设计》。平均身高按男性1740mm（净）、女

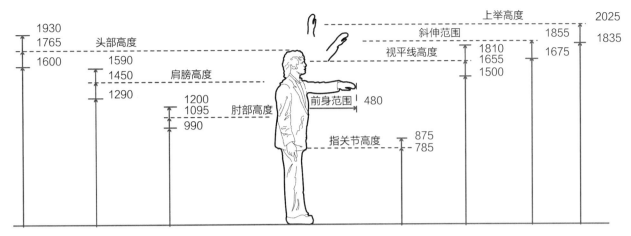

图5-1 成年人身体尺度（单位：mm）——身体健康的男性

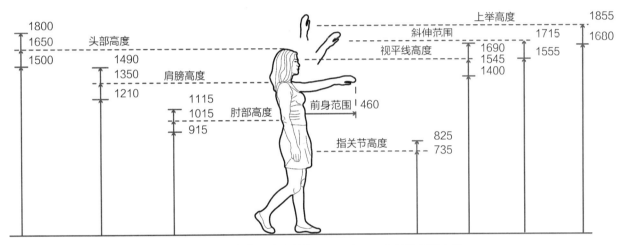

图5-2 成年人身体尺度（单位：mm）——身体健康的女性

性1610mm（净）统计。目前正在使用的《中国成年人人体尺寸》完成于1988年12月（图5-1、图5-2）。

5.2.2 轮椅使用者活动尺度

轮椅使用者因其身体受辅助工具尺寸的限制需要更多的活动空间。乘轮椅者的活动范围数据主要来源于亨利·德雷富斯和史蒂芬·范森特。成年男性轮椅乘坐者的视线高度一般为1100～1300mm，向前的触及范围一般为550～650mm，上举高度约为1600～1650mm，侧向伸手的横向触及范围约为600～800mm。手的触摸高度侧面为1250～1350mm，正面为1150～1200mm（图5-3～图5-8）。

乘轮椅者行动时考虑到握住两侧手轮肘部的活动空间，其通行宽度应在800mm以上。转动轮椅时，因转动方式、身体情况不同而各异，但平坦地面上转动时所需的最小尺寸为直径1500mm的圆。轮椅代步能够"迈过"的地面高差很小，通常情况下即使是20～30mm的小高差也很困难，电动轮椅乘坐者勉强可以通过30～50mm的地面高差。

5.2.3 拐者的尺度

拄拐杖或使用助行器的移动困难者因其所借助工具不同，个人移动能力的困难程度不同，所影响的活动空间范围也有所不同。例如，根据亨利·德雷富斯和史蒂芬·范森特等学者的研究成果，目前的准确度和说服力都还没达到与健全人

图5-3 男性轮椅使用者的尺度（单位：mm）——侧面

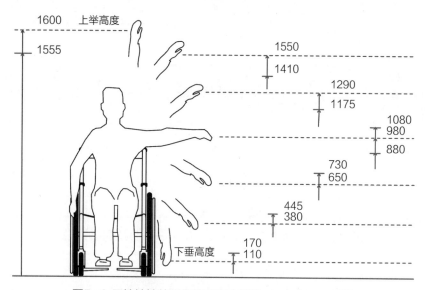

图5-4 男性轮椅使用者的尺度（单位：mm）——正面

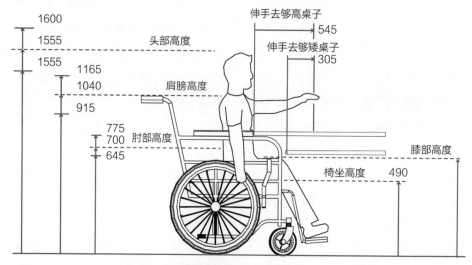

图5-5 男性轮椅使用者的尺度（单位：mm）——前方

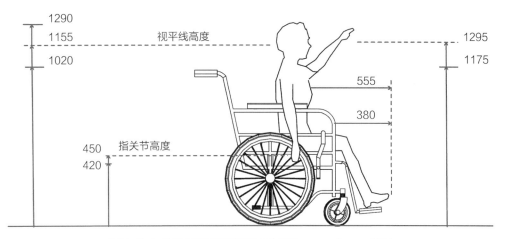

图5-6 女性轮椅使用者的尺度（单位：mm）——侧面

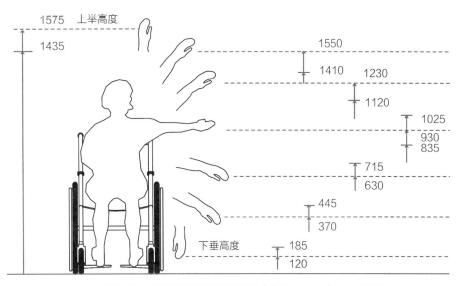

图5-7 女性轮椅使用者的尺度（单位：mm）——正面

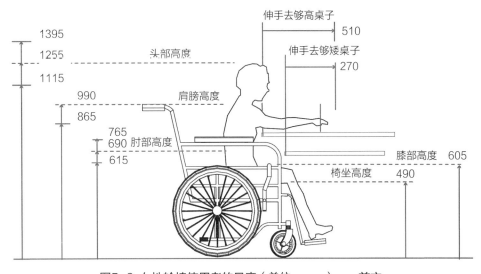

图5-8 女性轮椅使用者的尺度（单位：mm）——前方

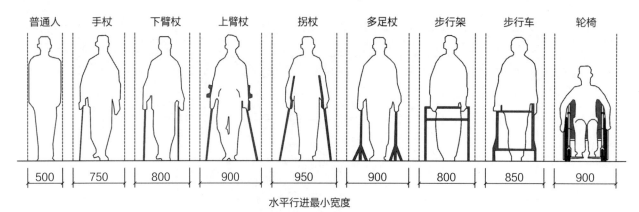

图5-9 拐杖使用者正面行走所需空间（单位：mm）

相关研究的同等水平，原因是健全人与挂拐者的界定困难、界限模糊（如老年人），但是无论如何，适用于乘坐轮椅者使用的空间同样也适用于挂拐者（图5-9）。

5.2.4 视觉残疾人行动尺度

根据日本研究数据，视觉残疾人出行方式仍以徒步为主。基于人体尺度的分析，盲杖等导向用具的使用受其行动方式影响，会占用部分活动空间。盲杖敲击地面行走的幅度约900～1200mm，沿墙根、马路边等行走时，一般会与参照物保持约200～250mm的距离（图5-10）。

此外，导盲犬的投入使用越加广泛，在分析视觉残疾人人体尺度时，应同步考虑导盲犬所占用的活动空间，还应包括导盲犬休息、停留出入等的宽度（图5-11）。

5.2.5 残疾人与健全人尺度比较

分析各类型能力障碍者与健全人的身体尺度，可以总结出健全人与残疾人的基本尺度差别（表5-2）。

5.2.6 移动助行设施类型及尺寸

辅具为残疾人的功能代偿器具，英文名为Technical Aids。辅具又可分为辅助技术和辅助器具，前者包括假肢、矫形、康复技术、保健护理

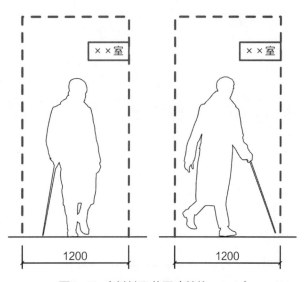

图5-10 盲杖触及范围（单位：mm）

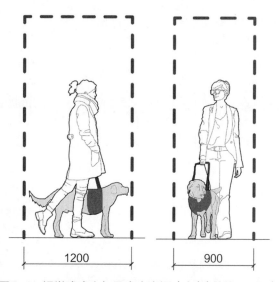

图5-11 视觉残疾人与导盲犬空间（右）（单位：mm）

残疾人与健全人人体尺度的比较　　　　表5-2

类别	身高（mm）	正面宽（mm）	侧面宽（mm）	眼高（mm）	平移速度（m/s）	旋转180度空间（mm）	竖向高差（mm）
健全成人	1700	450	300	1600	1	600	150~200
乘轮椅人	1200	650~700	1100~1200	1100	1.5~2.0	1500	20以下
拄双拐人	1600	900~1200	600~700	1500	0.7~1.0	1200	100~150
持杖盲人	—	600~1000	700~900	—	0.7~1.0	1500	150~200

系统等，涉及医学工程学、材料学等学科的前沿性技术的整合，最先进的技术研究成果应用于康复产品上会出现肌电假肢等高科技的、仿生的辅助技术。辅助器具是为补偿残疾人的肢体器官功能、辅助他们的生活或者生产劳动的生活自助器具，如轮椅、助听器等。

辅具方面主要的标准有国际标准《Technical Aids for Disabled Persons Classification》（9999—1992）、国家标准《残疾人辅助器具分类和术语》（GB/16432—2004）。我国《残疾人辅助器具分类和术语》将残疾人辅助器具分为11个主类、135个次类和724个支类，主要包括：矫形器和假肢；个人医疗辅助器具技能训练辅助器具；生活自理和防护辅助器具；个人移动辅助器具；家务辅助器具；家庭和其他场所使用的家具及其配件；通信、信息和信号辅助器具；产品和物品管理辅助器具用于环境改善的辅助器具和设备，工具和机器；休闲娱乐辅助器具等。移动辅助设施是其中最重要和最常用的设施，是残疾人借以提高自理能力、改善生活质量和融入社会生活的关键。

1）移动辅助工具类型

（1）汽车：驾驶经过改装的汽车供残疾者远距离出行在发达国家已日趋普及，我国新修订的《机动车驾驶证申领和使用规定》也已实施，主要内容和具体目标是：使右下肢、双下肢缺失或者丧失运动功能但能够自主坐立的残疾人，能够自主驾驶专用小型自动挡载客汽车，佩戴助听设备能达到规定条件，手指末节残缺或右手拇指缺失但能够进行驾驶行为的残疾人，能够驾驶小型汽车、小型自动挡汽车。

（2）轮椅：目前最为常见的代步工具，由许多可调节和能拆卸的部件构成，是失去行走功能的残疾人、老年人的重要助行设施。借助于轮椅，他们可以在室内外一定距离内活动，也可以用于生活自理、料理家务或进行其他作业（图5-12）。

（3）助行器与拐杖：属于步行辅助支具，能提升使用者站立和步行时的稳定性。手推车也成为部分行动困难者外出的助行工具之一。它既有助行于楼梯和狭窄的走道手推车的功能，还可以用来购物、放置座椅随时休息，如小型购物车、婴儿车等。此外，国外使用电动滑板车作为移动工具的行动障碍者也很多，可以使用电动滑板车上街、购物甚至拜访朋友。（图5-13、图5-14）

（4）盲杖：是视力残疾人出行的专用工具，其长度根据使用者的身高确定。视力残疾人在使用盲杖的同时通过对盲道的感触和周围声音的反射判断行进。其类型除了标准盲杖，还有电子盲杖和超声波盲杖。

2）移动辅助工具的尺寸

当行走困难的人群需借助拐杖或轮椅等帮助行动时，辅助工具已然成为残疾人生活中不可分离的一部分，其活动空间的设计自然要考虑辅助工具的影响，其参数就成为空间设计中非常重要的环节。因轮椅是移动辅助工具中所占空间尺度最大的，故城市环境无障碍设计考虑移动辅具空间多以轮椅尺寸为主。（图5-15、图5-16、表5-3）

随着时代的发展，辅具的科技含量越来越大，其对残疾人和老年人发挥的功能代偿性也越来越大，需要更多地考虑无障碍信息系统的设计与辅助电子设备的结合。

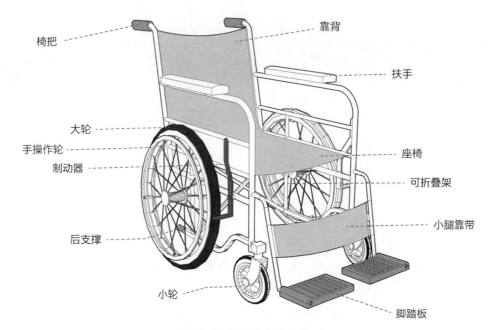

图5-12 轮椅各部位名称

两轮式助行器1

两轮式助行器2

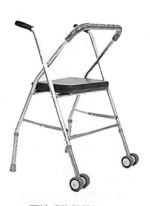
两轮式助行器3

四轮推车式助行器

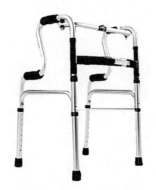
手持折叠式助行器

手持固定式助行器

图5-13 助行器

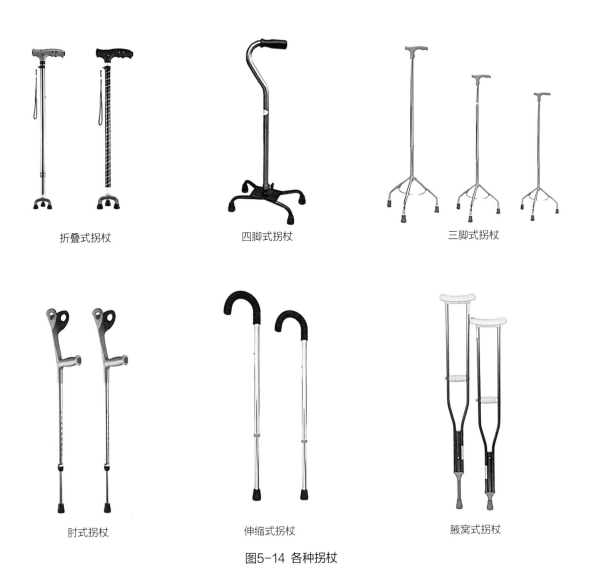

图5-14 各种拐杖

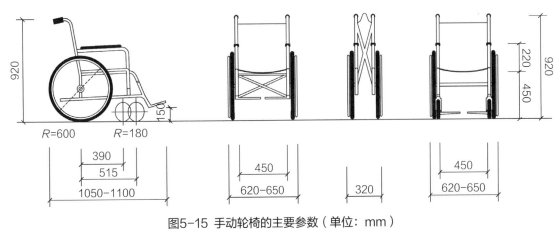

图5-15 手动轮椅的主要参数（单位：mm）

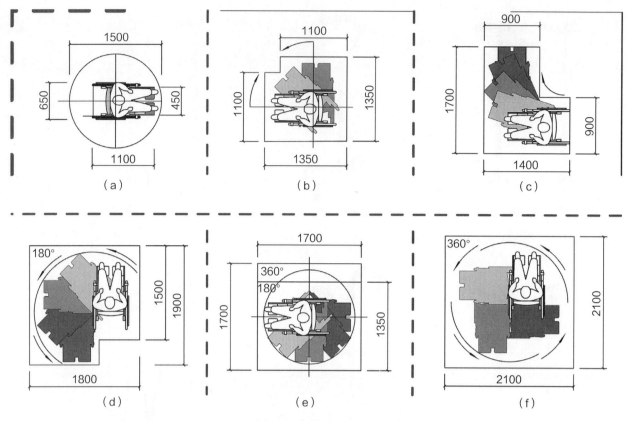

图5-16 标准轮椅转身所需空间（单位：mm）

常见轮椅尺寸 表5-3

	纵长（mm）	宽度（mm）	座椅高度（mm）	回转直径（mm）
16英寸手动轮椅	1010	620	480～530	—
18英寸手动轮椅	1010	680	480～530	—
简易型电动轮椅	1140	600	510	1500
豪华型电动轮椅	1020～1250	650～700	510	1500～1800

5.3 面向人群的无障碍环境基本需求特征

5.3.1 主要障碍类型

（1）肢体能力障碍

通常意义上的"狭义"无障碍是针对下肢残疾的乘轮椅者说的，障碍主要是移动的障碍，上肢残疾者的障碍相对轻微，但也会对生活带来非常大的不便。环境对肢体残疾人可能存在的主要障碍分类如下：

空间的障碍：这是对乘轮椅者的主要障碍，包括高差的障碍及空间尺寸的障碍、比较少的台阶，使用拐杖的残疾人士还可以应付，乘轮椅者只能用一定坡度的坡道来进行高差的过渡，能够爬楼梯的轮椅还非常不普遍。针对楼梯此类，可以安设机械的升降台，但其效率要差很多。由于下肢残疾者使用拐杖、轮椅等辅具，其空间通行宽度要比一般人宽。

安全疏散的障碍：楼房的安全疏散要依靠楼梯或坡道。一般建筑只在入口或首层有高差的部位设坡道，垂直交通一般依靠电梯，很少在各楼间设置坡道，所以下肢残疾者的安全疏散一直是个无法很好解决的问题，就目前来说，最有效的办法是设置集中避难区域，由救援人员协助疏散。

（2）视觉能力障碍

环境对视觉残疾人可能存在的障碍分类如下：

安全障碍：对视觉残疾人来讲，安全障碍又分为：地面的不安全因素、空中的不安全因素。

1）地面的不安全因素：环境和建筑的主要交通流线是事故的高发区，例如楼梯间、卫生间是滑倒事故高发区域，住宅入口、楼梯间、室外道路等连接处是绊倒高发区域，室外道路、住宅入口容易发生坠落和碰撞。所以，要解决好视觉残疾人防坠、绊、滑和碰的问题。在视觉残疾人行进空间范围中设置的外开门、消火栓、标识牌（杆）、拉线等会对视觉残疾人的行进带来很大的困扰或产生突发的情况；室内高差及凸出物，如门槛、踏步、栏杆等功能性构造，应合理设计，并利用提示道尽量减少对视觉残疾人的影响。盲人脚前端在地板上所施加的水平分力对防止滑倒很重要，摩擦力取决于人体重量和摩擦系数，因此根据理论计算和经验，地面材料的摩擦系数应尽量大于0.42，来有效减少滑倒现象。

2）空中的不安全因素：空中的不安全因素指在地面以上、头顶以下的障碍物比地面的障碍物具有更大的危险性，因为地面障碍物还可以通过盲杖触到。要尽量避免空中的障碍物，如果无法避免，比如楼梯、自动扶梯的下部等就要悬挂活动的挡牌或安置阻挡人进入的设施，以起到警示作用。

认知障碍：包括过于复杂的交通流线、缺乏针对视觉残疾人的必要环境提示，或环境中导向文字和图形不能达到所需的可见度，在大小、亮度、色彩组合等方面存在不足。

（3）听说能力障碍

环境对听力和语言残疾人可能存在的主要障碍分类如下：

安全障碍：对于听觉残疾人来讲，安全障碍主要在紧急和报警信号方面。

视觉环境障碍：由于听觉残疾人更多地依赖视觉，所以他们的视觉更加容易疲劳，要营造明晰、简单、舒适的视觉环境。

噪声障碍：一方面中国有近四成听力残疾跟噪声伤害有关；另一方面很多听觉残疾人并没有全部失去听觉，仍存在残余听力，残余听力是发挥补偿作用的有利条件，但是对声音有时会加敏感，或者具有某些特征的声音会对他们构成噪声伤害。

5.3.2 常用辅助方式

（1）肢体能力障碍

肢体能力障碍者的辅助工具包括拐杖、假肢、轮椅、矫形器、座位保持装置、站立架、步行器等。

拐杖：拐杖适用于下肢力减弱的人群，是最古老的辅助行走的简单器械，也是老年人和残障人士最常用的辅具。拐杖的种类很多，包括腋下拐杖、四脚式拐杖、直拐杖、半挂登山拐杖等。不同的拐杖各有其特点，比如，腋下拐可以多档位调节高度，拐承重力比较大；四脚式拐杖下部带有支架，更加防滑、安全；手杖凳带有简易的座椅。新型的高科技材料应用在拐杖上，可增强稳定度，减少重量，减轻噪声。

假肢：包括上肢假肢和下肢假肢，还可依据部位不同划分为更详细的种类，供截肢者使用以代替缺损肢体部分功能。依功能划分，可以分为功能性假肢和美容性假肢，一般的假肢是纯机械的，目前已经出现了智能假肢，通过微处理器，协助机械关节做出更恰当的细微动作。仿生控制信号研究的突破使得机电信号用于假肢控制成为一种趋势，目前医学工程界还在积极进行人造神经和人造肌肉的研究，截肢者有希望借助这些新科技，完全恢复肢体功能。

轮椅：分为一般轮椅、电动轮椅、运动轮椅、特殊轮椅等适用于下肢残疾、偏瘫、胸以下截瘫者及行动不便的老人。特殊轮椅包括：坐厕轮椅、助站轮椅、爬楼轮椅等，更易操作的电动轮椅一般具备人工操纵的控制器，已在发达国家逐渐普及。而俗称为"机器人轮椅"的智能轮椅具有视觉和口令导航功能，可与人进行语言交互，成为下一步的发展趋势。

（2）视觉能力障碍

视觉丧失，往往其他的感觉会较常人灵敏，辅助工具包括假眼、眼镜及辅助信息工具，针对视觉残疾人的辅助信息工具包括以下方面：

音响信息：提示音音响，如经常在城市中采用的路口倒计时音响，有视力障碍的出行者可以通过提示音长短和频率的变化，判断绿灯或者红灯的显示信息，根据提示音的提示安全过路口；语音提示音响，包括公交站牌的提示音响、园区及建筑出入口的提示音响；无障碍的应急呼叫服务平台，针对视力残疾者很重要的一点是警示信号音响，它提供最基本的安全保障，包括火灾场地安全警示等，必须同时具备语音和视觉的功能。

触觉信息：

1）盲杖，是视觉障碍者最重要的工具，就仿佛他们的眼睛，盲杖的实质是将盲人的手臂触觉延长，使盲人能了解自己身体周围地面的情况。盲杖虽然具有多种形式，但基本由腕带、手柄、杖体和杖尖四个部分构成。根据1964年在美国通过的《国际白杖法》规定，盲杖的杖体应是白色或银白色，并由统一规格的红色反光胶带缠体。随着技术的进步还出现了声光盲杖、超声波定位盲杖、智能导航盲杖等。

2）盲道，是带有表面凸起的地面材料，引导盲人行走。但最近关于盲道的铺设有比较大的争论，传统的盲道多多益善的观点受到挑战，一些人认为盲人出行依靠盲杖就够了，盲道并不必要，反而造成浪费。折中的观点是，在重点的盲人使用的交通路线铺设盲道，对已建成的盲道，要保证其有效地使用。

3）盲文，或称点字、凸字，是盲人用的文字，由法国人路易斯·布莱叶发明，透过点字板、点字机、点字打印机等在纸张上制作出不同组合的凸点而组成。一般每一个方块的点字是由六点组成，每个小圆点有实心和空心两种状态。在电脑的使用范畴内，盲人可以配合点字显示机将屏幕上的文字即时转化成点字；而为了能表达ASCⅡ的所有符号，故有增至八点的点字产生。

伴侣动物：导盲犬是专门为服务于盲人而训练的动物，他们服务于人类的不仅仅是他们敏锐的感知能力，更是他们的忠诚。由于他们的陪伴，盲人的生活范围可以大大拓展，社会活动的安全性也会大大提高。更重要的是他们是盲人最亲近和最信赖的朋友。

盲人引导系统：在一个场所提供系统性的盲人引导设施。例如，2010年法国南部的圣让-德吕兹海滩正式开放为世界上首个"盲人"无障碍海滩。因为安装了盲人引导系统，盲人第一次可以享受在大海中的畅游。这套系统主要分为两个部分，一部分是安装在浮标上的方位感应器和语音系统，另一部分是佩戴在盲人手腕上的手镯式寻呼器。需要时，盲人朋友只要按下寻呼器的按钮，就会触发相应浮标上的方位感应器，而后与其连通的语音系统就会提醒盲人游泳者海的方向，并告诉他们应该游向哪里。

更广泛的信息获取：借助于飞速发展的信息技术，盲人可获得越来越广泛的信息帮助，通过网络和有声物，盲人不一定要学会盲文才能阅读，语音识别技术解决了书写的障碍。现在的电脑硬件已经给盲人提供了大量的便利，可以坐在家中和全世界交流。

（3）听说能力障碍

针对听力及言语障碍的辅助工具包括助听器人工喉及辅助信息工具。

手语：是聋哑人使用的交际工具，是他们在最自然的状态下习得的"第一语言"，相对而言，他们掌握口语和书面语都要经过专门的训练，因此，主流语言对他们来说属于"第二语言"。

视觉提示：在场所中利用图案、颜色、简单

的文字提供关于方向、位置、注意事项、主要的空间布置等信息，视觉提示不仅仅对于听力与言语残疾人是必要的，对于一般的大众也能提供便利。

助听器：是一种供听障者使用的、补偿听力损失的小型扩音设备，现在常用的包括盒式、耳背式、定制式等。

无线电遥控门铃及装置：这种装置应用于门是因其能起到同样的作用，其实一种无线电发光设备或振动设备，作为报警装置时多为快速闪光。

无障碍呼叫服务平台：针对人群是已经有短信和手语呼叫平台的用户。

5.3.3 物质环境诉求

（1）肢体能力障碍

轮椅使用者虽非残疾群体中的绝对多数，但其移动时对空间要求更高，因而成为无障碍设计的重要数据参考。基于轮椅使用者的活动需求，城市道路和人行道应设置符合宽度要求的缘石坡道或轮椅坡道，并在两侧设置扶手。公共建筑出入口同样应该设置无障碍通道或坡道，建筑物内部的通道、电话、服务台、电梯、卫生间应方便轮椅残疾人通行和使用，建筑物外部的公共停车场要设置无障碍停车位，设立无障碍标识，影剧院和体育场馆设有乘轮椅者观看的席位，旅馆、饭店设有方便乘轮椅者使用的客房。民航、铁路、水运、长途客运及公交车、轨道交通、出租车等城市公共交通，应方便轮椅残疾人出入交通设施，乘坐交通工具。针对轮椅使用者的无障碍设计需要考虑以下几方面内容：

1）使轮椅可自立。目前广泛采用的轮椅多为可折叠式，扶手和靠背一般可以拆卸折叠，采取后轮推进的方式前进。建筑空间设计时应充分考虑可折叠式轮椅的各种使用情景。

2）换乘所需空间。部分残疾人可以站立在地面进行轮椅换乘，但多数残疾人需要护理人员帮助。在汽车座席、卫生间坐便器座面、浴盆台座、床面等设施与轮椅的换乘中，一般有轮椅前方、后方和侧方三种方式，不同方式的程序不同，例如前方换乘一般需要有抓手的支撑物，后方换乘适用于轮椅有可拆卸靠背的情况，侧边换乘是最常见的做法，需要在座席旁边有足够的停放轮椅和操作的空间。

3）轮椅的移动。当地面存在高差、较大斜度、凹凸等情况下，轮椅的移动便相对困难，容易出现轮子陷进沟渠、难以扭转等情形。当遇到雨雪等天气，也会造成外出困境。

4）轮椅使用者伸手可及的范围。轮椅使用者伸手可及的范围很小，因此控制开关、生活必需品等应尽量设置或放置在可达距离。

步行困难者为存在行走障碍或容易在行走时出现危险的群体，一般需要拐杖、平衡器、连接装置或者其他辅助装置的帮助，主要包括老年人、康复伤患者、戴假肢者等。这类人群一般弯腰屈腿有困难，改变站姿、坐姿也不容易，因此，扶手、开关、生活器具的设计需以其站立可达范围为宜，地面的防滑设计也十分重要，某些高台阶或坡度大的路段需要设置两侧扶手。

上肢残疾者为单手或双手有功能障碍的群体，在取东西、开关门窗、调节设备等方面存在困难，需要对生活器具的高度、设备的使用程序等做出必要的专门调整。

综合各类分析，肢体能力障碍者的无障碍环境需求如表5-4所示。

（2）视觉能力障碍

视力残疾包括盲人和低视力者。视力残疾者是行走、交流最为困难的群体之一，对无障碍的需求主要表现为：

1）设施需求

低视力者有光感，可通过光线照度和颜色的视觉辨别来参与社会生活；全盲者需依据手和盲杖及行走时对地面的触觉、对环境中各种声响的反应、各种味觉的反应来实现感知城市道路和建筑物设施的环境。

①为方便视力残疾者行走，城市主要道路的

肢体能力障碍者的无障碍环境需求　表5-4

类型		无障碍环境需求
下肢残疾者	独立乘轮椅者	门、走道、坡道等的尺寸及活动空间以轮椅通行要求为准则； 配备上楼升降设备； 设计能供轮椅使用者使用的专用卫生间设备及有关设施； 地面平整，避免使用长绒地毯和有较大缝隙的设施； 设置路段路况的明显标志
	拄拐杖者	保持地面平坦坚固，减少缝隙和孔洞； 避免使用旋转门和弹簧门； 在台阶、坡道、楼梯、卫生间等处设置双向扶手、安全抓杆； 设置电梯解决升降问题； 各处通行等满足双拐杖者所需的宽度
上肢残疾者		有利于减缓操作节奏的设施； 采用肘式开关、长柄扶手、大号按键，以简化操作
偏瘫患者		楼梯安装双侧连续扶手； 设置双向抓杆； 保持地面平整

人行步道应设置盲道，特别要设置提示盲道，盲道应连贯。盲道需绕开人行步道上的树木、灯杆、座椅、路标、公交站牌、公用电话等设施，否则将影响和妨碍视力残疾人通行。同时人行横道应设置过街音响信号装置，以提示盲人通行。

②公共建筑物的主要入口地段应设置盲道，以方便视力残疾者行走和知道所在方位，电梯需设置盲文按钮和语音报层装置，盲人集中的福利企业、特教学校内部应设置盲道、扶手、设施处应设置盲文或语音装置。

③导盲犬是盲人出行、参与社会生活的重要伙伴。近年来国内一些城市开始培育导盲犬，相关法律法规和民航、铁路等行业部门允许盲人携带导盲犬出入公共场所和乘坐公共交通工具，方便了盲人融入社会生活。

2）信息交流需求

①视觉信息。严重低视力或全盲残疾人需要通过盲文、声音提示等方式帮助获取信息。尚有残余视力的低视力残疾人，需要通过较高的对比度、较大且清晰的字体、充足的照明来满足阅读需求。

②信息环境。互联网应按照国家相关标准的要求，采取无障碍设计或改造，将网络上的各种文字、多媒体、影像图形等信息转换成声音，以方便盲人阅读获取信息。上网的应用软件和操作系统也应进行无障碍处理：如软件在提供鼠标操作的同时，应提供键盘操作的替代方式；软件界面做到标准化，不能破坏无障碍功能等。公共信息服务设施应实现无障碍，如公交车站电子信息屏幕、银行自动取款机等应同时具备语音服务或是能够替代这一功能的服务。通信电子产品的无障碍应做到方便盲人读取短信信息、操作菜单，例如设置语音提示等。通用产品设计也要逐步实现无障碍，如食品、药品、银行卡等与日常生活密切相关的产品，应方便盲人识别和辨认信息。

弱视者在视觉障碍者中占据了比较大的比例，而我们平时的设计中往往忽视他们的需求，他们的需求包括以下几类：

①安全性需求：使地面障碍物清楚，尽量减少台阶式高差，尤其1步台阶是很危险的，重要的疏散通路应保证充足的照明，通路上保证足够高度，尤其扶梯、楼梯下方要有安全挡牌。

②亮度及对比需求：标识、图形出入口、障碍物等重要部位应采用较高亮度的色彩，与背景界限清晰形成一定的对比。

③重要标识、文字的可辨识性需求：重要的标识及字体应在易于察觉的位置，且保证足够的大小，根据Peters&Adams公式，当字符高度与认视距离之间存在$H0.022D+0.335$时有利于弱视者辨认。公式中H为字符高度，D为认视距离。文字应该尽量笔画简单。

综合各类分析，视觉能力障碍者的无障碍环境需求如表5-5所示。

（3）听说能力障碍

听力残疾一般伴随言语残疾发生，一般指疾病发生超过一年，程度达到影响日常生活和社会参与。听说能力障碍者无障碍需求主要涉及以下

视觉能力障碍者的无障碍环境需求 表5-5

类型	无障碍环境需求
盲人	简化行动路线，布局平直； 强化听觉、嗅觉和触觉信息环境，以利引导（如扶手、盲文标志、音响信号等）； 人行空间内无意外变动及突出物； 电气开关及插座有安全措施，且易辨别，不得采用拉线开关； 已习惯的环境不轻易变动
低视力或弱视者	加大标志图形，加强光照，有效利用色彩反差，强化视觉信息； 其余可参考盲人的环境设计对策

几个方面：

1）手语。电视节目开设手语新闻栏目，医院、商业等服务行业工作人员掌握简单手语。

2）字幕。影视作品、节目加配同声字幕，公共服务场所、行业、公共交通设施（工具）应设置电子信息显示屏，以方便聋人获取信息、享有相关服务。

3）用品用具。使用方便参与融入社会生活的用品用具，如非法侵入视觉报警器、可视门铃、闪光门铃等。

4）公共服务无障碍。如提供字幕同步显示（速录）或手语翻译服务，以方便参加会议的听力障碍者了解信息；听力障碍者在参与社会生活中能通过手机短信平台联系相关职能部门，比如短信报警、了解民航信息、办理金融业务、获得社区相关服务等；公共服务行业工作人员使用文字（书面语）与听力障碍者进行交流；建设电话信息中转平台，为听力障碍者提供服务等。

一般而言，完全的听觉缺陷者较少，多数障碍者通过一定的辅助手段介入均能实现听力的部分恢复，利用哑语和文字也能进行信息传递。但出现突发情况时，必须借助更有效的信息传递手段，例如在警报器失灵时采取点灭式的视觉信号，在睡眠时采取枕头振动装置，在门铃、电话等听觉信号之外也应采取必要的视觉信号，目前已经开发出适合弱听觉者用的带扩声器的电话。

综合分析，听说能力障碍者的无障碍环境需求如表5-6所示。

听说能力障碍者的无障碍环境需求 表5-6

类型	无障碍环境需求
听说能力障碍者	强化视觉、嗅觉和触觉信息环境；通过必要的设备，增强环境感知

综合前述分析，各类能力障碍者的无障碍环境基本需求特征总结如表5-7所示。

行为不便的环境行为特征及物质环境的诉求 表5-7

行动不便者类别	障碍特征	辅助方式	环境行为特征	对物质环境的诉求
残疾人	视觉障碍	导盲犬	外出时辅助导向	较大的空间维度
		盲杖	移动时辅助导向	提供触感导向信息
		盲文图	通过触摸获得信息	提供触感信息
		语音提示	通过听觉获得信息	提供语音信息
	听觉障碍	助听器或扩音器	帮助声音放大	提供更多的听觉信息
		手语辅助人员	通过肢体语言获得信息	提供播放手语信息的视频，或现场安排手语辅助人员
		振动提示装置	通过触觉感知获得信息	提供触感信息
		文字或图示	通过视觉获得信息	提供标识

续表

行动不便者类别	障碍特征	辅助方式	环境行为特征	对物质环境的诉求
残疾人	言语残障	手语辅助人员	通过肢体语言获得信息	提供播放手语信息的视频，或现场安排手语辅助人员
		书写工具	通过书写交流沟通	提供书写工具
	肢体残障	轮椅	依靠转动轮椅辅助移动	较大的空间维度，较缓的坡道，减少障碍物
		拐杖	通过一定角度的支撑辅助移动	减少障碍物
老年人	行动迟缓、记忆力衰退、生理机能退化	辅助人员	移动时需要辅助	较大的空间维度
	听觉衰退	助听器或扩音器	帮助声音放大	提供更多的听觉信息
	体力和行动能力衰退	轮椅	依靠转动轮椅辅助移动	较大的空间维度，减少障碍物，较缓的坡道
		拐杖	通过一定角度的支撑辅助移动	较大的空间维度，减少障碍物
孕妇	行动不便	辅助人员	移动时需要辅助，自主活动时较迟缓	较大的空间维度，减少障碍物
幼儿	需借助婴儿车代步，缺乏环境认知能力	推车者、看护者	移动时需要辅助	较大的空间维度，减少障碍物，较缓的坡道
儿童	行动步幅小，缺乏环境认知能力	看护者	移动时需要辅助	较大的空间维度，减少障碍物，避免相应人体尺度上的环境伤害

专栏5-1 » 对不同类型能力障碍者的公共交通无障碍环境需求分析

不同情况的残疾人和老年人的出行特征和要求不同，有必要针对不同人群的特定需要对症下药，建设完善、高效的公共交通无障碍环境。因此，根据残疾人访谈、问卷调查以及多种渠道的信息，在残疾类型统计分类的基础上，根据独立出行的困难程度大小和特点，将无障碍设施的使用者分为肢体移动困难、获取信息困难、肢体移动不便三类人群（表5-8）。

将无障碍公共交通服务对象分为六种类型人群：

类型1——完全依赖轮椅而且需要他人协助改变肢体位置的人群。这类人群是出行最困难的人群，几乎没有独立出行的能力。通常包括四肢瘫患者、高位截瘫者、神经疾病患者、高龄病残老人以及一些暂时性的严重受伤或患病者。这类人群在身体移动过程中，不能离开轮椅。而且在没有他人帮助的情况下，他们无法改变自己的体位，无法使用交通工具。其中部分人群，对其做一般背、抱动作，其身体健康会受到损害。

类型2——下肢丧失行走能力、出行需借助轮椅，但可使用上肢实现小范围身体移动的人群。这类人群独立移动能力略强于类型1，尽管他们下肢丧失了行走功能，但基本可以通过上肢力量移动自己的身体，并借助轮椅完成交通出行，但完成移动身体这类动作的前提是空间移动简单、体力消耗小且时间短。这类人群的出行必须携带轮椅，只是在完成短暂移动时可以离开轮椅。离开轮椅期间，可能需要他人协助收放轮椅。

类型3——失明或视物存在一定困难的人群。视力障碍人群具体又细分为全盲、高度弱视、高度近视和色盲等不同程度，其中大部分人

无障碍公共交通服务对象分类一览表 表5-8

类型	对象人群特征	主要人群	出行情况	对公共交通环境的理想需求	理想的公共交通工具
肢体移动困难人群	完全依赖轮椅而且需要他人协助改变肢体位置	四肢瘫、高位截瘫、神经疾病、高龄病残老人、暂时受伤或患病严重	移动中身体不能离开轮椅	必须配备升降机或坡道	轮椅无障碍出租车
	下肢丧失行走能力、出行需借助轮椅,但可活动上肢以实现小范围身体移动	下肢丧失行走能力者	出行必须携带轮椅,完成短暂移动时可以离开轮椅	需配备升降机或坡道	轮椅无障碍出租车、轨道交通
获取信息困难人群	失明或视物存在一定的困难	视力残疾人,无法正常转动头部,视域范围有限的人	需要通过听觉、触觉来获得信息,移动需要明确的方向	文字信息大小、位置必须适当,添加语音、盲文信息	配备相应无障碍设施及服务的公交车、轨道交通、出租车
肢体移动不便人群	依赖拐杖或步行器行走的人群	老年人、轻度肢体残疾人、病人	在室外行走时需要依靠拐杖或步行器等简单器具的辅助	地面防滑,有专用席位	配备相应无障碍设施及服务的公交车、轨道交通、出租车
	独立行走速度较慢的人群	老年人、轻度肢体残疾人、病人	—	地面防滑,有专用席位,有扶手	配备相应无障碍设施及服务的公交车、轨道交通、出租车
	其他残疾人	轻度肢体残疾人、听力言语残疾人、智力残疾人	具有独立移动的能力	需要信息、人工服务等软件环境的支持	配备相应无障碍设施及服务的公交车、轨道交通、出租车

(除多重残疾者外)基本都可以自由移动。其中,全盲人的出行困难最大,需要借助听觉、触觉来获得信息,移动需要明确的方向语感,有时需要别人的扶助。对复杂环境需要依赖别人的帮助,而且在出行安全上缺乏自我保护能力。需要公共交通环境中添加必要的语音、盲文信息。此外,许多脊柱有疾患的人,因为无法正常转动头部,视域范围有限,无法获取展示位置较高的信息。这类人群和低视力人群都需要文字信息大小和位置适当。

类型4——依赖拐杖或步行器行走的人群。这类人群在室外行走时需要依靠拐杖或助行器等简单器具的辅助,但可以不需要别人的协助即可独立完成大部分的肢体动作。其中,部分人群在短距离的移动时,可以暂时脱离拐杖或步行器。但这部分人群的行走速度都比较缓慢。这类群体主要以老年人、轻度肢体残疾、伤病人为主。

类型5——独立行走速度较慢的人群。这类人群行走时可以不需要拐杖,但是速度较慢,通常需要环境中有扶手来临时保持身体平衡。这类群体主要以老年人、轻度肢体残疾、伤病人为主。

类型6——其他残疾人。这类人群包括轻度肢体残疾人、听力言语残疾人、智力残疾人。他们通常情况下具有独立移动的能力,对硬件环境的要求与健全人基本一致,但有时需要软件环境,如信息、人工服务的支持。多重残疾人的身体及健康状况复杂多样,其移动特征可能兼有多种类型。

以上不同出行特征的人群对公共交通无障碍环境需求的侧重点也有所不同:

类型1——交通车辆以及乘车过程必须考虑轮椅使用的需要,有高差的地方必须配备升降装置或坡道,对轮椅无障碍出租车服务的需求量大，且这种服务需求是刚性的，没有可以替代的公共交通服务产品。

类型2——倾向于使用轮椅无障碍出租车，但也可通过旁人帮助移动来乘坐普通出租车，出行可以借助有无障碍设施的轨道交通，基本无法乘坐现在的常规公交车，希望公共交通工具考虑携带轮椅所需要的空间。

类型3——基本可以使用出租车、地铁、公交车等各种交通工具出行，但对信息的获取有困难，在复杂环境下需要他人协助。

类型4~6——可以使用出租车、地铁、公交车等各种交通工具出行，但需要帮助，乘坐公交车时需要座位或无障碍席位，无障碍硬件设施（扶手、电梯、电动扶梯）对改善这部分人群的出行能力有关键作用。

此外，相当一部分肢体残疾人依赖残疾机动车出行，需要公共场所提供停车位保障。

6 城市环境无障碍的现状分析与规划调研方法

6.1 数据收集与社会调研

6.1.1 基础资料收集

城市环境无障碍建设是现代城市整体规划建设中的重要方面，具有系统性、协同性的要求，因而城市环境无障碍建设的场地调研宜采取"点面结合"的工作思路，首先综合调研城市建设的基础条件，对各类设施规划布局与现状基础进行全面概要性了解，为论证无障碍环境建设和改造条件提供基础，再聚焦于具体的无障碍设施建设现状调研，明确城市无障碍环境建设的具体现存问题和重点改造方向。场地基础资料收集包括：

（1）区位条件分析：包含规划区或更新改造单元的地理位置、空间范围、面积，分析其所在区域中的功能、交通、环境景观等方面的地位和作用。规划区或更新改造单元周边主要土地利用和道路交通现状、主要空间环境特征等，分析其对本区域规划编制的影响和制约。

（2）自然条件：包含规划区或更新改造单元的气候气象、水文地质、地形环境、自然灾害、生态环境特征等自然条件。主要考察其对城市通风、日照、采光、热环境、防洪、排涝等的影响。部分地区应更全面地开发适宜性评价与分析。

（3）土地利用现状：掌握规划区或更新改造单元的土地利用和用地地籍情况，并进行分析评价，包括：①用地结构、各类现状布局及规模；②现状土地权属及征转情况，包括历史遗留用地或非农建设用地情况；③批准的设计要点情况；④编制"现状土地利用汇总表"和"现状用地权属汇总表"。

（4）建筑物（含构筑物）现状：包含规划区或更新改造单元的建筑物状况，具体包括建筑物的用途、面积、设计使用年限、结构安全性、合法性以及历史文化价值等情况进行汇总及综合评价，并统计各类建筑数据。

（5）公共设施现状：包含规划区或更新改造单元现状公共设施的类型、规模及分布情况。应在对公共设施进行分析的基础上编制"现状配套设施一览表"。

（6）道路交通现状：包含规划区或更新改造单元现状轨道交通线路及站点、公共交通站点、社会停车场（库）、步行和自行车交通设施的分布与规模；现状道路的等级体系、功能、红线、断面和交叉口形式、控制点标高。开展现状主要道路的交通量调查、饱和度分析，对现状整体交通状况进行分析与评价。

（7）市政工程现状：规划区或更新改造单元水、能源等现状情况；各类市政设施的分布、规模、用地面积以及管网等级和分布情况，评价现状使用情况。

6.1.2 现场踏勘调研

（1）人行道调研排查。调研重点主要包括：人行道有效宽度、地面平整防滑、设有盲道、与通行路径连接处设有缘石坡道、缘石坡道平整防滑、缘石坡道宽度等。

（2）人行横道调研排查。调研重点主要包括：人行道通行宽度、是否存在安全岛可无障碍进入、是否有过街音响提示装置、是否有盲人触摸按键等。

（3）人行天桥调研排查。调研重点主要包括：人行天桥起始处设置盲道、首尾台阶醒目标识、轮椅坡道、无障碍电梯、双层扶手、净空区域防护和盲道等。

（4）人行地道调研排查。调研重点主要包括：起始处设置盲道、首尾台阶醒目标识、轮椅坡道、无障碍电梯、双层扶手和净空区域平整防滑防护和盲道等。

（5）公交车站调研排查。调研重点主要包括：有效通行宽度、地面防滑与平整、盲道设施、与通行路径连接处设置缘石坡道、缘石坡道平整防滑和缘石坡道宽度等。

（6）地铁站点调研排查。调研重点主要包括：是否存在一个无障碍出入口、出入口盲道、无障碍检票口、无障碍电梯、无障碍楼梯、无障碍卫生间、无障碍标识、无障碍服务、轮椅出租处等。

（7）公共交通枢纽调研排查。调研重点主要包括：无障碍出入口、出入口提示盲道、无障碍检票口、无障碍电梯、无障碍楼梯、无障碍卫生间、无障碍标识、低位服务设施、轮椅出租处等。

（8）停车场调研排查。调研重点主要包括：无障碍出入口、无障碍停车位、地上停车库无障碍电梯、地下停车库无障碍电梯等。

（9）城市广场调研排查。调研重点主要包括：无障碍出入口、地面平整防滑不积水、无障碍卫生间、无障碍停车位等。

（10）公园绿地调研排查。调研重点主要包括：无障碍出入口、无障碍检票口、无障碍卫生间、无障碍停车场、无障碍游览路径、低位服务设施、险要地段安全防护等。

（11）公共卫生间调研排查。调研重点主要包括：无障碍出入口、无障碍卫生间、通道宽度、地面防滑、门净宽等。

（12）公共建筑调研排查。调研重点主要包括：无障碍出入口、通道净宽、通道低位扶手、无障碍楼梯、无障碍电梯、无障碍停车位、无障碍卫生间、低位服务设施、无障碍标识、教育建筑轮椅座席、福利特殊建筑轮椅停留空间、办公建筑残疾人工位、科研建筑残疾人工位、司法建筑残疾人工位、司法建筑轮椅座席、体育建筑轮椅座席、文化建筑无障碍阅览室、旅馆建筑无障碍客房、历史文物保护建筑盲文介绍牌等。

（13）居住区调研排查。调研重点主要包括：无障碍出入口、绿地无障碍进入、绿地无障碍游览步道、卫生站无障碍出入口、物业处无障碍出入口、无障碍停车位、单元楼无障碍出入口、单元楼无障碍电梯、单元楼无障碍房间、无障碍房间位于首层、集体宿舍无障碍卫生间、集体宿舍无障碍房间等。

> **专栏6-1 » 罗湖区无障碍环境建设现状调研方法**
>
> 1．城区综合建设现状摸查与分析
>
> 系统分析罗湖区的地理区位、行政区划、人口现状、土地利用、产业经济等内容，初步梳理提取罗湖区城区整体环境特征与未来发展趋势，从战略层面明确编制无障碍城区发展规划的迫切性与必要性。在此基础上，进一步通过主客观问卷调查与大数据采集等方法，深入挖掘罗湖区人群、理念、政策、结构、器物等多维现状特征与建设需求，为后续城区无障碍建设现状问题的有效排查奠定基础。
>
> 2．城区无障碍建设现状问题排查
>
> 依托前置研究，通过实地调研与统计分析方法重点对罗湖区城区器物系统的障碍问题进行系统排查，从人行道、人行横道、人行地道、人行天桥、停车场（库）、公交车站、轨交车站、公共交通枢纽居住区、公共建筑、公园绿地、城市广场、公共卫生间等多个方面开展抽样调研，结合行政单元，形成基于街道的无障碍清单，进一步通过更深层次的分析，得出城区器物系统产生问题的原因，为罗湖区无障碍城区发展规划编制提供方向目标和数据支撑。

专栏6-2 » 肇庆市无障碍环境建设现状调研方法

肇庆市重点针对城市中心区、交通枢纽、公共建筑聚集区、商业集聚区、公共开敞空间、旅游景点等人口集聚区，筛选实地调查点，调查的场所类型涵盖城市道路与广场、城市绿地、居住区、公共建筑和交通建筑等。其中，公共建筑进一步细分为政府办公建筑、教育建筑、医疗康复建筑、福利及特殊服务建筑、体育建筑、文化建筑和商业服务建筑，开展无障碍设施建设情况实地调研，系统了解建设情况，分析无障碍设施建设的现状与存在问题（图6-1）。

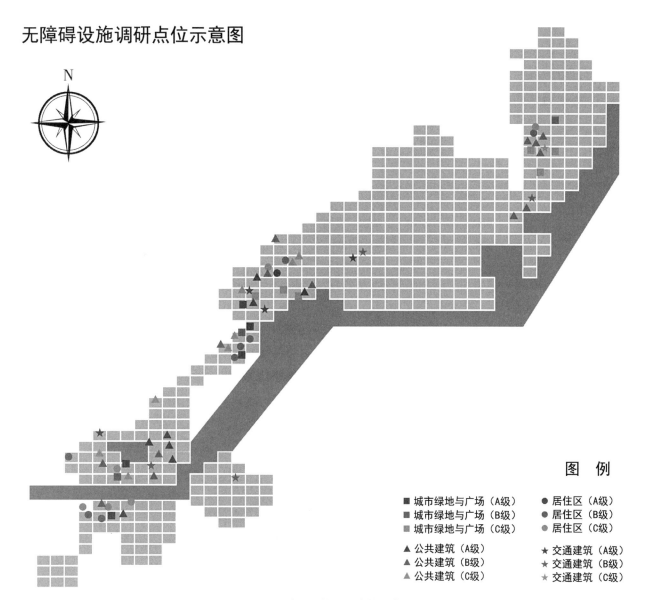

图6-1 无障碍设施调研点位示意图

6.1.3 公众社会调查

随着空间规划研究的治理转向，权力结构、地方社群参与和公平问题逐渐成为焦点议题。随着空间规划权利不断下沉并嵌入地方社群，在规划知识的复杂性日增与专业性逐渐消解的情况下，地方社群参与由于具有获得地方知识与确认规划合法性与公平性的重要意义而备受关注。在城市环境无障碍建设的模式演进中，同样也体现了从医疗模式向社会模式再向权利模式的转变，更加注重服务对象在设计中的平等参与权利。例如，2018年《通用无障碍发展北京宣言》就强调多主体共同参与的工作模式，认为通用无障碍的发展是实现社会最大公约数的动态协调过程，将处于持续的演进和改善过程。

基于通用无障碍规划设计过程中公众参与的重要性，在规划前期调研工作中，有必要通过公众社会调查，广泛征集社会公众的意见和建议，了解普通人群和残疾人群对于目前城市无障碍环境建设的满意度、无障碍设施建设存在的问题、待改善的方面等，为预测城市无障碍环境建设需求与提出规划改进方案提供数据支撑。

公众社会调查可以采取发放社会调查表、网上调查、街头访谈、召开群众座谈会等形式。目前问卷调查是较为常见的一种方式。由于当前城市环境无障碍的概念内涵不断拓宽，服务对象正从残疾人拓展到广义障碍人士，继而拓展到全龄段友好，因而在规划的问卷调研中，不仅仅需要了解特定有障碍群体（如残障人士、老年人、儿童、孕妇等）的需求与意见，也需要广泛征集全社会各界人士的意见建议，为打造通用、全龄段友好的无障碍环境奠定坚实的基础。因而，问卷设计可分为面向所有社会成员和面向能力障碍者群体两种类型，也可以合并设置文件再分别提取特征群体。

专栏6-3 » 肇庆市无障碍环境建设规划调查问卷

卷A 面向一般社会公众

1. 您所在的行政区（　）
   A. 端州区　　　B. 高要区
   C. 鼎湖区　　　D. 肇庆新区
   E. 肇庆高新区　F. 其他

2. 您的年龄是（　）
   A. 18岁以下　　B. 19～35岁
   C. 36～59岁　　D. 60岁以上

3. 您的性别是（　）
   A. 男　　　　　B. 女

4. 您的受教育程度是（　）
   A. 高中及以下　B. 大学专科
   C. 大学本科　　D. 硕士以上

5. 您的职业是（　）
   A. 国家机关、党群组织、企业、事业单位人员
   B. 专业技术人员
   C. 商业、服务业人员
   D. 农林牧业生产人员
   E. 生产、运输设备有关人员及操作人员
   F. 学生
   G. 其他

6. 您认为此标识代表什么？（　）
   A. 轮椅使用者的专用服务设施
   B. 残疾人的专用服务设施
   C. 残疾人、老年人、病人等使用的服务设施
   D. 谁都可以用的服务设施

7. （多选题）您经常使用的无障碍设施有哪些?（　）
   A. 缘石坡道　　B. 盲道
   C. 轮椅坡道　　D. 无障碍标识

E. 无障碍电梯　　F. 无障碍卫生间

G. 过街提示音响　H. 无障碍网站

8. (多选题) 您认为无障碍环境是为谁服务的? ( )

A. 老年人　　　B. 残疾人

C. 儿童　　　　D. 病人

E. 孕妇　　　　F. 临时残疾者

G. 所有社会成员

9. 您认为目前周围的无障碍环境如何? ( )

A. 非常好　　　B. 比较好

C. 一般　　　　D. 差

10. (多选题) 您觉得周围的无障碍设施(石坡道、盲道、轮椅坡道、无障碍电梯、无障碍厕所、无障碍停车位、低位服务设施无障碍标识等)建设主要存在的问题有哪些?( )

A. 无障碍设施缺失或种类不齐全

B. 无障碍设施年久失修,无法使用

C. 无障碍设施被占压或改为他用

D. 无障碍设施设置地点(位置)不合理

E. 设计没有充分考虑到不同人群的使用特点

11. 您感觉所在社区的无障碍环境建设整体状况如何?( )

A. 非常好　　　B. 比较好

C. 一般　　　　D. 差

12. (多选题) 您认为所在社区的无障碍设施主要存在的问题有哪些?( )

A. 楼门口没有坡道

B. 超市、便利店、居委会等配套设施入口没有坡道

C. 小区绿地出入口没有坡道

D. 坡道过陡或不防滑

E. 坡道没有安全扶手

13. (多选题) 您认为,以下哪些场所最需要无障碍环境? 请在"□"内打"√"

- 城市道路:□缘石坡道;□盲道;□无障碍标志牌;□其他
- 城市广场:□轮椅坡道;□盲道;□无障碍标志牌;□其他
- 公园景区:□轮椅坡道;□公共厕所;□无障碍标志牌;□其他
- 居民小区:□轮椅坡道;□无障碍电梯;□其他
- 公共建筑:□轮椅坡道;□公共厕所;□无障碍电梯;□盲人阅读区;□其他
- 公共交通工具和场所:□盲道;□无障碍停车位;□其他
- 互联网:□手机读屏软件;□网络有声读物;□手机无障碍出行服务功能;□无障碍网络视频;□其他

14. (多选题) 您认为哪些因素制约了无障碍环境的完善?( )

A. 政府投入资金不足

B. 使用率不高

C. 社会重视程度不够

D. 对现有设施进行改造难度大

E. 其他公共交通工具

15. (多选题) 在实际生活中,您认为哪些场所的无障碍服务最有必要?( )

A. 社区街道为老年人、残疾人家庭提供的便民服务措施

B. 医院、商场、公交站等公共场所的导医、导乘等服务

C. 电视、网络视频等大众媒体加配字幕、手语翻译

D. 短信报警、闪光可视门铃等无障碍信息安保服务

E. 图书馆、博物馆等文化场所的语音播报、大显示器等信息无障碍服务系统

16. 您会通过无障碍标识去寻找无障碍路线吗?( )

A. 会　　B. 有时会　　C. 不会

17. 您觉得怎样查询无障碍设施,寻找无障碍行路线最有效?( )

A. 电话求助

B. 查询专业的无障碍网站

C. 手机电子地图

D. 先出门再找人询问

18. （多选题）您认为推动信息无障碍发展的关键何在？（　　）

A. 加快通信技术的研发进程，开发更具人性化和可操作性的应用系统

B. 加强社会宣传，营造关爱特殊群体的舆论氛围

C. 提供多样化的信息无障碍服务和多媒体沟通方式

D. 在公共场所，电视、广播、网络等媒体推广信息无障碍的技术应用，提升残疾人的社会生活便利程度

19. （多选题）您认为肇庆市未来几年对无障碍环境建设应该重视哪些方面？（　　）

A. 让现有无障碍设施物尽其用

B. 将既有无障碍设施改造得更加人性化

C. 保证新建项目无障碍设施能够建设到位

D. 加大无障碍设施监管力度

E. 推进网络无障碍信息交流

F. 提高社区无障碍服务水平

20. 您对肇庆市无障碍环境建设的需求与建议？

卷B 面向能力障碍者

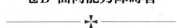

1. 您所在的行政区（　　）

A. 靖州区　　B. 高要区

C. 鼎湖区　　D. 肇庆新区

E. 肇庆高新区

2. 您的年龄是（　　）

A. 18岁以下　　B. 19~35岁

C. 36~59岁　　D. 60岁以上

3. 您的性别是（　　）

A. 男　　　　B. 女

4. 您的受教育程度是（　　）

A. 高中及以下　　B. 大学专科

C. 大学本科　　　D. 硕士以上

5. 您的职业是（　　）

A. 国家机关、党群组织、企业、事业单位工作人员

B. 专业技术人员

C. 商业、服务业人员

D. 农林牧渔业生产人员

E. 生产、运输设备有关人员及操作人员

F. 学生

G. 其他

6. （多选题）您的不便之处是哪方面？（　　）

A. 肢体　　　B. 视力

C. 听力　　　D. 语言

E. 其他

7. 您平时的生活中出行情况如何？（　　）

A. 经常出行　　B. 有时出行

C. 偶尔出行　　D. 从不出行

8. 您的生活中出现过因为无障碍基础设施不完全而影响出行的情况吗？（　　）

A. 经常出现　　B. 有时出现

C. 偶尔出现　　D. 从不出现

9. 您是否使用过身边的无障碍基础设施，若用过，满意度如何？

无障碍设施是否使用过（A. 是；B. 否）

满意度（A. 非常满意；B. 满意；C. 一般；D. 不满意）

- 缘石坡道（　　）
- 轮椅坡道（　　）
- 无障碍电梯（　　）
- 无障碍卫生间（　　）
- 过街提示音响（　　）
- 无障碍停车位（　　）
- 无障碍标志牌（　　）
- 无障碍网站（　　）

10. 您认为身边的无障碍基础设施安全性如何？（　　）

A. 非常好　　B. 好　　C. 一般

D. 不好　　E. 差

11.（多选题）在实际生活中，您认为哪些场所的无障碍服务最有必要？（　　）

A. 社区街道为老年人、残疾人家庭提供的便民服务措施

B. 医院、商场、公交站等公共场所的导医、导乘等服务

C. 电视、网络视频等大众媒体加配字幕、手语翻译

D. 短信报警、闪光可视门铃等无障碍信息安保服务

E. 图书馆、博物馆等文化场所的语音播报放大显示器等信息无障碍服务系统

12.（多选题）您认为肇庆市未来几年对无障碍环境建设应该重视哪些方面？（　　）

A. 让现有无障碍设施物尽其用

B. 既有无障碍设施改造更加人性化

C. 保证新建项目无障碍设施建设到位

D. 加大无障碍设施监管力度

E. 推进网络信息无障碍、公共服务信息无障碍等无障碍信息交流

F. 提高社区无障碍服务水平

专栏6-4 » 关于张家口无障碍设施使用情况的问卷调研

1. 您的性别是（　　）
   A. 男　　B. 女

2. 您的年龄是（　　）
   A. 15岁以下　B. 15~30岁
   C. 31~45岁　D. 46~60岁
   E. 61~70岁　F. 71岁以上

3. 您或您身边亲属出行后在哪些方面有所不便？（　　）
   A. 视力　　B. 听力　　C. 言语
   D. 肢体　　E. 多重　　F. 没有

4. 您是否有带老人或孩子出行的需求？（　　）

A. 常常　　B. 偶尔
C. 极少　　D. 没有

5. 您在带老人或孩子出行的过程中有没有感到不便？（　　）
   A. 非常不便
   B. 有些不便
   C. 没有不便

6. 您平时在张家口市哪个区活动？（　　）
   A. 桥西区　　B. 桥东区
   C. 下花园区　D. 宣化区
   E. 万全区　　F. 崇礼区
   G. 其他县

7. 您了解的张家口哪些地方有无障碍设施？（　　）
   A. 火车站、汽车站、机场
   B. 公交站　　C. 地铁
   D. 人行道　　E. 过街天桥和地道
   F. 景区　　　G. 医院
   H. 邮局、银行　I. 公共服务场所

8.（请选不超过三项）您认为，以下哪些场所最需要完善无障碍环境？（　　）
   A. 居民小区　　B. 菜市场
   C. 银行、邮局等公共场所
   D. 公共交通工具
   E. 城市道路　　F. 城镇道路
   G. 公园景区　　H. 其他

9.（请选不超过三项）在实际生活中，您认为哪些场所的无障碍服务最有必要？（　　）
   A. 社区街道为老年人、残疾人家庭提供的便捷服务措施
   B. 医院、商场、公交站等公共场所的导医、导乘等服务
   C. 电视、网站等大众媒体加配字幕、手语翻译
   D. 短信报警、闪光可视门铃等无障碍信息安保服务
   E. 图书馆、博物馆等文化场所的语音播报、放大显示器等信息无障碍服务系统

F. 其他

10.（多选题）您知道的无障碍设施有哪些？（　）

    A. 缘石坡道

    B. 盲道

    C. 无障碍厕所

    D. 坡道与梯道

    E. 盲文

    F. 公交车站等候区语音提示

    G. 盲人过街音响信号

    H. 无障碍过街天桥与地道

11. 日常生活中，您看到过残障人士在使用无障碍设施吗？（　）

    A. 经常见到

    B. 很少看到

    C. 从来没见过

12. 从数量上来看，您认为我市无障碍设施的建设情况如何？（　）

    A. 很好　　　　B. 一般

    C. 比较差　　　D. 不清楚

13. 我市无障碍设施是否能真正方便特定人群的出行、生活？（　）

    A. 是　　　　　B. 一般

    C. 否　　　　　D. 不清楚

14. 您会通过无障碍标识去寻找无障碍路线吗？（　）

    A. 会　　　　　B. 有时会

    C. 不会

15. 您觉得怎样查询无障碍设施，寻找无障碍出行路线最有效？（　）

    A. 电话求助

    B. 查询专业的无障碍网站

    C. 手机电子地图

    D. 先出门再找人询问

16.（多选题）您觉得的无障碍设施在哪些方面仍有不足？（　）

    A. 缺失或种类不齐全

    B. 数量不足

    C. 年久失修，无法使用

    D. 经常被占用妨碍

    E. 设置地点不合理

    F. 设计没有充分考虑到不同人群的使用特点

17.（多选题）您认为张家口的无障碍环境建设主要存在哪些问题？（　）

    A. 设施运行管理维护不够

    B. 社会重视程度不高

    C. 现有设施改造难度大

    D. 无障碍设施的设计不够人性化　E. 设施之间衔接不好

18.（多选题）您认为哪些因素制约了无障碍设施的改善？（　）

    A. 资金不足

    B. 使用率不足

    C. 重视程度不够

    D. 对现有设施进行改造难度大

19.（多选题）为更好地便利残疾人等弱势群体，您认为公共设施需要做何种改善？（　）

    A. 让现有公共设施能发挥作用，合理利用

    B. 条件许可时改造原有的公共设施

    C. 在修建时征求残疾人等弱势群体意见

    D. 设计时充分考虑各种人群的使用特点

20.（多选题）您认为，张家口市未来几年的无障碍环境建设应该重视哪些方面？（　）

    A. 让现有无障碍设施物尽其用

    B. 既有无障碍设施改造更加人性化

    C. 保障新项目无障碍环境建设到位

    D. 加大无障碍设施监管力度

21.（多选题）您认为，推动信息无障碍发展的关键在于？（　）

    A. 加快通信技术的研发进程，开发更具人性化和可操作性的应用系统

    B. 加强社会宣传，营造关爱特殊群体的舆论氛围

    C. 提供多样化的信息无障碍服务和多媒

体沟通方式

D. 在公共场所，电视、广播、网络等媒体推广信息无障碍的技术应用，提升残疾人的社会生活便利程度

22. 对加强无障碍设施建设和管理的建议？

6.1.4 新数据信息挖掘

随着信息技术的发展和对规划精准性、用户需求导向的要求日益增高，新数据开始越来越多地应用到规划建设的调研分析过程中。新数据作为大数据与开放数据的统称，具有精度高、覆盖广、更新快的特点，海量数据的背后包含着丰富的有关人群移动、行为与活动交流等方面的信息，契合新型城镇化时期受到高度重视的"以人为本""自上而下"等理念，成为提升城市规划科学化水平和实现公众参与的有力工具。

新数据比宏观普查数据的优点在于微观精细化、长于要素耦合和动态分析，比典型调研数据（如场地调研数据、问卷数据）的优点在于覆盖面广、获取成本低且对总体的监测准确，可以避免样本偶然性以及外推造成的误差放大的问题。当数据运用得当，建设方案往往更容易得到公众和政府的支持。无论是从信息通信技术角度（地理信息系统、开放数据、在线工具）还是社会角度（共同制图、知识共享、众包），实时模块和开放数据的创新强化了依据收集、风险防范和决策参与的能力。

城市环境无障碍规划建设中可能涉及的新数据类型如表6-1所示，其中：

兴趣点（POI）数据是当前已开展的无障碍环境规划建设研究中应用较多的一类新数据，其不仅可以提供城市各类设施点的名称、坐标等基础信息，还能提供评分、价格、评论、图片、营业时间等垂直行业信息和可信度等挖掘信息，借助POI数据的垂直行业信息和挖掘信息，可对城市设施的无障碍建设水平与使用者获取服务便利度做出更精细的评价。

交通大数据可用于准确捕获特定群体（如残疾人、老年人、孕妇等）的流向、活动联系强度、职住关系、通勤情况，从而刻画出某类无障碍设施服务对象的出行链，分析其日常访问的热点区域、对无障碍公共交通设施的依赖性、城市无障碍公共交通设施的负荷度等，进而指导无障碍环境优化提升的策略制定。

带位置信息的照片数据（如街景照片或社交网站定位照片）是另一种具有应用前景的新数据。由于无障碍设施建设通常尺度较小，对数据的精度要求较高，一般统计、普查数据类型无法满足该条件，故在实际工作中多采取实地调研、拍照的方式获取一手数据。但系统性评价是无障碍环境建设中的一个重要维度，而实地

城市环境无障碍规划建设中可能涉及的新数据类型 表6-1

大类	中类	小类
基本静态数据	地理空间数据	开源地图（OSM）数据
		兴趣点（POI）数据
	统计数据	各种基本的统计数据
专题静态数据	点评类数据	大众点评数据、马蜂窝数据等
	政府及科研机构开放的专题数据	统计年鉴等
动态数据	交通大数据	公交IC卡数据
		出租车GPS轨迹数据
		手机定位数据
		长途客流物流信息流数据
		互联网LBS数据
	基础设施大数据	—
	民生大数据	电商数据
		超市购物数据
		就医数据
	社会网络大数据	数字化社会媒体数据
		带位置信息的照片数据（如街景照片）

调研多以点面结合的方式，难以低成本、快速获取无障碍设施建设情况的高精度信息。在实地调研工作较繁重、有所遗漏或者不方便的情况下，通过人机交互的方式浏览街景图片或提取带地理坐标的社交网站照片，为系统地了解城市公共空间无障碍设施建设情况和功能完善程度提供了极大的便利，可通过深度学习算法定向提取照片信息中的无障碍设施物理特征、功能特征、界面特征、设计特征、使用特征，获取一手场地调研资料。

6.2 规划（规范）实施评估

规划（规范）实施评估是优化规划编制和实施机制的重要环节，是完善规划制度设计和全周期管理的重要内容。以往的无障碍建设开发模式多基于设计图纸进行无障碍审查，在建设竣工、管理运维等方面缺乏必要的质量把控，导致无障碍设施的实际服务效能多逊于预期，无障碍设施老旧缺损、闲置浪费等问题屡见不鲜。因而，当前越发强调无障碍规划建设中的"全周期管理"。

城市环境无障碍规划建设的规划（规范）实施评估可结合国土空间规划城市体检评估工作同步进行，按照"一年一体检、五年一评估"的方式，对城市无障碍环境规划建设的基本情况与实施效果定期进行分析和评价，使"规划—建设—管理—维护—评估监督"等工作形成全生命周期的闭环。

与无障碍城市环境直接相关的规划或规范包括：地方无障碍环境建设专项规划、地方无障碍环境建设导则、国家残疾人事业发展规划、国家无障碍设计规范、国家无障碍设施施工验收及维护规范等。

与无障碍城市环境间接相关的规划包括：本地区国民经济和社会发展总体规划、主体功能区规划、土地利用总体规划、城乡建设规划、生态环境保护规划、城市老龄化应对方案、重大赛事节事场馆及基础设施建设规划等相关资料，需分析、提炼其中与无障碍建设相关的规划内容。

城市环境无障碍规划建设的实施评估可对照以上两类规划（规范），从目标指标、空间布局、服务效能、运营管理情况等方面，对规划（规范）实施情况进行评估。规划一致性评估和效能评估是目前运用最为广泛的两种规划建设的有效性评估思路。一致性评估对标规划内容，评估规划结果与规划目标的一致性，具有简明、直接、易操作的特点，但对规划实施中的动态性和调整修订考虑不足；效能评估则侧重对规划实施的最终效果和实际影响进行评估。在实际工作中，二者可结合使用。

6.2.1 规划一致性评估

根据规划内容，将评价对象分为出行无障碍、休闲无障碍、交往无障碍、居住无障碍四项，相应构建涵盖无障碍路径通达性、配套设施健全度、功能空间包容性、导视系统清晰度等四个方面的评价指标体系，同时也可以根据实际情况增设科技创新、美学设计两项加分项（表6-2～表6-5）。

评价指标分为控制项与评分项两类。控制项的评定结果为满足或不满足，为参照国家标准强制性条文和无障碍专项规划要求制定。评分项则对该无障碍建设的质量进行量化评价，评定结果为分值。综合考虑控制项与评分项的得分，可将无障碍规划（规范）实施情况进行分级评定，分为：（1）基本标准级（Ⅰ级），满足所有控制项要求；（2）品质良好级（Ⅱ级），满足所有控制项要求，且评分项总得分高于60分；（3）品质优良级（Ⅲ级），满足所有控制项要求，且评分项总得分高于80分。

出行无障碍规划一致性评估　表6-2

基本维度	评分内容	分项分值
无障碍路径通达性	建筑出入口与城市道路的衔接	10
无障碍路径通达性	行进道路	10
无障碍路径通达性	平面过街	10
无障碍路径通达性	立体过街	15
配套设施健全度	无障碍停车位	5
配套设施健全度	无障碍公共卫生间	5
配套设施健全度	公交站点	10
功能空间包容性	绿带	10
功能空间包容性	交通广场	10
导视系统清晰度	视觉导览和指示系统	5
导视系统清晰度	听觉提示系统	5
导视系统清晰度	智能信息系统	5
科技创新	—	10
美学设计	—	10

居住无障碍规划一致性评估　表6-4

基本维度	评分内容	分项分值
无障碍路径通达性	道路出入口	10
无障碍路径通达性	居住区内道路	10
无障碍路径通达性	活动场所	10
配套设施健全度	无障碍停车位	10
功能空间包容性	建筑出入口	15
功能空间包容性	走廊过道	10
功能空间包容性	垂直交通	10
功能空间包容性	主要功能空间	10
导视系统清晰度	视觉导览和指示系统	5
导视系统清晰度	听觉提示系统	5
导视系统清晰度	智能信息系统	5
科技创新	—	10
美学设计	—	10

休闲无障碍规划一致性评估　表6-3

基本维度	评分内容	分项分值
无障碍路径通达性	道路出入口	10
无障碍路径通达性	游览路径	10
无障碍路径通达性	游憩区域	15
配套设施健全度	无障碍停车位	10
配套设施健全度	公共卫生间	10
配套设施健全度	低位饮水台、座椅等	10
功能空间包容性	售票处	10
功能空间包容性	餐厅、小卖部等	10
导视系统清晰度	视觉导览和指示系统	5
导视系统清晰度	听觉提示系统	5
导视系统清晰度	智能信息系统	5
科技创新	—	10
美学设计	—	10

交往无障碍规划一致性评估　表6-5

基本维度	评分内容	分项分值
无障碍路径通达性	道路出入口	10
无障碍路径通达性	户外场地道路	10
配套设施健全度	无障碍停车位	10
配套设施健全度	其他无障碍服务设施	5
功能空间包容性	建筑出入口	15
功能空间包容性	走廊过道	15
功能空间包容性	垂直交通	10
功能空间包容性	室内门洞门体	10
功能空间包容性	卫生间	5
导视系统清晰度	视觉导览和指示系统	5
导视系统清晰度	听觉提示系统	5
导视系统清晰度	智能信息系统	5
科技创新	—	10
美学设计	—	10

专栏6-5 » 肇庆市无障碍设施建设情况评价方法

肇庆市无障碍设施的考察采取了实地调研和问卷访谈等方式,引入"建设率"和"评价得分"为评价指标(图6-2)。其中,"建设率"=已有的无障碍设施类型数/应有的无障碍设施类型数,该指标关注无障碍设施的完善程度;"评价得分"的评分内容依据《无障碍设计规范》(GB 50763—2012),对各场所类型无障碍评分项考核表进行汇总,该指标关注无障碍设施的达标程度。

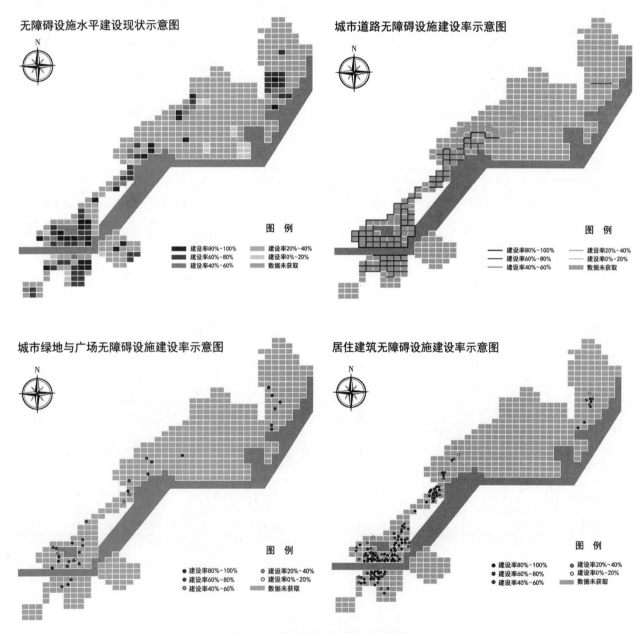

图6-2 无障碍设施建设情况评价图

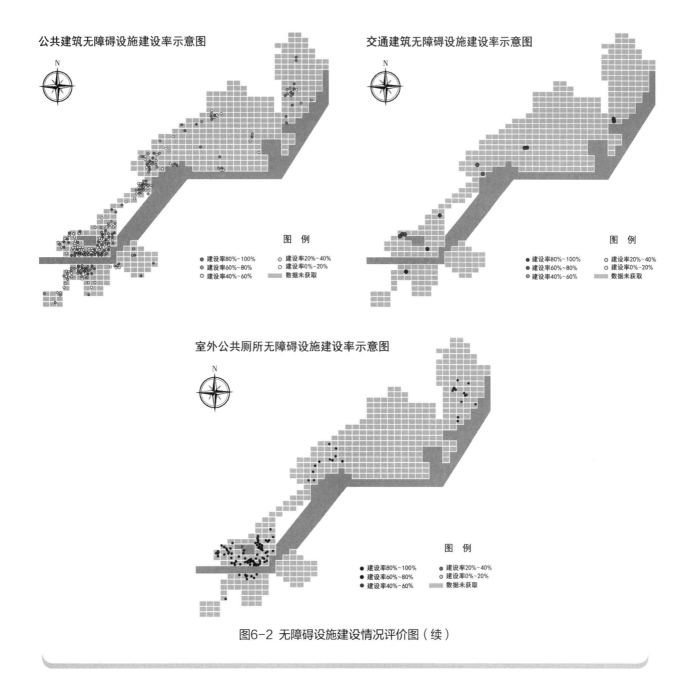

图6-2 无障碍设施建设情况评价图（续）

6.2.2 建设效能评估

在监测和评估城市规划措施时，以一定的标准作为参考来衡量目标是否实现非常重要。这个监测和评估的过程也称"成果管理"。它以衡量能力障碍者福祉要素的投入、活动、产出、成果和影响的成果链为基础。它可用于评估规划建设对能力障碍者影响的有效性。某些指标的收集可能会比较困难，可以把重点放在与能力障碍者和社区的协作，或借助于新数据和信息通信技术平台进行数据收集。建设效能评估的指标也称为关键绩效指标，通常用于空间规划、土地利用和发展规划评估。关键绩效指标可用于不同的尺度：项目、社区、城市。如果应用在城市尺度，应避免使用平均值，需注意研究城市内部的差异。

以下四类指标可用于能力障碍者友好型城市规划建设的效能评估：

实物和数量相关的指标，用以衡量数量特征，收集关于与能力障碍者友好空间和基础设施（如覆盖率、空间分布、物理邻近度）的信息。

例如无障碍可步行指数指标，可以对街道上包括商店、场馆、学校等在内的各类无障碍设施POI进行分类梳理和分析，进一步针对其能够保障能力障碍者出行的可能性进行评级和赋分，得到无障碍可步行指数。

功能和质量相关的指标，用以衡量质量和功能特征，如能力障碍者对场所的有效使用、无障碍设施的实用度、不同时间（白天、夜间、工作日与周末）的活动类型。这些指标提供了数量以外的信息，能揭示无障碍空间或基础设施何时无法使用，何时对能力障碍者和其社区来说过于昂贵或者不适用。获取功能或质量指标可采取热点分析的方法，将评价结果分为功能过载优化区、功能高效利用区、功能存量提升区。

影响力相关的指标，用以衡量干预措施在一段时间内对能力障碍者利益的影响，这类指标为营造能力障碍者友好型城市环境的重要性提供了依据。例如，可以用GPS追踪调查等方法，观测不同类别的能力障碍者在通行、居住、交往、休闲几类场景中遇到障碍点的频次和耽误的时间，通过影响力相关指标的分析，可以找到城市无障碍环境系统优化的关键通道和关键障碍点（障碍可以是器物障碍，也可以是制度障碍等）。

过程相关的指标，用以衡量政策的执行情况以及责任相关方，特别是公共部门，为履行其能力障碍者友好型城市规划相关责任而开展活动的程度。为了真正对能力障碍者友好型城市规划建设的效果与质量进行控制，必须对其执行过程评价有明确的范式和清晰的指标：例如无障碍规划建设工作的部门责任清单制度是否完善以及政府主动为无障碍设施投入的财政预算比例是否充足等。

6.3 服务群体需求特征分析

6.3.1 宏观：服务群体的空间分布

在"人本主义"规划研究的视角下，空间规划正回归其公共政策属性。研究对象从无差别的人转向有主体性的人，从设施环境转向场所环境，从独立于人的物质环境转向由人的社会活动重塑过的综合环境。精准化、差异化、公平高质量的公共服务与生活环境供给成为新时代规划的重要议题。

但目前城市规划建设中，主要公共服务和基础设施供给仍沿用"均质化""底线保障型"的思路，其具有易于分解、传导、管控的特征，但往往抹杀了服务对象个性化、差异化的需求，无法满足当前精细化、高品质的社会公共服务供给要求。由于能力障碍者类型众多，其生活质量受无障碍设施供给情况的影响较大，因而在进行空间规划与建设前，针对无障碍设施的潜在服务群体需求特征进行分析，是确保无障碍设施精细化空间布局与高效供给的重要基础工作。

服务群体的空间分布是进行无障碍设施空间布局优化的重要依据。可通过传统数据与新数据相结合的方式，对规划区或无障碍更新改造单元的人口及居住情况进行分析，具体分析内容包括：现状人口规模、人口结构（包括户籍结构、性别结构、年龄结构、老年人及有障碍人士比例）、人口分布（尤其关注能力障碍者的空间分布）、人口密度以及居住结构（具体包括各类居住用地居住人口，商务公寓、商住混合用地居住人口以及产业用地配套宿舍人口）。

例如，肇庆市根据残疾人联合会提供的残疾人口数据，统计得到全市残疾人口总量为24.6万人，占全市常住人口比例的5.88%。在残疾人口中，一级残疾人口占9.31%，二级残疾人口占32.86%，三级残疾人口占25.91%，四级残疾人口占31.92%。进而，肇庆市对中心城区各区街道、镇的户籍人口、户籍残疾人口、户籍60岁以上人口、常住人口、常住残疾人口、常住60岁以上人口，提取其空间分布特征，与现状设施的建设水平叠加分析，得到需求最高最需加强保障的区域（图6-3）。

肇庆市在分布服务群体空间分布时主要采用

图6-3 无障碍环境建设的叠加分析示意图

传统统计数据，而张家口市在无障碍环境规划建设中，以精准性和用户需求为中心原则，将大数据分析和公众参与的方法相结合，为构建"全民友好"的无障碍空间体系提供有力辅助。规划通过大数据和权重分析，对14万残疾人、涉奥设施、POI大众集聚空间进行叠加，获取无障碍需求空间分布（图6-4～图6-8）。

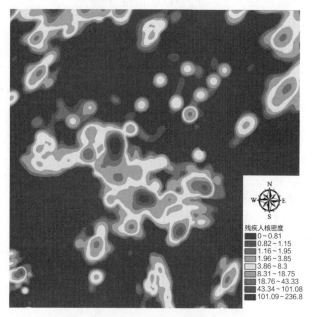

图6-4 残疾人核密度

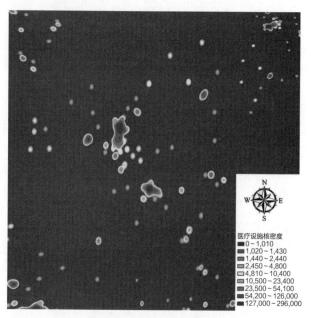

图6-5 医疗设施核密度

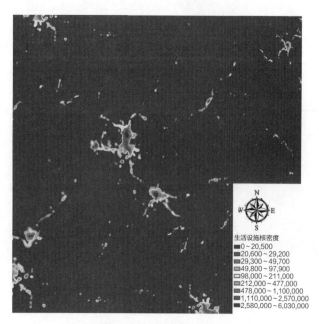

图6-6 生活设施核密度

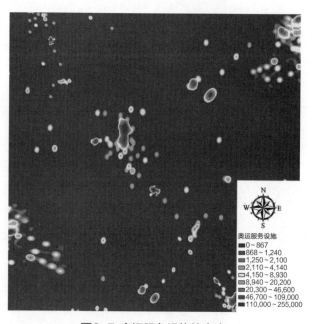

图6-7 奥运服务设施核密度

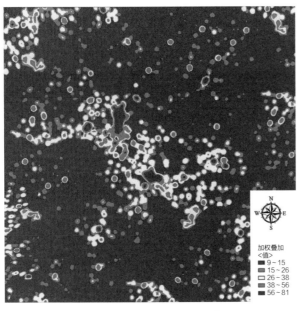

图6-8 无障碍空间需求分布

6.3.2 微观：服务群体的需求分析

为使无障碍设施服务供给更高质、更精准，在对服务群体的空间分布特征进行宏观分析的基础上，还需在微观尺度上，从服务群体（能力障碍者）平等、有尊严地全面参与城市社会生活的角度，进行具体分析。

马斯洛需求层次理论认为，人的需求可以从低到高分为五种，分别是生理需求、安全需求、社交需求、尊重需求和自我实现需求（图6-9）。城市环境无障碍建设的理念演进体现了从对能力障碍人士低层次需求向高层次需求逐步关注的过程，在医疗模式阶段主要满足能力障碍人士的生理需求和安全需求，在社会模式阶段进一步满足社交需求，在权利模式阶段则开始注重尊重需求和自我实现需求。将马斯洛五种需求层次贯穿于城市环境无障碍建设的四大系统，得到城市环境无障碍中的服务群体需求矩阵，能力障碍者在参与城市社会生活过程中的具体需求都可在此分析框架中体现（图6-10）。

出行链分析是准确捕捉能力障碍者具体需求的实用分析工具。每一次出行都是一个过程，并且应该是一个完整的、连续不间断的过程。无障碍设施是消解能力障碍群体出行过程中各种障碍的有效手段。残疾人的出行过程与健全人相仿，甚至完全相同。但是使用经验表明，只有当无障碍设施形成一个贯通的网络化空间布局时，才能有效地为残疾人的出行过程服务。因为出行过程中的任何一个隔断，在残疾人看来，都很可能是无法逾越的障碍。

不同类型的残疾人对出行全过程都存在不同

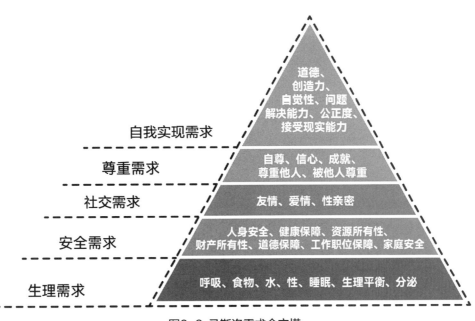

图6-9 马斯洛需求金字塔

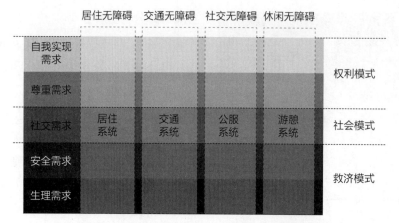

图6-10 城市环境无障碍中的服务群体需求矩阵

的需求，不同类型的无障碍设施往往又只是服务于出行过程中的某些特定环节。为建立起一条能够连接无障碍设施供求关系的纽带，以Frye在1996年提出"无障碍出行链"概念为基础，城市环境无障碍建设中的各类型无障碍设施的供给和使用者的需求都可归纳到这条"出行链"上（图6-11）。

面向能力障碍者的交互式无障碍设施需求地图也是分析能力障碍者具体需求的实用分析工具。传统的规划编制流程的公众参与机会几乎集中于规划编制前问卷调研和编制后的公示阶段，公众参与的渠道与方式十分有限，规划的编制过程基本属于规划业内人员的精英决策，而新数据的环境为规划的编制、导则的生成提供了一个可全程开放的信息平台，减少规划编制过程中的信息不对称，使相关利益群体在各个环节均可参与交互。当前，交互式地图已经被越发广泛地应用于参与式规划编制工作中。一方面，交互式

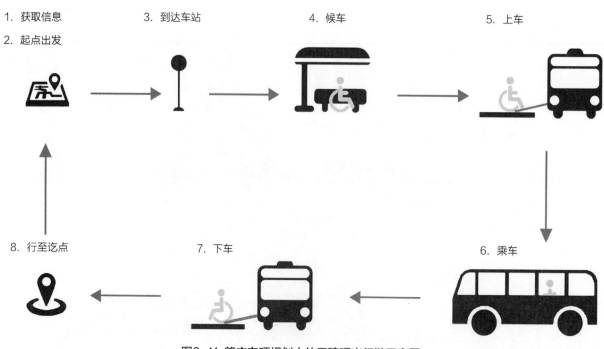

图6-11 肇庆专项规划中的无障碍出行链示意图

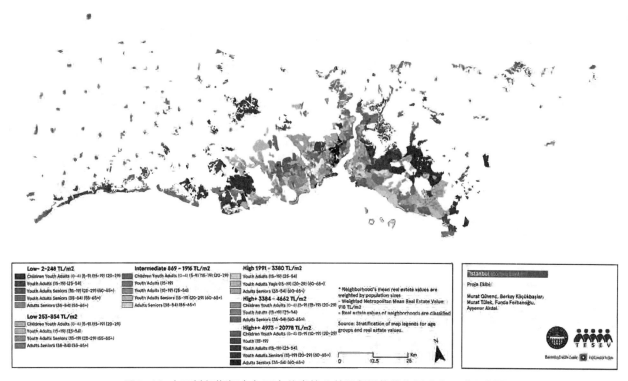

图6-12 土耳其伊斯坦布尔面向儿童的公共服务设施优先需求交互式示意图

地图是海量用户需求信息的载体，数据支持研究具有客观性和透明度，可以确定最弱势的能力障碍者生活在何处、需要何种支持；另一方面，交互式地图也是多主体协同参与规划的良好平台，其通过地图和数据可视化工具鼓励各利益相关者合作，支持以地域为基础的政策制定（图6-12）。

6.3.3 面向未来：趋势预测与需求空间模拟

（1）人群结构与增长变动预测

老龄化、少子化人口自然变动。我国人口总量趋稳，进入结构深度调整、区域联动强化的新时代。根据第七次人口普查数据，我国60岁及以上人口占总人口的比例达到18.7%，规模增至2.6亿人，较2010年第六次人口普查的1.8亿增长0.8亿，全国总人口将在2030年以前达到峰值。2035年，我国65岁以上老年人口规模将接近3亿人，占总人口约20%；平均家庭人口规模下降，60%以上的家庭只有1~2人。不断加速的老龄化意味着无障碍设施空间需求的刚性增长，以及城市公共空间和社区空间的适老化改造需求；家庭结构的小型化和多样化需要居住空间供给的结构转变和模式创新，小户型、公寓化的住宅需求将大幅增长。

城镇化布局调整引起的人口迁移。迁移流动主导的人口再分布将在全国层面展开，城市群地区的空间需求也将出现增减分化，空间资源的跨区域调配需求将不断增强；都市圈人口经济承载能力的提升，需要设施空间的优先供给；资源枯竭地区、偏远地区等收缩型城镇将不断出现，都市圈周边部分城镇也存在人口减少的可能；城乡人口互动加强，常住人口城镇化率提高的趋势仍将继续。人口再分布的态势，将对空间资源配置提出差异化的需求。规划中应致力于满足各类人群，尤其是能力障碍者的空间新需求，探索"行有所便""住有宜居""业有所成""弱有所扶""老有所养"的多元路径，增加通用无障碍公共设施和服务空间的供给，构筑分级分类的无障碍城乡社区生活圈，提升空间品质。

重大项目建设或重大活动引起的短时需求。成功举办奥运会、残奥会、世博会、亚运会、亚残运会、全国残运会等国内外重大活动，对于城市各比赛场馆、展馆机场铁路、公交、轨道交通、出租车等城市交通设施、城市道路、饭店、商场、医院、银行、旅游景点、社区等公共服务设施无障碍建设有着系统要求。实践证明，举办奥运会等重大国内外活动，对于提升城市无障碍环境建设水平具有重要意义。在2004年希腊雅典奥运会、残奥会上，当残疾人乘坐安装的无障碍电梯登上世界文明奇迹——雅典卫城时，当雅典奥组委主席安杰洛普洛斯夫人表示奥运会、残奥会留给希腊的遗产之一是"雅典成为一个基本无障碍的城市"时，全世界都为之震撼。2008年北京残奥会被国际残奥委会主席克雷文称赞为"有史以来最伟大的残奥会"，长城、故宫等景点的游览参观实现了全方位的无障碍，全市进行的无障碍设施改造多达1.4万处，相当于申奥前20年的总和。

（2）未来需求的空间模拟

基于ABM技术的多智体模型是微观尺度进行特定群体空间行为与空间需求模拟的良好工具。新城市科学认为，利用高流量、高精度的聚焦于人类时空间社会行为的"大数据"获得对城市系统动态运行规律更好的理解，基于人类微观个体社会活动的网络与流动性视角是新城市科学区别于"老"城市科学的重要特征。尼尔·林奇提出"集群城市主义"的概念，认为城市模拟的计算方法本身必须遵循"集群智慧"的逻辑，建构由智能主体构成的多主体系统。基于ABM技术的多智体模型就是对"集群城市主义"思路的有效回应。其关注特定主体的行为逻辑与城市系统的交互作用，通过模拟可移动的决策主体Agent在不同城市用地布局方案下的自主选择与空间移动过程，在城市系统与人类行为动态交互下更为精确地刻画规划布局方案可能对地区居民带来的长期性影响，从而弥补了基于GIS在当前状态下进行静态分析的不足。

在多智体模型中，首先分析能力障碍者智能体在当前无障碍用地布局方案下的公共与商业服务供需匹配分析，在供需差异的动力下推演各类型能力障碍者智能体对居住区位、就业区位、获取公共服务的区位和获取商业服务的区位进行的重新选择，在确定能力障碍者智能体重分布格局的基础上进行多智体优化路径分析，在新的路径网络下计算出行距离和出行行为频率，并进一步推算能力障碍者个体的生活成本与受益变动情况，计算结果可反馈调整智能体的出行链选择。通过均衡状态下的各能力障碍者智能体出行链的集成分析，可对无障碍设施未来的空间需求进行模拟（图6-13）。

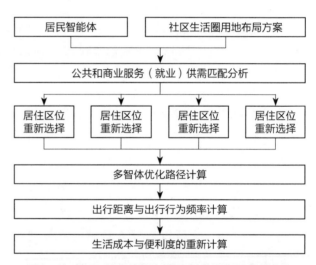

图6-13 基于ABM的能力障碍者群体空间需求模拟

进行准确空间需求模拟的基础是能力障碍者群体相关数据的精确性和系统性。在实际工作中，可采取传统数据与新数据汇交使用的方式。具体而言，首先以社区为基础的国土空间调查统计圈，统一人口统计、地籍调查、国土调查、农业普查、经济普查等工作的空间边界。基于国土空间基础调查统计圈，在基础设施与公共服务设施上进行物联网感知设备布局，如社区服务终端、家居感知设备、移动终端、管线监控设备等；在此基础上对移动通信网、互联网、广播电视网、物联网获取的数据进行多网融合和标准化处理；进而，对多源新数据和传统统计数据进行汇交互核，反演多源新数据属性信息，并基于多源新数据推演细化宏观统计数据的空间分布。在传统数据与新数据汇交的基础上，建立分圈层流动监测平台，作为规划方案商讨和公众参与的有效依据（图6-14）。

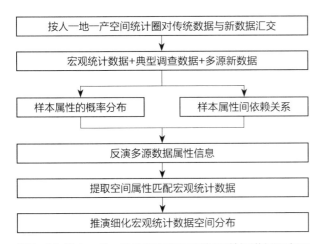

图6-14 按人—地—产空间统计圈对新旧数据进行汇交互核的技术思路

7 城市无障碍环境规划要求

7.1 规划目标与指标体系

7.1.1 分析政策定位

城市无障碍环境规划目标的制定需基于对宏观政策定位、区域发展目标、城市发展目标的分析。

例如，深圳罗湖区无障碍环境规划结合罗湖区地处深圳市东进战略发展要地以及粤港澳大湾区核心圈层的宏观政策定位，提出建设无障碍城区应对标欧洲、美国、日本、中国香港和中国澳门等国家和地区的先进无障碍体系，力争在规划年限内建设成为国内一流，甚至领跑国际的无障碍城区。结合罗湖区作为深圳市创建无障碍城市的先行区与主中心的定位，提出应当强化引领示范作用，力争辐射带动珠江三角洲地区的无障碍格局建构。

7.1.2 确定规划目标

通过资料分析法、现场调研、召开部门座谈会、领导访谈以及专家访谈等方式，结合城市的综合定位和发展愿景，确定无障碍城市的规划目标。

确定规划目标时，具体需要分析的内容包括：（1）战略定位。分析城市发展规划，明确城市未来发展定位和目标，形成制定无障碍城市发展目标的依据；（2）无障碍愿景。分析城市自身对本地区开展无障碍建设有哪些设想，重点解决哪些问题，明确无障碍城市建设的整体目标；（3）发展形势。从国家战略、区域发展环境、居民美好生活的需要、技术和产业发展趋势等方面分析城市无障碍环境建设过程中面临的机遇和要求；（4）面临挑战。从宏观环境、城市治理模式、科技发展创新、人口迁徙、公共安全、生态宜居等方面分析城市无障碍过程中面临的外部环境要求。

无障碍建设的规划目标包括总体目标、阶段性目标、各分领域的特征性目标等。例如《肇庆市无障碍环境建设与改造规划（2020—2025）》中提出规划的总体目标与阶段性目标，罗湖区城区无障碍规划建设中则着重分领域详细提出各领域的规划目标。

专栏7-1 » 肇庆市无障碍环境建设的规划目标

总体目标：

（1）完善无障碍设施建设，实现公共服务领域无障碍设施服务的全覆盖；

（2）建设文明和谐社区，实现城市社区无障碍设施服务的全覆盖；

（3）重点关注残疾人、老年人等社会特殊群体，推进无障碍设施进入家庭；

（4）结合新农村建设，推进农村无障碍设施发展；

（5）依托数字化城市管理，完善无障碍设施管理的常态长效机制；

（6）促进普遍服务，优化全社会的无障碍环境，惠及大众利益。

近期目标（2020～2021年）：

（1）落实各级政府和各部门分工，推动各行业企业积极参与，充分发挥残联等社会组织的纽带作用，以村和社区作为基本单元，充分体现全体公民的主人翁地位，形成社会各方力量共同参与的格局；

（2）基本落实和完成无障碍城乡任务总体框架；

（3）全面提升铁路、公路、邮政、城市客运、水运等专项设施领域的无障碍建设水平；

（4）推动人工智能进入无障碍设施建设和服务领域，向障碍人群优先提供智能化服务产品；

（5）持续推出和不断完善无障碍政策，重点保障教育、交通、食品药品、金融、旅游、信息网络、紧急避险和应急疏散等领域；

（6）形成无障碍文化建设的基本格局。

中远期目标（2022~2025年）：

（1）基本建成城乡无障碍环境；

（2）信息无障碍目标基本实现，无障碍公共服务实现共享可达、一体化、系统性和便利化；

（3）实现物联网、智能终端设备及应用软件无障碍功能的普遍推广；

（4）推动形成全社会无障碍文明规范，使其成为全社会的自觉行为。

专栏7-2 » 罗湖区无障碍环境建设的规划目标

类型	具体目标
	总体目标
	在城区服务于人的可得性、便利性、可供性、支持性、平等性及安全性基础上，全方位、系统化落实人文关怀，体现罗湖与深圳本土特色，接轨国内外先进体系，最终实现理念、制度、器物三维共建，全体居民享有城区生活、城区出行与信息交流无障碍的综合城区格局
	分项目标
培育城区无障碍理念	罗湖区无障碍城区建设应重视"平等包容"无障碍理念文化的培育，通过多种形式的宣传推广与教育培训工作，逐步营造"无障碍建设惠及人人，人人参与无障碍建设"的城区无障碍氛围，逐步形成城区文明规则，逐步实现障碍群体的平等、自由与赋能，最终为城区无障碍制度与设施建设提供理念基石与精神支撑，促进无障碍三维共建格局的确立

续表

类型	具体目标
	分项目标
完善城区无障碍制度	罗湖区无障碍城区建设应重视无障碍政策制度的制定与落实，完善无障碍建设的相关政策以及标准；在社会政策方面，重点完善公共服务政策、福利保障政策以及康复辅助器具的产业发展政策；在建设制度方面，健全无障碍建设的工作机制，将无障碍专项规划纳入顶层设计框架，深化无障碍施工图审查制度改革，建立完善的无障碍竣工验收制度，加大无障碍设施日常维护与管理，形成无障碍城区督导制度；在公共服务方面，推进国家机关事业单位和公共事业经营单位的无障碍服务工作，提升金融、邮政、餐饮、酒店、商场、文体场所、旅游景区等机构的无障碍服务水平；在保障机制方面，建立无障碍绩效考核机制、经费管理机制、投诉机制、奖惩机制等，为城区无障碍理念与设施建设提供政策保障
实现城区生活无障碍	罗湖区无障碍设施建设应实现无障碍城区生活，从居家生活、社区生活与公共服务三方面优化城区无障碍环境。在居家生活方面，实现残障人士既有无障碍与新建保障房的无障碍化；在社区生活方面，实现公共空间的无障碍化，使障碍人士平等、自由地融入社区；在公共服务方面，重点提升政府对外办事大厅、医疗机构、文体场馆、学校、银行、邮政、口岸建筑的无障碍建设水平，提升各类障碍人士的公共服务体验
实现城区出行无障碍	罗湖区无障碍设施建设应实现无障碍城区出行，即以城区各级道路无障碍建设为基本脉络，体系化串联城区范围内的慢行系统、轨交系统、公交系统、停车系统以及公共交通枢纽，形成多层次、立体化的无障碍公共交通系统，有效衔接居住区、公共建筑、公园绿地、城市广场、公共卫生间等关键功能节点，满足城区内外各类对无障碍有需求人群的城区出行需求，并实现与城际、省际乃至国际公共交通体系的接驳
实现信息交流无障碍	在信息化建设规划中充分考虑无障碍信息交流，使城区全体居民都能平等地、方便地、无障碍地获取和利用信息。确立罗湖区城市信息无障碍建设的基本原则，明确城市信息无障碍公共服务的指导性要求，以充分满足残疾人、老年人、儿童参与社会活动为目标，推进城区无障碍建设，改善城区无障碍设施环境，普及信息无障碍产品应用，打造信息无障碍建设的"罗湖模式"

7.1.3 制定发展战略

发展战略制定应满足综合性、可执行性、制度化。其中：

综合性的发展战略：应从能力障碍者友好的视角出发，综合考虑能力障碍者所需的所有城市系统（如住房、水、卫生设施、交通、绿化、公共空间、食物），制定系统性的建设，支持和协调发展策略。

可执行性的发展战略：应从能力障碍者友好的角度进行成本效益分析，为城市无障碍环境建设确定所有可能的预算资源，并预估投资投入。强调全市范围的协作以增强对城市无障碍环境建设的支持（包括机构内部协作、公共用地开发、存量土地增值、财政预算和金融监管协调工具）。

制度化的发展战略：通过明确处理空间公平问题，确保各层级机构的协作机制化、模块化和灵活化，强调能力障碍者权利承担者的职责和义务（国家、监护人、照料人）。

例如，罗湖区在城区无障碍发展规划中，制定了综合性的发展战略，立足无障碍城市格局，基于城区整体规划现状及其无障碍建设特征调研，从理念、制度与设施三维共建维度切入建立系统性规划体系，实现对三维内容核心要素的有效把控与系统整合。为保障战略的可执行性和可制度化，其因循"了解现状—提取问题—明确思路—形成目标—制定策略—规划方案—控制要素—保障监督"路径逐层深入，制定切实可行的实施计划与保障措施，促进城区无障碍建设水平的全面提升，以支撑深圳市无障碍城市建设目标。

7.1.4 设计指标体系

（1）空间规划指标体系

城市无障碍环境空间规划指标体系参考《市级国土空间总体规划编制指南（试行）》制定。该指标体系可与国土空间总体规划、城市体检评估等内容有效衔接。

指标分为三个维度。系统性指标主要考察无障碍公共设施的覆盖程度，重点保障城市无障碍环境规划建设的体系性与完整性，使系统功能得以正常发挥；服务能力指标主要考察医疗、教育、社会福利、养老等重点领域无障碍设施的总体服务能力，重点保障城市无障碍环境规划建设针对目标群体的有效、充分供给；公平可及指标主要考察无障碍设施在空间布局上的均衡性、公平性和效率性，重点保障城市无障碍环境规划建设的成效（表7-1）。

城市无障碍环境空间规划指标体系 表7-1

类型	指标名称	性质
系统性	具备无障碍通行条件的人行道路网密度（km/km²）	约束性
	具备无障碍通行条件的非机动车道路网密度（km/km²）	约束性
	无障碍城市公交站点比率（%）	约束性
	无障碍城市公交工具比率（%）	预期性
	无障碍城市公园绿地、广场比率（%）	预期性
	公共场所无障碍标识设置比率（%）	预期性
	公共场所无障碍应急系统设置比率（%）	预期性
	公共场所无障碍辅助设施设置比率（语音和文字提示、手语服务、盲文服务）（%）	预期性
	无障碍城市公共建筑比率（%）	约束性
服务能力	每千名老年人养老床位数（张）	约束性
	人均适老化住房面积（m²）	预期性
	每千名残疾人特教学校数（所）	约束性
	每千名残疾人集中就业单位数（所）	约束性
	每千名残疾人康复中心数（所）	约束性
	每千名残疾人综合服务设施数（所）	约束性
	每千名残疾人福利机构数（所）	约束性
	每千人口医疗卫生机构床位数（张）	约束性
	每千人口儿童福利机构数（个）	约束性
公平可及	无障碍交通出行比例（%）	建议性
	残疾人日均通勤时间（min）	建议性
	公共场所母婴室、无障碍卫生间、无障碍停车位步行15分钟覆盖率（%）	预期性
	无障碍公园绿地、广场步行5分钟覆盖率（%）	预期性
	无障碍社区公共服务设施步行15分钟覆盖率（%）	预期性
	无障碍城市公共建筑出行15分钟覆盖率（%）	预期性

（2）建设专项指标体系

在空间总体规划指标体系的基础上，参考《无障碍环境创建工作检查表（市、县、镇）》《无障碍环境创建工作检查表（乡、村）》，具体提出城市、乡村的城市无障碍环境建设专项指标体系（表7-2、表7-3）。该指标体系可与相关专项规划、详细规划、专项检查等内容有效衔接。

城市的地区城市无障碍环境建设专项工作指标体系 表7-2

类型	项目	指标	备注（需分项统计的项目）
交通系统	缘石坡道	新建、扩建、改建道路的出入口、人行路口及人行横道缘石坡道的设置率（%）	
		人行道及人行横道路口坡化改造率（%）	
	盲道	新建、扩建、改建主要商业街、步行街等的人行道，视觉障碍者集中区域周边道路、坡道上下坡边缘处的盲道覆盖率（%）	
		道路周边场所、建筑等出入口提示盲道与道路盲道的衔接率（%）	
	人行过街设施	扩建、改建城市中心区，视觉障碍者集中区域人行横道过街音响的设置率（%）	
		新建、扩建、改建道路人行横道安全岛轮椅通行率（%）	
		新建、扩建、改建主要道路人行天桥和人行地道梯道、轮椅坡道或无障碍电梯的设置率（%）	
		既有城市中心区及视觉障碍者集中区域人行横道过街音响增设率（%）	
		既有人行横道的安全岛轮椅通行率（%）	
		既有主要道路的人行天桥和人行地道有无根据需要增设梯道、轮椅坡道或无障碍电梯设置率（%）	
	公共交通设施	新建公共交通设施（含扩建、改建）设置无障碍设施项目的数量、占比（%）	
		完成或纳入无障碍改造计划的既有公共交通设施占比（%）	
		完成或纳入无障碍改造计划的既有公共交通工具占比（%）	
	公共停车场	新建、扩建和改建公共停车场（库）设置无障碍设施项目的数量、占比（%）	
		完成或纳入无障碍改造计划的既有公共停车场占比（%）	
	汽车加油加气站	新建、扩建和改建项目中设置无障碍设施项目的数量、占比（%）	
		完成或纳入无障碍改造计划的既有项目占比（%）	
	高速公路服务区	新建、扩建和改建项目中设置无障碍设施项目的数量、占比（%）	
		完成或纳入无障碍改造计划的既有项目占比（%）	
公共建筑	办公科研司法建筑	新建、扩建和改建项目中设置无障碍设施项目的数量、占比（%）	
		完成或纳入无障碍改造计划的既有建筑占比（%）	政府办公建筑
	教育建筑	新建、扩建和改建项目中设置无障碍设施项目的数量、占比（%）	
		完成或纳入无障碍改造计划的既有建筑占比（%）	学校、托育建筑
	医疗康复建筑	新建、扩建和改建项目中设置无障碍设施项目的数量、占比（%）	
		完成或纳入无障碍改造计划的既有建筑占比（%）	综合（专科）医院

续表

类型	项目	指标	备注（需分项统计的项目）
公共建筑	体育建筑	新建、扩建和改建项目中设置无障碍设施项目的数量、占比（%）	
		完成或纳入无障碍改造计划的既有建筑占比（%）	体育场馆
	文化建筑	新建、扩建和改建项目中设置无障碍设施项目的数量、占比（%）	
		完成或纳入无障碍改造计划的既有建筑占比（%）	文化馆、图书馆、科技馆、展览馆、博物馆、纪念馆、影剧院、音乐厅
	商业服务建筑	新建、扩建和改建项目中设置无障碍设施项目的数量、占比（%）	
		完成或纳入无障碍改造计划的既有建筑占比（%）	大中型商场、饭店、宾馆、邮政、电信、银行
	福利及特殊服务建筑	新建、扩建和改建项目中设置无障碍设施项目的数量、占比（%）	
		完成或纳入无障碍改造计划的既有建筑数量、占比（%）	包括特教学校、残疾人集中就业单位、康复中心、残疾人综合服务设施、残疾人福利机构、儿童福利机构、养老机构和养老服务设施
游憩系统	城市广场	新建、扩建和改建项目中设置无障碍设施项目数量、占比（%）	
		完成或纳入无障碍改造计划的既有广场占比（%）	
	城市绿地	新建、扩建和改建项目中设置无障碍设施项目数量、占比（%）	
		完成或纳入无障碍改造计划的既有绿地占比（%）	
	室外公共厕所	新建、扩建和改建项目中设置无障碍设施项目数量、占比（%）	
		完成或纳入无障碍改造计划的既有室外公厕占比（%）	
居住系统	居住区	新建、扩建和改建项目中设置无障碍设施项目的数量、占比（%）	
		完成或纳入无障碍改造计划的既有居住区占比（%）	
	家庭	贫困重度残疾人家庭无障碍改造户数，占全部残疾人家庭比例（%）	
		老年人家庭无障碍改造户数（户）	
信息系统	—	公共场所无障碍标识系统覆盖率（%）	
		公共场所无障碍应急系统设置率（%）	
		公共场所无障碍辅助设施设置率（语音和文字提示、手语服务、盲文服务）（%）	

乡村地区城市无障碍环境建设专项规划指标体系 表7-3

类型	项目	指标	备注（需分项统计的项目）
出行无障碍	缘石坡道	新建、扩建、改建道路的出入口、人行路口及人行横道缘石坡道的设置率（%）	
		人行道及人行横道路口坡化改造率（%）	
	盲道	新建、扩建、改建主要商业街、步行街等的人行道，视觉障碍者集中区域周边道路、坡道上下坡边缘处的盲道覆盖率（%）	
		道路周边场所、建筑等出入口提示盲道与道路盲道的衔接率（%）	
	其他设施	支路和巷路进出畅通率（%）	
		路面硬化率（%）	
	公共交通设施	新建公共交通设施（含扩建、改建）中设置无障碍设施项目数量、占比（%）	
		完成或纳入无障碍改造计划的既有公共交通设施占比（%）	

续表

类型	项目	指标	备注（需分项统计的项目）
交往无障碍	社区综合服务中心	新建、扩建和改建项目中设置无障碍设施项目的数量、占比（%）	
		完成或纳入无障碍改造计划的既有建筑占比（%）	
	学校、托儿所、幼儿园	新建、扩建和改建项目中设置无障碍设施项目的数量、占比（%）	分项统计
		完成或纳入无障碍改造计划的既有建筑占比（%）	
	卫生院（所、室）	新建、扩建和改建项目中设置无障碍设施项目的数量、占比（%）	
		完成或纳入无障碍改造计划的既有建筑占比（%）	
	文体活动中心	新建、扩建和改建项目中设置无障碍设施项目的数量、占比（%）	
		完成或纳入无障碍改造计划的既有建筑占比（%）	
	银行、信用社、商店	新建、扩建和改建项目中设置无障碍设施项目的数量、占比（%）	分项统计
		完成或纳入无障碍改造计划的既有建筑占比（%）	
	福利及特殊服务建筑	新建、扩建和改建项目中设置无障碍设施项目的数量、占比（%）	养老机构和养老服务、残疾人综合服务设施、残疾人福利机构
		完成或纳入无障碍改造计划的既有建筑数量、占比（%）	
游憩无障碍	乡村广场、绿地	新建、扩建和改建项目中设置无障碍设施项目的数量、占比（%）	
		完成或纳入无障碍改造计划的既有项目占比（%）	
	室外公共厕所	新建、扩建和改建项目中设置无障碍设施项目的数量、占比（%）	
		完成或纳入无障碍改造计划的既有室外公共厕所占比（%）	
居住无障碍	居住区	新建、扩建和改建项目中设置无障碍设施项目的数量、占比（%）	
		完成或纳入无障碍改造计划的既有居住区占比（%）	
	家庭	贫困重度残疾人家庭无障碍改造户数，占全部残疾人家庭比例（%）	
		老年人家庭无障碍改造户数（户）	
信息无障碍	—	公共场所无障碍标识系统覆盖率（%）	
		公共场所无障碍应急系统设置率（%）	
		公共场所无障碍辅助设施设置率（语音和文字提示、手语服务、盲文服务）（%）	

专栏7-3 » 滁州市无障碍环境城市建设专项规划（2018—2030年）近期目标指标

类型		建设改造内容		目标	
				新建	已建
无障碍设施	城市道路	设置有人行道的城市道路	缘石坡道		100%
			人行道及人行横道各种路口坡化改造率（含新建率）		≥85%
			盲道、过街音响、无障碍标志、轮椅坡道等		按规范改造
	公共交通	滁州高铁站、滁州火车北站、汽车客运北站和汽车客运总站			100%
		公共停车场		100%	≥60%
		公交车、出租车			≥20辆
		公交站点		100%	≥100个

续表

类型		建设改造内容	目标	
			新建	已建
无障碍设施	公共建筑	政府办公建筑、综合（专科）医院、大中型商场、汽车加油加气站、高速公路服务区	100%	≥75%
		政府办公建筑的对外服务窗口	100%	1
		饭店、宾馆、邮政、电信、银行、室外公共厕所	100%	≥60%
		文化馆、图书馆、科技馆、展览馆、博物馆、纪念馆、影剧院、音乐厅、体育场馆	100%	≥60%
		中小学、托幼建筑	100%	≥40%
		特教学校、福利企业、康复中心、残疾人综合服务设施、残疾人福利机构、儿童福利机构、养老机构、老年人服务设施	100%	100%
	公共空间	城市广场、城市绿地	100%	≥75%
	居住区	居住小区	100%	≥50%
		高层和中高层住宅、公寓和宿舍建筑	100%	≥60%
		残疾人、老年人家庭	100%	每年100户
无障碍信息交流		残疾人组织网站、政府网站、政府公益活动网站	100%	
	信息无障碍公益服务	政府设立的公共图书馆	100%	
		政府设立的电视台播出的电视节目	手语：每周一次 字幕：100%	
		公开出版发行的影视类录像制品	100%	

7.2 市域层面的无障碍规划

7.2.1 市域无障碍分级管控

（1）城镇体系格局

城镇体系指在一定区域或国家中，不同等级、职能、联系密切的城镇集合。城镇体系布局的核心是城镇的规模结构、职能结构和空间结构。

规模结构是职能结构和空间结构的基础。规模结构指各城镇村庄发展的人口规模和建设用地规模，城镇体系的规模结构是确定区域基础设施与公共服务设施配置级别和配置总量的重要参考因素。中心地理论认为各中心地具有等级差异性，级别越高的中心地提供商品与服务的等级越高，所能服务的地域范围越广。在市域无障碍建设规划中，首先需要考虑市域城镇体系的规模等级结构，分级提出无障碍建设与改造的等级与数量目标。

服务人口总量和能力障碍者数量结构的预测是构建落实规模分级管控的基础工作，是进行无障碍服务设施预测和配置的基础，也是分区分级布局无障碍公共服务中心的依据。人口总量预测的方法包括综合增长率法、马尔萨斯模型法、逻辑斯蒂（Logistic）曲线模型法、灰色模型法、资源环境承载力预测法等。能力障碍者数量结构的预测是预测无障碍设施需求量的关键，该结构的预测需要与历史趋势推演、人口结构（老龄化）变化预测、重要政策与人口迁移影响预测等紧密结合。

职能结构指区域内各城镇承担功能的空间分布与组合关系。职能包括城镇村本身的性质、特色、地位、作用及发展方向等多个方面。具体而言，职能既可以是综合性功能又可以是某一方面的专业化功能。在市域无障碍建设规划中，还需要考虑市域城镇体系的职能结构影响，一般而言，具有综合性服务功能的城镇提供的无障碍服务级别和总量应大于专业化职能城镇。

空间结构指城镇（村）体系中的点、线、面三要素在空间中的组合关系，其中点指城市、镇、村，线主要指交通线联系通道，面指腹地或一定区域。城镇（村）体系机构对各级无障碍服务设施的可达性与共享度有重要影响，因而在空间规划中宜结合都市圈、城镇圈的布局，构建能力障碍者友好的广域社区生活圈，优化无障碍设施配置的空间结构，提升总体服务覆盖水平。

以天津市为例，其在市域范围内，将康复、托养、教育、就业、文体五类公共服务在市、区、街道/乡镇、社区/村四个层级进行落实，通过市区定标、街道社区问询的模式，构建了覆盖城乡的残疾人公共服务设施体系。其中：

市级残疾人公共服务设施包括四个残疾人康复机构，分别是天津市残疾人康复服务指导中心、天津市残疾人辅助器具资源中心、中国人民武装警察部队特色医学中心、天津市儿童医院康复科；两个残疾人托养服务机构，分别是天津市残疾人托养服务机构、天津市安宁医院；两所特殊教育学校，分别是天津市聋人学校、天津市视力障碍学校；一个天津市残疾人劳动就业服务中心；一个天津市残疾人文艺体育训练指导中心（图7-1）。

区级残疾人公共服务设施包括90个残疾人康复机构、9个残疾人托养服务机构、18所特殊教育学校。

街道/乡镇级无障碍公共服务设施为根据需要弹性配建。残疾人数较多的街道/乡镇应独立建设或结合街道办事处等设置残疾人综合服务中心，功能场地需满足残疾人日间照料、辅助就业、社交活动等需要；残疾人数较少的街道/乡镇，残疾人公共服务可以依托街道办事处或其他公共服务中心建设（图7-2）。

社区/村级残疾人公共服务设施主要依托社区服务站、卫生服务站、老年人日间照料中心（托老所）、社区食堂进行设置，需满足残疾人日间照料、辅助就业、社交活动等需要。

（2）城乡统筹格局

以镇村体系规划布局和各村庄的等级职能定位为基础，分级分类提出不同村庄无障碍规划建设指引，构建城乡统筹的无障碍环境建设体系。

根据相关规划与规范要求，将自然村庄分为集聚提升类、整治提升类、特色保护类、城郊融合类、搬迁撤并类。其中集聚建设村、整治提升村和特色保护村是未来乡村发展和人口集聚的主

不同类型村庄的无障碍规划建设指引 表7-4

分类	内涵	定位	无障碍规划建设指引
集聚建设类	现有规模较大的中心村和其他仍将存续的一般村庄	示范引领型	进一步提高村庄无障碍设施综合配套水平
整治提升类	规模较大的且继续保留、整体需整治提升的村庄	改造提升型	结合全域农村人居环境整治工程，加大无障碍改造与建设力度
城郊融合类	城市近郊区以及县城所在地的村庄	基本保留型	加快向城市社区转变，与城镇共享无障碍设施配置
		规划拆除型	采取多种安置方式，将农民整体纳入城市无障碍设施服务体系
特色保护类	自然历史文化特色资源禀赋好的村庄		结合村庄特色，采用改建、扩建、新建多种方式相结合，因地制宜提出导则，重点保障与乡村旅游、特色产业相关的无障碍公共服务设施
搬迁撤并类	位于自然环境恶劣、生态环境脆弱、灾害风险较高地区的村庄；因重大项目建设需搬迁的村庄；人口流失特别严重的村庄；零星分散分布的村庄	完全不适宜居住和发展生产	异地搬迁
		人口流失严重，出现严重空心化	以保障农民基本生产生活条件为底线，进行一般性的农村整治，点状灵活供给"少而精"的适老性无障碍服务设施
		点状零星分散分布，公共服务和基础设施难以覆盖	引导农户向中心村、城乡一体化社区集聚，与中心村、城乡一体化社区共享无障碍设施配置

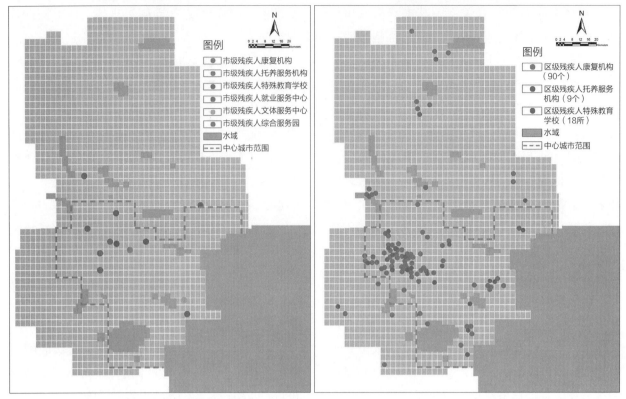

图7-1 残疾人公共服务机构

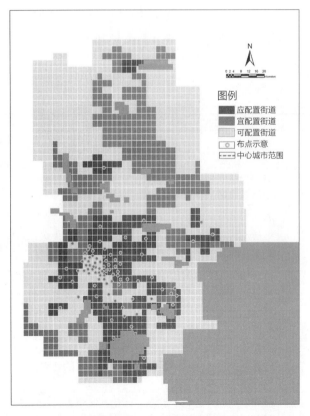

图7-2 街道级残疾人公共服务机构布点示意图

要空间载体，应主要在现状设施和村民住宅布局的基础上，采用新建、扩建等多种方式结合，灵活布局村庄各类无障碍服务设施。特色保护村应根据村庄特色需求，重点配置与文旅相关的无障碍公共服务设施。城郊融合村应重点考虑自身区位条件，从合理利用和避免重复建设与资源浪费的角度出发，适当调整设施标准，力争高可达与高覆盖。搬迁撤并村应充分根据自身实际，酌情降低无障碍设施的配置标准，避免无效或低效配置造成资源浪费。

7.2.2 市域无障碍分区管控

作为空间规划管控的重要手段，分区管控也是落实无障碍建设和完善无障碍服务的重要手段。规划分区应秉承科学简明可操作的原则，做到覆盖全域、不交叉、不重叠，突出主导功能，满足实现规划意图的需要。综合考虑市域总体空间格局，基于现有设施布局情况和能力障碍人士的分布及活动特点，进行市域无障碍分区管控，划定市域重点无障碍建设或改造的街区，确定重点街区道路、设施、公共场所、居住建筑及公共建筑分阶段无障碍建设及改造目标。

（1）无障碍建设分区

以城市发展需求、主要受益群体规模及出行特征以及无障碍环境需求强度分析为前提，通过对无障碍设施现状、国土空间用途分类现状、常住残疾人口和常住老年人口分布现状等因子的综合分析，采用空间统计及叠加等方法，划分无障碍建设分区，一般可分为重点地区、一般地区和其他地区。

重点地区是无障碍活动需求最强的区域，为人口密集区、残疾人和老年人等障碍人群的高频活动区，该区域往往为综合性功能聚集的区域。高标准优先推进重点地区的无障碍环境整体建设和改造，构建完整、系统的无障碍环境体系，创造良好的无障碍出行环境，在无障碍环境建设工作中起示范带动作用。

一般地区是无障碍活动需求仅次于重点地区的规划建设区，其他地区次之。开展无障碍环境整体建设、改造工作，重点关注地区内城市道路、交通枢纽、重要公共交通线路、公共建筑和公共空间、居住区等，构建完整、系统的无障碍环境体系。

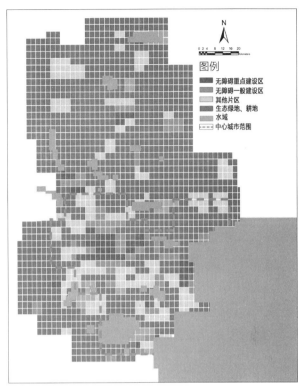

图7-3 无障碍分区建设规划图

专栏7-4 » 天津市无障碍建设分区

结合上位规划确立的城市发展格局，基于残疾人等弱势群体的空间分布，天津市将城市无障碍空间划分为无障碍重点建设区、无障碍一般建设区和其他片区（图7-3）。其中：

重点建设区指的是弱势群体相对集聚的地区、城市中心区、综合功能集聚区，以及规划战略重点地区。具体包括津城核心区、滨城核心区、蓟州核心区、武清核心区、静海核心区、宁河核心区、学府街—残联片区、西站、东站、南站、空港、北港、海河沿岸、城市公园及重点社区等。重点建设区的场地坡地化率、无障碍标识率、新建项目无障碍设施建设率、已建项目无障碍改造率等均应达到100%。

一般建设区指的是一般办公区、商业区、居住区、城市公园，以及一般旅游景点等城市功能地区。一般建设区的场地坡地化率、无障碍标识率、已建项目无障碍改造率应达到和超过85%，新建项目无障碍设施建设率应达到100%。

其他片区指城市边缘区及一般工业园区，其他片区中的重点项目和新建设施均应满足无障碍设计标准。

（2）市域各分区指引

为保障空间规划的有效实施，落实市域规划确定的无障碍建设分区、规划目标、重要控制线等规划内容，需对各下位分区提出规划建设指引，制定规划指标分解方案，下达调控指标，确保约束性指标的落实。

市域无障碍建设规划的分区指引可形成分区指引文本、分区指标表和分区指引图等成果表达形式。分区指引指标体系旨在强化约束传导。一方面,重点落实上位规划刚性管控内容的指标要求;另一方面,作为分区规划编制和各分区规划建设活动监督、监测、评估的重要参照。考虑到各分区涉及的发展阶段和管控要素的差异性,所需管控指标也不尽相同,可设计差异化分区指引指标体系。分区指引图示表达旨在落实细化空间管控内容。分区指引图力求精简,采用一张图的表达方式,将各要素的空间管控要求细化落实,绘制分区指引图,保障约束传导的准确性。

例如,肇庆市无障碍环境建设规划中,依次对肇庆新区、肇庆高新区、高要城区、鼎湖区、端州区提出了分区建设指引,通过分区指引图的方式明确了重点建设区、一般建设区、其他建设区管控线,以及各类设施无障碍改造项目的空间分布(图7-4)。

（3）规划要求与时序

结合无障碍建设分区指引,对市域无障碍环境建设提出具体规划要求与时序安排。

例如,滁州市提出无障碍环境建设改造的三个阶段时序分区,依次有序推进无障碍建设改造过程。要求高标准优先第一阶段建设改造区的无障碍环境整体建设和改造,构建完整、系统的无障碍环境体系,创造良好的无障碍出行环境,在

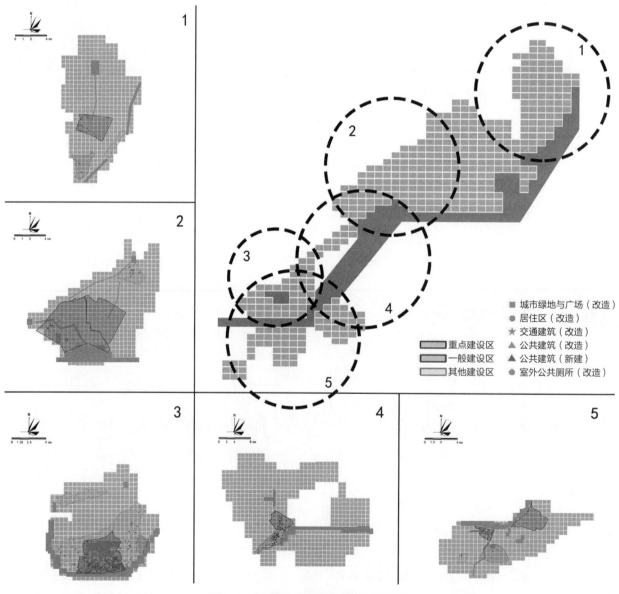

图7-4 无障碍环境建设规划分区指引图

无障碍环境建设工作中起示范带动作用；重点加强第二阶段建设改造区内城市道路、交通枢纽、重要公共交通线路、重要公共建筑、重要公共空间、重要居住区无障碍环境整体建设、改造工作，构建片区级完整、系统的无障碍环境体系；根据需要对第三阶段建设改造区内城市道路、交通枢纽、重要公共交通线路、重要公共建筑、重要公共空间、重要居住区无障碍环境整体建设、改造工作，构建片区级完整、系统的无障碍环境体系（图7-5）。

图7-5 无障碍环境城市建设各专项规划图

天津市分阶段提出无障碍建设的规划要求。其中，近期（至2025年）为示范建设阶段，全面构建无障碍城市建设框架，确立工作机制，重点落实残疾人公共服务设施、城市核心区、重点社区（包括残疾人集聚区和纳入天津市城镇老旧小区更新改造计划的社区）、重要交通枢纽、轨道线路及站点和无障碍信息建设，并启动一些示范试点工程项目；中期（至2030年）为全面改造阶段，无障碍重点建设区建成残疾人"出得去、进得来、行得畅"的无障碍系统环境。远期（至2035年）为全面建成阶段，形成空间建设、文化理念、制度机制三位一体的无障碍环境。

肇庆市则对分项规划改造的具体内容与时序做出了详尽安排（表7-5）。

（4）重点建设改造项目

衔接城市无障碍建设发展规划五年规划及各类专项规划，结合基础调研与规划实施评估中的无障碍建设情况，统筹近期项目，指定行动计划。结合城市更新、生态修复和国土综合整治、公共服务设施和防洪排涝等基础设施工程等重大项目，提出无障碍建设改造重点建设项目清单，并明确实施支撑政策。

例如，肇庆市确定星湖景区与历史城区范围为肇庆市无障碍建设改造示范区，并以规划图的形式提出示范区内具体无障碍改造项目要求（图7-6）。

肇庆市无障碍规划改造内容及时序　　表7-5

场所类型	项目数量	改造内容	
		近期（2020~2021年）	中远期（2022~2025年）
城市广场	4	无障碍停车位、轮椅坡道、无障碍厕位、无障碍小便器、无障碍洗手盆	盲道
城市绿地	3	无障碍停车位、无障碍出入口、轮椅坡道、无障碍厕位、无障碍小便器、无障碍洗手盆	盲道、低位服务设施
居住区	457	无障碍停车位、无障碍出入口、无障碍厕位、无障碍小便器、无障碍洗手盆	无障碍电梯
政府办公建筑	120	无障碍停车位、无障碍出入口、轮椅坡道、无障碍楼梯	无障碍厕位、无障碍小便器、无障碍洗手盆、无障碍电梯、低位服务设施
教育建筑	76	无障碍停车位、无障碍出入口、轮椅坡道、无障碍楼梯、轮椅席位	无障碍厕位和小便器、无障碍洗手盆、无障碍电梯
医疗康复建筑	3	无障碍停车位、无障碍出入口、轮椅坡道、无障碍楼梯	无障碍厕位、无障碍小便器、无障碍洗手盆、无障碍电梯、低位服务设施、母婴室
福利及特殊服务建筑	4	无障碍停车位、无障碍出入口、轮椅坡道、无障碍楼梯	无障碍厕位、无障碍小便器、无障碍洗手盆、无障碍电梯、低位服务设施
体育建筑	1	无障碍停车位、轮椅席位、无障碍出入口、轮椅坡道、无障碍楼梯	无障碍厕位、无障碍小便器、无障碍洗手盆、无障碍淋浴室、无障碍电梯、低位服务设施
文化建筑	10	无障碍停车位、轮椅席位、无障碍出入口、轮椅坡道、无障碍楼梯	无障碍厕位、无障碍小便器、无障碍洗手盆、无障碍电梯
商业服务建筑	28	轮椅坡道、无障碍出入口	低位服务设施
汽车加油站	27	无障碍出入口、无障碍厕位、无障碍小便器、无障碍洗手盆	—
交通建筑	1	无障碍停车位、无障碍出入口、轮椅坡道、无障碍楼梯	无障碍厕位、无障碍小便器、无障碍洗手盆、无障碍电梯、低位服务设施、盲道
室外公共厕所	38	无障碍出入口、挂衣钩、无障碍标志牌、无障碍厕位、无障碍小便器、无障碍洗手盆	多功能台、呼叫按钮、母婴室

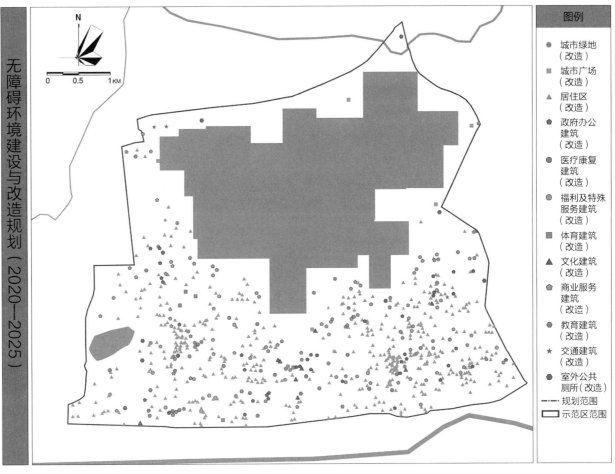

图7-6 无障碍环境建设改造示范区

7.2.3 市域无障碍分类管控

结合专项规划编制，分类提出主要设施的无障碍建设要求，具体包括无障碍出行（道路、交通枢纽、公共交通线路及站点、公共交通工具、公共停车场/库），无障碍社区（居住区、居住建筑、社区服务），无障碍交往（城市公共中心、公共建筑、残疾人公共服务设施、公共厕所），无障碍休闲（公园、景区、绿地、广场），无障碍信息交流（媒体服务、生活服务）几种类型。

在市域无障碍分类管控中，应结合专题研究，针对各领域的重点问题提出相对的解决策略，如无障碍出行系统连续性优化策略、公共游憩场所及公共建筑的无障碍可达性优化策略、交通出行设施使用便利性优化策略、重点既有居住区及村镇社区改造策略等。

各类型无障碍建设专项规划应在总体规划的指导约束下编制，落实相关管控内容。总体规划应对各分类设施的无障碍建设进行统筹协调，明确不同类型设施建设冲突时的优先序，并在重点的方面做出限制性规定，使各项无障碍系统相互合作、各部门相互协调。

例如，天津在无障碍环境建设专项规划中，分无障碍出行（无障碍交通枢纽），无障碍社区，无障碍交往（城市公共中心、组团公共中心、残疾人公共服务设施），无障碍休闲（无障碍公园绿地）几种类型，明确了无障碍建设的规划布局（图7-7）。

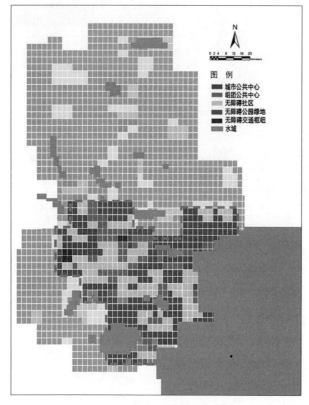

图7-7 无障碍分类建设规划图

7.3 中心城区的无障碍规划

7.3.1 中心城区无障碍建设的土地利用规划

土地利用规划是城区尺度空间规划的核心内容，《市级国土空间总体规划编制指南（试行）》提出应确定中心城区各类建设用地总量和结构，编制中心城区城镇建设用地结构规划表，从而推动城市功能布局和空间结构的优化，改善空间连通性和可达性，推动人、城、产、交通一体化发展。在城市无障碍环境设计的背景下，中心城区土地利用规划应以能力障碍者友好为导向，充分考虑各类能力障碍者的需求。

（1）能力障碍者友好的土地利用规划

土地利用规划应确保能力障碍者能方便地出入空间、无差别地使用空间中的配套设施、获取空间中各类功能服务。分区规划、专项规划和保护区应在空间层面和立法层面进行明确界定各区域安排的建筑密度、土地利用、基础设施和公共空间，应对布局无障碍通道、应急设施等的区域明确保护和开发准入限制条件。

（2）能力障碍者友好的土地利用标准

在特定用途土地的可用性、便利性和邻近性方面应以一般规范和能力障碍者利益为基础。土地利用标准根据全球标准、既定规范、本地环境和确定需求（能力障碍者人口密度、人口结构与总量预测、公交换乘和服务的就近程度、地理条件和传统标准等）对城市和邻里公共设施进行量化评价。供地和可用性的最低标准应参考为无障碍人士建设的基础设施和户外空间的面积/人口密度；量化有效可达性和就近性的最低标准应参考无障碍公共服务设施的就近性，采用距离或障碍人士步行到达所需时间来表示。

（3）能力障碍者友好的建设许可法规

确保从能力障碍者的角度、人的尺度，以及强调公共空间和社会管理的角度来考虑建筑高度、建设空间和非建设空间的协调、混合用途建筑、公共建筑和私人建筑。

例如，张家口在无障碍建设规划中提出了城区无障碍建设指导分区和土地利用规划，其中建设指导分区根据无障碍规划建设的具体空间布局，在城区划定无障碍改造区、新建区、改造区重点片区、新建区重点片区、重要廊道。土地利用规划则进一步将各地块分为无障碍建设重点地区、一般地区、其他地区、生态绿地和耕地、水域（图7-8、图7-9）。

7.3.2 出行无障碍：综合交通系统规划

（1）无障碍道路系统

1）规划内容

从无障碍道路类型看，无障碍道路系统规划范围包括高快速路、主干路、次干路、支路等城区各级道路系统；从无障碍建设阶段看，规划适用于城区范围内新建、改建、扩建的道路系统；从无障碍道路要素看，主要包括道路系统的人行道、人行横道、人行天桥与人行地道四种基本要素。

图7-8 城区无障碍建设指导分区

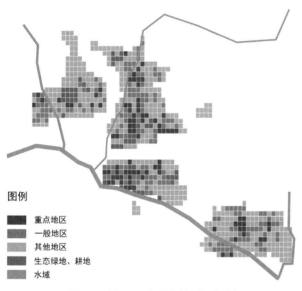

图7-9 城区无障碍土地利用规划

2）规划目标

对于无障碍城区而言，无障碍道路系统可以为全体居民提供抵离目标空间的中短途步行路径，更可与公共交通系统接驳实现出行的延伸拓展。具体包括：

①重点关注城区人行道、人行横道、人行天桥与人行地道等处，针对其无障碍设施不足、不规范、不连续的问题予以优先解决。

②重点推进城区内各级道路及其人行空间的无障碍衔接与标准化建设，建构循环闭合的城区无障碍人行网络。

③针对重要公共建筑、居住社区、交通节点与公共空间等关键节点与周边环境和设施的衔接问题，着力满足障碍人群城区内通行的安全性、便利性与可达性，确保"重安全""行得畅"。

3）系统规划

针对城区范围内各新建、改建、扩建道路的无障碍设计，即包括各级道路无障碍建设现状未达标者应开展无障碍专项改造，应提交符合标准的无障碍专项施工设计图，通过竣工验收后方可正式投入使用。城区内部各级道路系统之间、不同道路要素之间、先后建设道路之间均应实现系统串联，并且应与重要公共建筑、居住区、交通节点等关键节点形成有效接驳，实现周边毗邻城区的无障碍道路系统有机融合，构建城区无障碍人行空间网络，安全分离行人与非机动车。

建设以城市生活性主干道为载体的无障碍廊道和以城市生活性次支道路为载体的无障碍集散道，加强新改建道路、平面和立体过街设施的无障碍设施建设和改造，完善盲道、人行道上缘石坡道、二次过街岛缘石坡道、人行天桥及人行地道无障碍坡道等重点无障碍设施，保证所有新建及改建、扩建交通设施无障碍建设率达到100%。

统筹人行道路与自行车道、公交车道等公共资源的空间配置，推动无障碍慢行交通系统实现全覆盖和高品质。城区道路系统无障碍建设应在不过多干扰普通人使用的前提下，通过无障碍设备、设施的增设配置与各级道路的体系化设计，系统满足城区内部、城区与城区接合处各类障碍群体的基本出行需求，重点解决视障、乘轮椅者等障碍人士的出行难题。

城区各街道应依据无障碍城市建设的相关标准，对管辖范围内各级道路的人行道、人行横道、人行天桥、人行地道等开展障碍排查，并依据排查结果制定街道城区道路无障碍设施建设和改造方案。同时，各街道可选取管辖范围内重点道路建设无障碍示范区域，全面提升城区无障碍道路的占比。

在运营环节，可建立相应的无障碍道路管理制度，对道路系统的使用运营情况开展定期督查，对侵占、破坏无障碍道路系统的行为进行制止或处罚。还应建立反馈渠道与途径，重视听取障碍人士意见，对城区道路系统无障碍建设持续优化。

4）实施要点

将城区无障碍道路系统建设的实施关键要点进一步分解、落实到人行道、人行横道、人行天桥与人行地道四项基本要素，并对其具体末端要素做分项要求与整体把控。

人行道：应重点关注缘石坡道、盲道系统、服务设施、轮椅坡道与标识系统等要素的整合设计，在满足各要素既定功能的前提下，确保人行道整体无障碍功能的实现。

人行横道：应针对盲道系统、无障碍通道、提示设备、安全岛等要素进行整合设计，在满足各要素既定功能的前提下，确保人行横道的通行无障碍。

人行天桥：应重点关注盲道系统、轮椅坡道、安全防护、无障碍电梯、桥下三角区等要素的整合设计，在满足各要素既定功能的前提下，实现人行天桥整体无障碍功能。

人行地道：应重点关注盲道系统、轮椅坡道、安全防护、无障碍电梯等要素的整合设计，在满足各要素既定功能的前提下，实现人行地道整体通行无障碍。

（2）无障碍停车系统

1）规划内容

从类型看，无障碍停车系统规划范围包括独立式与配建式的地面停车场、多层停车楼与地下车库；从建设阶段看，规划适用于城区范围内新建、改建、扩建的无障碍停车场（库）。

2）规划目标

以辖区内无障碍停车场（库）的建设为抓手，对关键设计要素进行有效控制，与城区其他无障碍体系的公共设施实现有效衔接，并辅以相应的管理与服务制度，有效保障肢体残障人士的城区无障碍停车需求，具体包括：

①基于城区整体视角，建立无障碍停车场（库）为载体的体系化城区无障碍停车系统。

②重点满足城区范围内残障人士的无障碍停车需求。

③结合城区各街道停车场（库）的现状，为各街道停车场（库）的无障碍改造升级或新建提供顶层设计。

3）系统规划

城区应重点开展核心商业建筑、公共服务建筑、公园绿地、城市广场等公共区域以及肢体残障人士聚居社区的停车场（库）无障碍停车系统建设。其中，新建、改建和扩建应进行专项设计，现状未达标者应尽快开展专项改造，通过无障碍专项审查方可进行施工，通过无障碍专项竣工验收方可投入使用，进而逐步提升城区整体无障碍停车场（库）的覆盖率。

无障碍停车场（库）应重点配置足量合规的无障碍机动车停车位，其无障碍设备设施应与城区环境（如道路、建筑场地、建筑内部、交通设施、公共空间等）无障碍体系实现有效衔接，在满足肢体残障人士驾行无障碍的基础上，实现与目的地的无障碍链接，建立"居家—车行—办事（休闲）"无障碍生活链条。城区宜同步增加残疾人办理机动车驾驶证的规划指标，并与无障碍机动车停车位相匹配。

各街道应结合自身实际情况，对辖区内停车场（库）开展系统排查，基于其无障碍设施设置现状，制定街道无障碍停车系统建设工作方案。各街道宜选取上述重点区域若干停车场（库）开展无障碍建设试点示范，以点带面，逐步提升城区停车系统的无障碍建设水平。

各街道应定期对管辖范围内公共服务场所与残障人群居住小区的无障碍停车场（库）开展督导巡查，保障无障碍机动车停车位等无障碍设施的正常使用。应加强停车场（库）对其工作人员无障碍服务意识培育，开展无障碍服务培训，如停车引导、下车辅助、问询沟通与应急救援等技能。

4）实施要点

无障碍停车场（库）建设应重点关注无障碍机动车停车位、无障碍电梯、标识导引等要素的整合设计，在满足其既定功能的前提下有机融合，共同实现停车无障碍。

（3）无障碍公交系统

1）规划内容

无障碍公交系统规划范围包括城区范围内新建、改建、扩建的各类公交站点以及所有投入运营的公交车辆。

2）规划目标

各类残障人士日常出行最重要的出行方式之一就是通过常规公交系统，因此其无障碍建设也是实现城区无障碍建设目标的工作重点。城区应从公交站点与公交车辆的无障碍建设入手，对其关键设计要素进行有效控制，并辅以相应的管理与服务制度，保障各类残障人士常规公交出行无障碍。从规划目标看，具体包括：

①基于城区整体视角，围绕以公交站点与公交车辆无障碍化建立体系化的城区无障碍常规公交系统，并通过无障碍管理服务制度加以保障。

②重点满足城区内或抵离城区的各类障碍群体的无障碍公交出行需求。

③结合城区公交站点与公交车辆的无障碍现状特征，为城区公交系统的无障碍化提供顶层设计目标。

3）系统规划

城区范围内新建、改建、扩建公交站点应进行无障碍专项设计，对没有达标的公交站点进行专项改造，通过无障碍专项施工审查方可进行施工。无障碍专项竣工验收后方可投入使用，逐步提升城区无障碍公交站点占比，公交站点应重点与其上位人行道路实现无障碍接驳，并衔接周边其他交通节点的无障碍系统，方便各类障碍人群抵离站点。

城区应对运营公交车辆开展无障碍改造，将语音与字幕报站系统、上下车辅具、轮椅停靠位置、无障碍座位等无障碍设备设施逐步纳入车辆基本配置，提升城区无障碍公交车辆占比。同时，公交车辆与公交站点接驳处应进行无障碍设计，方便各类残障人士上下车。

城区应在途经公共服务建筑、公共交通枢纽、文体场馆与旅游景区景点的公交线路上优先投放无障碍公交车，并在沿途公交站点开展无障碍建设，打造无障碍公交线路示范，以此推动公交系统的无障碍化进程。

乘轮椅者从居住小区抵达公交站点是出行的首要环节，因此应重点提升居住小区附近公交站点的可达性，具体包括：①不同道路之间的坡道衔接应连成一体，不应存在断点和堵点；②应在公交站点配备必要的辅具设施，帮助身心障碍者顺利进入公交站点，必要处还应配备乘务人员予以协助；③如有必要，还应配备其他交通工具，以提高换乘的便利性和可达性。

城区应定期对管辖范围内无障碍公交站点与无障碍公交车辆开展督导巡查，确保其各项无障碍设备设施正常使用。增强工作人员（站点服务员、车厢服务员、驾驶员、安全员等）与志愿者的无障碍服务意识，通过培训宣传等方式重点提升站台指引、上落辅助、辅具固定、问询沟通、应急救援等服务技能水平，改善服务质量。

4）实施要点

应重点关注公交站点的站台空间、盲道系统、标识导引与轮椅席位等要素的整合设计，在满足各要素既定功能的前提下，确保公交站点无障碍功能的整体实现。

无障碍公交车辆：应重点关注车厢空间、报站系统、上落辅具、呼叫按钮、轮椅席位与无障碍座位等控制要素的整合设计，在满足各要素既定功能的前提下，确保公交站点整体无障碍功能的实现。

（4）无障碍轨道交通系统

1）规划内容

无障碍轨交系统规划范围包括城区内各新建、改建、扩建的地铁站点，以及已投入或计划投入营运的地铁车辆。

2）规划目标

大中型城市为缓解道路资源与出行需求的供需矛盾，可构建以轨道交通为骨干、以常规公交为主体、以出租车为补充的多模式一体化城区公共交通系统。作为大容量公共运输方式，轨道交通对解决交通供需矛盾意义重大，也是城区障碍群体的重要出行方式。对此，城区应分别从地铁站点与地铁车辆的无障碍化入手，对其关键设计要素进行有效控制，并辅以相应的管理与服务制度，保障各类残障人士的轨道交通出行无障碍。规划目标包括：

①基于城区整体视角，围绕地铁站点与地铁车辆无障碍化，建立体系化的城区无障碍轨道交通体系，并通过无障碍管理服务制度加以保障。

②重点满足城区内或抵离城区的各类障碍群体的无障碍轨道交通出行需求。

③结合城区轨道交通线路站点与车辆现状特征，为城区轨道交通系统无障碍化提供顶层设计目标。

3）系统规划

应针对城区范围内新建、改建、扩建地铁站点进行专项无障碍设计，现状未达标者需进行专项改造。通过无障碍专项审查方能施工，通过竣工验收方能投入使用。通过分类管控，逐步提升城区无障碍地铁站的占比。地铁站点应与其连接的城区上位道路、公共建筑、公共空间等实现无障碍系统衔接，便于各类障碍群体便捷、快速、安全地抵离站点。

与此同时，应逐步实现地铁车厢的无障碍化改造，重点设置无障碍座位、轮椅席位、低位安全抓杆、无障碍标志、上下车临时辅具、语音与字幕报站系统等设备设施，提升城区内无障碍地铁车辆的占比。地铁站台与地铁车厢接驳处应进行无障碍设计，方便障碍人士上下车。

宜以轨道交通线路为单位，根据其轨道交通站点与轨道交通车辆的现状特征，制定无障碍轨道交通系统建设工作方案。宜选取一条地铁线路，对沿途地铁站点以及运行车辆进行无障碍化设计改造，作为城区无障碍轨道交通系统建设的示范，逐步实现全域轨道交通系统的无障碍建设。

应定期对辖区内地铁站点开展督导巡查，确保各项无障碍设备设施正常使用。增强地铁工作人员（车站服务员、车厢服务员、驾驶员、安全员等）与志愿者的无障碍服务意识，通过培训、宣传等方式，重点提升通行指引、上下车辅助问询沟通、应急救援、无障碍辅具租借等基本服务技能水平，持续改善服务质量。

4）实施要点

无障碍地铁站点：应重点关注盲道系统、服务设备、标识导引、无障碍通道、无障碍电梯与无障碍卫生间等控制要素的整合设计，在满足各要素既定功能的前提下，确保地铁站点整体无障碍功能的实现。

无障碍地铁车辆：应重点关注车厢空间、无障碍座位、轮椅席位、低位安全抓杆、无障碍标志、上下车临时辅具、语音与字幕报站系统等控制要素的整合设计，在满足各要素既定功能的前提下，确保地铁车辆整体无障碍功能的实现。

（5）无障碍公共交通枢纽

1）规划目标

公共交通枢纽是接驳城区公共交通系统与区域交通系统的关键节点，其无障碍设施系统建设对满足城区障碍人士出行需求至关重要。加之公共交通枢纽在空间、功能与流线方面较为复杂，内部人流密度也较大，残障人士、老年人等障碍群体往往需专人协助方能顺利完成交通出行，其出行权利受到不同程度的忽视甚至侵犯，生活品质不断下降。在此背景下，应对公共交通枢纽的无障碍关键设施进行有效控制，并结合相应的管理与服务制度，保障各类残障人士的长途出行需求。规划目标包括：

①基于城区整体视角，系统性建立城区公共交通枢纽的无障碍建设体系。

②重点满足抵离城区的各类障碍群体基于公共交通枢纽的出行需求。

③结合城区各公共交通枢纽的现状，为无障碍改造升级或新建提供顶层设计目标。

2）规划内容

无障碍公共交通枢纽规划范围为新建、改建与扩建的各类公共交通枢纽，主要包括火车站（高铁站）、长途汽车客运站等。

3）系统规划

应针对城区范围内新建、改建、扩建公共交通枢纽进行专项设计，现状未达标者需进行专项改造，应提交符合标准的无障碍专项施工设计，通过竣工验收方可投入使用，逐步实现全区公共交通枢纽的无障碍化。

城区公共交通枢纽系统的无障碍建设应重点与道路系统、城区公交系统（地铁、公交、出租车等）、公共空间（如交通集散场等）的无障碍体系实现有效衔接与有机融合，便于各类障碍群体便捷、快速、安全地抵离枢纽站点。加快完善交通枢纽无障碍入口通道、盲道、轮椅坡道与梯道、无障碍垂直电梯、扶手、低位服务设施及无障碍标识，打造高效、连贯的无障碍换乘设施体系，形成依托各主要交通枢纽的无障碍综合区。同时，公共交通枢纽内部应在不过多干扰普通乘客使用的前提下，通过无障碍设施的有效配置，结合相应的服务制度，满足各类障碍群体长途出行。

排查既有的公共交通枢纽，基于现状制定专项工作方案，结合城市更新，选取代表性无障碍专项改造作为示范样本，以点带面推进城区公共交通枢纽的无障碍化。

定期对管辖范围内公共交通枢纽开展督导巡查，确保各项无障碍设备设施正常使用。运营者应加强公共交通枢纽的工作人员或志愿者无障碍服务意识培育，定期开展无障碍服务培训，重点提升通行指引业务办理、上下车辅助、问询沟通、应急救援、无障碍辅具租借等技能水平。考虑到公共交通枢纽功能流线较为复杂且内部人群密集度较高，视障或肢障等障碍群体办理出行业务难度较高，且易对常规人群出行造成影响，建议提供公共交通枢纽"入口一座位"的全流程服务，为障碍人士提供高效、便捷与安全的公共出行体验。

应发展轨道交通站点周边对接慢行系统，完善以轨道交通为核心、以常规公交为主体的出行环境，完善非机动车道和人行道系统，合理设置过街设施，保障慢行交通安全，制定慢行系统设施建设标准，完善配套的管理方案，规范慢行交通秩序。

4）实施要点

公共交通枢纽的无障碍建设应重点关注盲道系统、无障碍服务柜台、无障碍卫生间与厕位、标识引导系统、慢行系统等控制要素的整合设计，确保公共交通枢纽整体无障碍功能的实现。

7.3.3 休闲无障碍：公共空间与绿地广场系统规划

（1）无障碍公共空间

1）规划内容

城市公共空间内涵广泛，按类型划分，无障碍城市公共空间规划内容包括城市街道、绿地、广场等；从空间尺度看，规划宜对城市、街区、社区各个尺度的城市公共空间无障碍规划提出指导；从建设阶段看，规划适用于城区新建、改建与扩建的街道公共空间、绿地、广场。

2）规划目标

根据残疾人、老年人及其他有障碍人士的年龄特点和活动需求，从城市、街区、社区三个尺度对城市公共空间与游憩网络进行空间布局优化与建设。

城市尺度：构建有障碍人士城市公共活动圈，提供充足多样的服务，并保障其便捷可达性。

街区尺度：构建有障碍人士独立安全活动圈，提供安全、趣味、绿色的街道及周边环境，打造安全、连续的步行路径。

社区尺度：构建5分钟有障碍人士步行生活圈，打造交往以及观察和学习他人活动的场所。

3）城市尺度规划

服务空间。对与有障碍人士相关的教育、卫生、文化等公共服务设施开展环境改造。根据有障碍人士的特殊性，设计并改建适合其需求的室内空间，提供采光良好、独立安全的区域；在公共服务设施用地内，利用现有场地，增建、改建有障碍人士友好型室外活动空间；推进母婴室建设，为处于备孕期、怀孕期和哺乳期的女士提供安全、舒适、卫生的私密空间。

公共空间。对现有城市公园、广场等公共空间进行改造，设置亲近自然、促进交流和娱乐康体活动空间，增设安全的有障碍人士友好型活动设施；新增公共空间要着重考虑有障碍人士体验场所设计的特殊性，鼓励采用柔软、绿色、自然的材料。研究并制定有障碍人士友好型公共空间设计导则，指引有障碍人士友好型公共空间建设的设计和建设。

自然空间。森林、郊野公园等应留有障碍人士专门的活动空间。科学规划自然空间环境建设和设施，鼓励有障碍人士体验野外环境，逐步解决有障碍人士自然缺失的现状。提供适应全龄段的非硬化主题步行路径和多样化互动空间。针对不同年龄段的人群需求，依托现有自然资源和人文资源，设置不同主题的非硬质步行路径。沿步行路径，综合考虑坡度、坡向等因素，提供可被多人使用、安全可达的草坪、树屋和露营场地。

4）街区尺度规划

街道安全空间。规范机动车交通，对主要公共场所出入口交通环境进行全面调研和规划，加强居住小区、医疗福利设施及教育设施周边区域交通管理。明确机动车辆限速要求和加强机动车辆停车管理，对接相关部门的慢行系统新建和改造计划，划定步行和非机动车行驶空间，设定独立路权，保障其安全性、连续性。

街道活动空间。提供独立、安全的街道活动空间，在保障安全的前提下，提供具有创造性、互动性及探险性的游戏活动空间。借鉴国际经验，结合实际情况，探索在街道空间对车辆限时禁行，为儿童和有障碍人士提供限时活动空间。加强人行和自行车过街设施、遮蔽场所、标识导引等方面的有障碍人士友好型建设。研究制定有障碍人士友好型街区设计指引，并推广实施。

学校环境。提供寓教于乐、适合不同年龄段有障碍人士的校内自然化室外游戏场地。探索学校游戏场地非教学时段开放机制，弥补社区有障碍人士公共空间不足的现状。加强残障学生的参与，鼓励其参与校园、社区活动空间的场地改造。研究制定有障碍人士友好型学校建设指引，并推广实施。

5）社区尺度规划

全面推进社区有障碍人士友好型公共空间建设。在社区公园、公共绿地等公共空间内，新建或改扩建无障碍户外活动场地。制定政策标准，确保社区配备足够建筑面积的有障碍人士、儿童或老年人室内活动空间。鼓励、培育社会组织、爱心企业等积极参与，提供相关服务。研究制定有障碍人士、老年人或儿童友好型社区建设指引，并推广实施。

（2）无障碍公园绿地

1）规划内容

按公园绿地的类型划分，无障碍公园绿地规划内容包括大型的郊野森林公园、中型的城市公园绿地、小型的社区公园绿地；从建设阶段看，规划适用于城区范围内新建、改建、扩建的公园绿地。

2）规划目标

公园绿地作为城区居民休憩娱乐、接触自然、公共交流的重要场所，障碍群体应享有平等进入与使用的权利。应以各类公园绿地为规划对象，系统性建立城区整体视角下的公园绿地无障碍建设体系，并对其关键设计要素进行有效控制，辅以建设与维护环节的管理与服务制度，满足城区各类残障人士的公共休闲生活需求。规划目标可分为以下三个层面：

①基于城区整体视角，全方位、系统性建立城区公园绿地的无障碍建设体系。

②重点满足城区内各类障碍群体抵离与使用公园绿地，享受公共休闲生活的需求。

③结合各街道公园绿地的无障碍现状特征，为各街道公园绿地系统的无障碍改造升级或新建提供顶层设计目标。

3）系统规划

应针对城区范围内新建、改建、扩建的公园绿地进行专项设计，既有公园绿地未达标者应开展无障碍专项改造，其应提交符合标准的无障碍专项施工设计图并在通过竣工验收后方可投入使用。

城区公园绿地应开展无障碍体系化建设，其内部应重点配置无障碍设备设施，完善无障碍标识导引系统，保障广义障碍人士平等地使用公园绿地、参与公共生活的权利；其外部应与城市道路系统、公共交通系统（地铁站点、公交站点、公共交通枢纽等）、公共建筑、居住区的无障碍系统实现有效接驳，便于城区内外各类障碍群体快捷、安全地抵离公园绿地。

各街道应结合自身情况，对管辖范围内的公园绿地开展系统排查，基于其无障碍现状特征与问题，制定公园绿地的无障碍建设工作方案。同时，各街道可结合城区更新与城市生态景观建设的契机，选取管辖范围区内具有代表性的公园绿地优先开展无障碍建设试点作为示范带动全街道乃至全区公园绿地的无障碍建设进程。

应定期对管辖范围内的公园绿地开展督导巡查，确保其各项无障碍设备设施正常投入使用。同时，公园绿地的管理单位应对其工作人员加强无障碍意识的培育，制定相关无障碍服务制度，开展无障碍专项服务培训，重点提升通行指引、游览介绍、询问沟通、应急救援、无障碍辅具租借等基本服务技能水平，对无障碍有需求的人群提供良好的园区游览体验。

4）实施要点

城区公园绿地的无障碍建设应重点关注出入口、卫生间、停车场等的无障碍改造，关注盲道系统、无障碍标识导引、无障碍游览路线等的落实，对各关键设计要素进行重点把控，在满足各要素既定功能的前提下，通过对其进行整合设计实现公园绿地的无障碍化。

（3）无障碍城市广场

1）规划内容

从城市广场的类型划分，无障碍城市广场规划内容包括公共生活广场与交通集散广场；从建设阶段看，本规划适用于城区新建、改建与扩建的城市广场。

2）规划目标

城市广场主要分为公共活动广场与交通集散广场两类，前者为城区居民休憩、娱乐、交流、集会等公共生活提供的载体场所，后者则为公共交通枢纽等人流密集场所提供的瞬时缓冲与临时逗留空间。残障人士等障碍群体同样具有参与公共生活与实现城市出行的需求，故城市广场作为重要的物质实现载体，其同样应纳入城区无障碍建设范畴。在此背景下，应以城市广场的无障碍系统建设为目标，对其关键设计要素进行有效控制，并辅以建设和运维阶段的管理与服务，切实推进城区城市广场的无障碍化进程。规划目标包括：

①基于城区整体视角，全方位、系统化建立城区城市广场的无障碍建设体系。

②重点满足城区内各类障碍群体抵离与使用城市广场的需求。

③结合各街道城市广场的无障碍现状特征，为各街道城市广场的无障碍改造升级或新建提供顶层设计目标。

3）系统规划

应针对城区范围内新建、改建、扩建的城市广场进行专项设计，未达标者应开展无障碍专项改造，应提交符合标准的无障碍专项施工设计图并在通过竣工验收后方可投入使用。

城市广场应开展无障碍体系化建设，其内部应重点配置无障碍设备设施，完善无障碍标识导引系统，保障广义障碍人士平等地使用城市广场的权利，实现公共生活与城市出行的有效参与。城市广场应与周边道路、交通设施、公共建筑、居住区等的无障碍系统实现有效衔接，从而便于各类障碍群体快捷、安全地抵离城市广场。

各街道应结合自身情况，对管辖范围内的城市广场开展系统排查，基于其无障碍现状特征与问题，制定城市广场的无障碍建设工作方案。同时，各街道宜结合城市更新契机，选取辖区内具有代表性的城市广场优先开展无障碍建设试点，示范带动全街道乃至全区的城市广场建设。

应定期对城市广场开展督导巡查，确保各项无障碍设备设施正常使用。城市广场的管理单位应加强培育工作人员的无障碍意识，制定无障碍服务制度，开展无障碍服务培训，重点提升通行指引游览介绍、询问沟通、应急救援、无障碍辅具租借等基本服务技能水平。

4）实施要点

城市广场无障碍建设应重点关注无障碍出入口、无障碍通道、盲道系统、标识导引、无障碍停车场、无障碍卫生间、无障碍服务建筑与无障碍设备设施等设计要素的把控，在满足各要素既定功能的前提下，通过对其进行整合设计实现城市广场的无障碍化。

7.3.4 交往无障碍：公共服务设施配置规划

1）规划内容

从公共建筑类型划分，包括办公建筑、科研建筑、司法建筑、教育建筑、医疗康复建筑、体育建筑、文化建筑、工业建筑、商业服务建筑、历史文物保护建筑等；从无障碍建设阶段划分，规划适用于城区范围内新建、改建、扩建的公共建筑。（图7-10）

2）规划目标

作为城区公共服务的物质载体，各类公共建筑也是城区无障碍设施环境建设的重要环节与关键所在，公共建筑的无障碍建设水平直接关系到残障人士等障碍群体平等、顺利地参与城市生活、获取城市服务、享受城市便利的程度。在此背景下，城区应以公共建筑无障碍设施系统的体系化建设为重点，对其关键设计要素进行有效控制，并辅以相应环节的管理与服务制度，确保城区各类群体的公共服务需求得以满足。公共服务建筑的规划目标包括：

①基于城区整体视角，系统性建立城区公共建筑的无障碍建设体系。

②重点满足城区范围内各类障碍群体抵离使用公共建筑，享受公共服务的需求。

③结合城区各街道公共建筑的现状特征，为各街道公共建筑的无障碍改造升级或新建提供顶层设计目标。

3）系统规划

应针对城区范围内新建、改建、扩建的公共建筑进行专项设计，现有不达标者需进行改造。严格遵循无障碍设施工程建设有关标准和规范，落实规划、设计、施工、验收、监管等全流程的监督管理。重点项目包括：政府、学校、福利机构、交通场站、银行、超市等商业网点、图书馆和博物馆等文化服务设施、公园景区等公共活动场所，增加针对听觉弱势的金融消费人群的助听设备和针对失语者所需的手语沟通服务等。在新建或改扩建的开发项目中，通过设置奖金制度、强制性公共服务设施面积/总开发面积比率等，确保无障碍公共服务设施的配置或改造。

确保无障碍公共服务设施位于综合开发区域，选址良好，醒目且方便到达，确保无障碍设施和服务能向重点人群倾斜和实现最优分配。确保无障碍公共服务设施在全市范围内通过机动交通工具和公交可通达，确保无障碍公共服务设施位于环境安全区域；预留和界定在不妨碍无障碍公共服务设施主要功能的前提下，可允许复合配置的次要项目类型（住房、其他公共设施、小型商业用途和服务等）；不得将无障碍公共服务设施配置在受污染、风险易发和靠近有害基础设施的区域（噪声和空气污染、受污染场地、垃圾场、高压电和工厂等）。鼓励综合利用城乡社区存量房产、设施、土地设立养护机构、日间照料中心、无障碍活动中心等各类生活服务设施。

城区公共建筑尤其是政府对外办事大厅、医疗建筑、文体场馆等重点公共服务建筑，其无障碍系统建设应在满足各类残障群体公共服务需求的基础上，进一步实现与建筑空间、城市道路、公共交通和公共空间无障碍系统的衔接，便于城区各类障碍群体抵离公共建筑。

各街道应结合自身情况，对管辖范围内的公

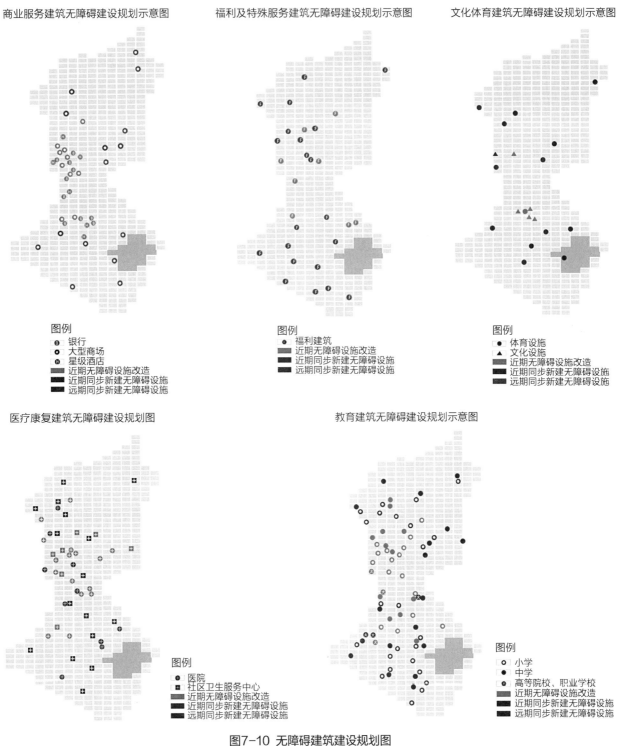

图7-10 无障碍建筑建设规划图

共建筑开展系统排查,基于其无障碍现状特征,制定公共建筑无障碍建设工作方案的同时,各街道宜紧密结合城区更新契机,选取管辖范围内具有代表性的公共建筑类型,优先对其开展无障碍改造升级或新建,以此为试点示范推动全街道乃至全区公共建筑的无障碍设施建设。

城区应对管辖范围内的公共建筑开展定期督导巡查,确保各项无障碍设备设施正常投入使用。应加强对其工作人员无障碍意识的培育,制定相关无障碍服务制度,并对其工作人员进行无障碍专项服务培训。针对政府对外办事大厅、医疗建筑、文体场馆、口岸建筑、银行建筑等重点公共服务建筑，工作人员尤其应当树立正确的服务观，提升其路线指引、问询沟通、业务办理、应急救援等无障碍服务技能与水平。

4）实施要点

城区公共建筑的无障碍建设应重点关注盲道系统、无障碍服务柜台、无障碍设备设施、无障碍卫生间与厕位、标识导引、特定场所等控制要素的规划设计，在满足其既定功能的前提下，通过系统整合设计实现公共建筑无障碍化。

7.3.5 居住无障碍：居住区无障碍建设规划

1）规划内容

无障碍居住区的规划范围包括新建、改建、扩建的居住区与居住建筑，其无障碍建设工作主要结合保障住房新建、城中村更新、老旧小区改造等多种形式。

2）规划目标

以居住区的住房及其公共空间无障碍设施系统建设为重点，对其关键设计要素进行有效控制，并结合相应环节的管理与服务制度，优先保障城区残障人士居住生活权利，再逐步拓展到保障对无障碍有需求的人群。规划目标包括：

①基于城区整体视角，系统性建立城区居住区的无障碍建设体系。

②重点满足城区范围内残障人士的无障碍居住与参与社区生活的需求。

③结合城区各街道居住区的现状特征，为各街道居住区住房与公共空间的无障碍改造、升级、新建提供顶层设计目标。

3）无障碍社区生活圈建设

①社区道路系统

宜依托城镇道路、绿道、街巷、公共通道等，构建通畅顺达、尺度宜人的高密度步行和自行车网络，提升慢行安全性和舒适性。公交站点设置宜满足500m服务半径范围全覆盖，人口密集地区宜满足300m服务半径范围全覆盖。宜根据人口密度、公交服务水平、道路交通承载力等确定停车政策分区，制定差异化的停车供给和管理策略。鼓励采用开放配建停车、分时共享等方式提供停车空间，并按需配置新能源充电桩车位。

无障碍社区生活圈道路系统规划应体现安全性、连续性和易达性原则。安全性指保障行人、车辆的进出行走安全，尽量减少、消除障碍人士、儿童和老年人在住区中可能遇到的不安全因素，创造无障碍环境，在材料的选择和布置上应考虑安全性与无障碍设计。连续性原则指满足机动车、非机动车及行人的交通需求，连接各入口及主要节点。易达性原则指交通道路应符合各类道路的设计要求，满足功能的需求，方便障碍人士、儿童和老年人目的地的到达和功能性的使用。

②公共活动空间

宜依托公共绿地、附属绿地、户外广场、林荫道、滨水绿道等，构建覆盖均衡、点线面相结合的休闲网络。例如小型公共空间的服务半径应在300m以内，枢纽地区、公共活动中心区和人口密集地区的服务半径应保持在150m以下，整体服务覆盖率不宜低于80%~90%。宜根据活动类型和人群特征进行设计，确保充足的活动场地和丰富的活动设施，引导亲切的空间尺度和多样的功能分区，满足文化表演、小型展览与社区市集等活动需求。

无障碍社区生活圈公共活动空间规划应体现安全性、易达性、多样性和气候适应性原则。安全性原则指活动场所的布局应避免与车行道路的流线交叉，地面有高差之处应采取适宜的安全措施，活动场所应有充足的夜间照明。易达性原则指住宅单元出入口至最近处的活动场所不宜超过100m，由住宅单元出入口至活动场所以及各活动场所之间应有无障碍通道联系，有高差处应设置无障碍坡道；活动场所的位置应清晰可见。多样性原则指活动场所在满足儿童活动需求的同时，还应满足不同身体状态老年人健身、休憩、娱乐等活动的需求。气候适应性原则指活动场所应设置在夏季阴凉通风、冬季向阳避风处。

③公共服务设施

结合5分钟—10分钟—15分钟三层次社区生活圈建设,新建或改建一批全龄、全类型人群通用的社区公共服务设施,形成社区通用无障碍生活圈(表7-6)。

5分钟—10分钟—15分钟生活圈层 表7-6

通用无障碍社区生活圈	服务人口	步行可达距离
5分钟	3000~5000	200~300m
10分钟	15000	500m
15分钟	50000	800~1000m

社区通用无障碍生活圈宜配置的设施包括(表7-7):

A社区文化设施:提供多样的文化服务设施,包括优先完善社区图书馆(室)、文化活动室等基础保障性文化设施,结合实际需要增加棋牌室等品质提升类设施。所有设施建设必须满足相应的规范和标准。

B终身教育类设施:优先增补和保障学龄前儿童教育、特殊教育机构,同时考虑各年龄段人群需求,增设包括老年学校、成年兴趣培训学校等在内的,能服务于全龄人口的教育设施。根据社区实际需要,残障人士较多的社区应重点增补残疾人职业培训中心等设施,儿童比例较高的社区应着重增加诸如学龄前儿童托管中心等设施。

C健康服务类设施:优先完善基层基础保障类卫生设施,包括社区卫生服务中心等。结合实际需要考虑增设康复训练中心等,满足康复医治、医疗训练等需求。

D养老类设施:落实以"居家养老为基础、社区养老为依托、机构养老为支撑"的指导思想,在重视提升居家养老服务品质的基础上,依托现有的社区养老院等设施基础,进一步按照标准增设日间照料中心、老年活动室等老年服务设施,全面满足老年群体的生活照料、保健康复和精神文化慰藉等需求。

E体育健身类设施:针对从儿童到老年人各

通用无障碍城市15分钟社区生活圈配置主要设施 表7-7

大类	细分	主要种类
社区文化	基础保障型	图书馆(室)、社区文化活动中心、青少年活动中心
	品质提升型	棋牌室、阅览室、自习室等
终身教育	基础保障型	幼儿园、小学、初中、高中、特殊教育学校
	品质提升型	成年兴趣培训学校、职业培训中心、老年学校、婴幼儿养育中心、学龄儿童养育托管中心等
健康服务	基础保障型	卫生服务站、社区卫生服务中心等
	品质提升型	工疗和康体服务中心(精神疾病工疗、残疾人康复活动场所、康体服务等)
老有所养	基础保障型	社区养老院(养老、护理等)、日间照料中心(老人照顾、保健康复、膳食供应)、老年活动室(交流、文娱活动等)
	品质提升型	综合为老服务中心、托老点,居家养老服务中心、长者照护、长者食堂
体育健身	基础保障型	综合健身馆、游泳馆、运动场
	品质提升型	室内、室外健身点、游泳池(馆)、专用无障碍健身步道、塑胶跑道、公共自行车租赁点、中小型体育主题公园
商业服务	基础保障型	室内菜场(副食品、蔬菜等)
	品质提升型	生活服务中心、小区综合快递收发站
	特色引导型	社区食堂(膳食供应)、社区家政共享服务点、社区就业服务中心(修理服务、家政服务、菜店、快递收发、裁缝店)、为农服务中心

年龄段，从基础锻炼到专业训练等各方面需求，着力构建多样、高可达、高覆盖的健身休闲空间，以应对向绿色健康生活方式的转变。

F商业服务类设施：提供便民多样的商业网点服务，尤其是能满足各类残障人群的使用需求。

根据不同社区的人口和需求特征，提供有针对性的差异化设施和服务。重点关注人群包括有障碍人士、儿童、老年人等。60岁以上老年人口占比达到25%以上或65岁以上老年人口占比达到15%以上的社区，需重点考虑增设老年人口有关设施。80岁以上高龄人口占比超过10%的设施需专门加强高龄人口医疗养护、日常照料、家庭护理等服务供给。同样地，当社区婴幼儿比例较高时，应加强儿童养育有关的设施保障。

构建步行可达、便捷有活力的无障碍社区设施圈。开展针对各群体日常活动和设施使用的现状调研，得出设施空间布局与居民使用频率的关联特征。以有障碍人士、老年人、儿童等弱势群体为重点关注人群，保障其常用设施能在5分钟步行可达圈中。基于居民活动特征，将存在高关联度的设施临近布局，例如60~69岁老年人口的日常设施圈以菜场或其他网点为核心，与幼儿园、绿地公园等邻近布局（图7-11）。

面向无障碍人士的公共安全体系建设一直是

图7-11 上海"15分钟城镇社区生活圈"社区设施圈层布局示意图

无障碍建设中的难点问题，可结合社区生活圈建设通用无障碍社区防灾设施圈。具体而言，建立分级响应的空间转换方案，充分利用社区现有资源改造，配置可临时转换的无障碍应急隔离、医疗救治、物资储存等设施和场地。应对突发公共卫生事件，制定社区网格化隔离管控方案，按照风险程度划定应急管理分区。制定针对重大灾害、突发事件的预案，联动居民、社会团体形成维护安全的志愿者团体，并定期开展演练（表7-8）。

4）无障碍居住区规划改造

应针对城区新建、改建、扩建的居住区与居住建筑应进行专项设计，包括居住区与居住建筑无障碍现状未达标项目的无障碍专项改造，应通过无障碍施工设计审查与竣工验收方可投入使用。

新建居住区或居住建筑。应配置足量且合规的无障碍住房，推进现有残障人士住房的无障碍改造，重点关注出入口、通道、家具、厨房与卫生间等，增设紧急呼叫系统，提升残障人士居家无障碍比例。应重点关注居住区的公共空间出入口、绿地、道路、服务建筑与停车场（库）的无障碍建设工作，并实现居住区公共空间与无障碍住房、上位道路与周边交通节点的无障碍接驳，方便各类障碍群体抵离居住区与参与社区活动。

家庭无障碍改造。重点关注老年贫困家庭、重度身心障碍者贫困家庭，以解决其居家生活基本需要为底线，推进品质提升类设施改造，优先安排病残、失能、高龄、独居等特殊困难老年人家庭的无障碍设施改造，而后逐步推广到所有身心障碍家庭。改造过程应充分考虑个性化需求，提供人性化服务，达到全方位保障。开展家庭无障碍改造的评级工作，提供政策扶持，同时对优秀单位进行奖励。

居住区无障碍设施改造。重点关注小区内住宅外的公共空间，包括楼道、电梯、楼梯、活动空间等。确保提供足量和适用的能供身心障碍者出行使用的辅具，确保出行辅具与社区环境的顺畅衔接，例如推进坡道、电梯轿厢、建筑出入口的改造，必要情况下配备爬楼机、升降平台、座椅电梯等升降器械。在居住区内设置无障碍停车入位，规划无障碍代步车的停放区域。推进居住区内的道路系统无障碍改造，确保步行道路平整、安全、无障碍物，严禁非法占用小区步行道，保障残疾人和老年人能自主安全通行。加大对住宅小区消防安全保障设施建设力度，完善公共消防基础设施。优先改造残疾人和老年人口比

无障碍社区防灾圈公共安全配置要素配置建议　　表7-8

防灾圈分级	要素分类	要素细分	空间载体
社区防灾圈（15分钟）	避难场所	固定避难场所	体育场（含中小学操场）、公园绿地、地下人防空间
	应急通道	主要救灾道路	连接医疗中心、救灾指挥中心、物资集散中心的道路
		紧急救灾道路	保证大型救灾机械通行、救援活动开展的城市道路
	防灾设施	医疗设施	社区卫生服务中心、专科医院、综合医院
		防灾指挥设施	街道办事处、卫生服务中心、派出所可作为应急指挥中心
		物资保障设施	社区应急物资储备分发场地、应急物资储存仓库
邻里防灾圈（5分钟）	避难场所	紧急避难场所	社区游园、小广场、街头绿地、小区集中绿地
	防灾通道	紧急避难道路	居民可疏散转移的城市道路
	防灾设施	医疗设施	卫生服务站
		消防设施	微型服务站
		物资保障设施	物业用房仓库

例较高的居住区。

城中村作为城市快速、高密度发展的现状，存在着居住密度大、居住环境差、公共空间少、无障碍设施缺乏等问题，也是城市居住环境无障碍建设的重点。应探索将城市更新、城中村综合治理等政策紧密衔接，一方面逐步提高其中的无障碍住房比例，另一方面完善城中村慢行环境、交通设施、活动空间等的无障碍设施设备，再一方面推动引入现代化的管理和服务制度，从而提升城中村的无障碍居住环境，提高城区无障碍城中村的比例。

各街道宜根据自身情况，对辖区内居住区与居住建筑开展系统排查，基于无障碍现状，制定居住区无障碍建设工作方案。在此基础上，各街道宜优先选取残障人士聚居的居住区开展无障碍建设试点，以点带面逐步推动全区居住建筑的无障碍化。

城区应定期对管辖范围内居住区的公共空间开展督导巡查，确保各项无障碍设备可正常投入使用。居住区应重视无障碍理念的宣传教育，通过多种形式向社区居民传播助残帮残理念，树立正确的残障观，消除歧视等行为，让更多居民主动参与到无障碍事业中。居住区应对服务、安保、物业等工作加强无障碍服务培训，强化其无障碍服务意识，重点提升社区指引、问询沟通、应急救援等基本无障碍服务技能与水平。

5）实施要点

无障碍住房：实行"一户一设计"个性化服务，重点关注住房设施、求助呼叫按钮以及居住环境等控制要素，并通过整合设计，实现残障人士等障碍群体在住房内部各类生活活动的无障碍化。

社区公共空间：应重点关注无障碍出入口、住区绿地、住区道路、服务建筑、停车场（库）等控制要素的规划设计，在满足其既定功能要求的前提下，通过整合设计系统性实现居住区公共空间的无障碍化，为障碍群体融入社区公共生活提供支撑。

7.3.6 信息无障碍

加快推进信息无障碍建设工作，明确开展信息无障碍建设的基本原则，制定信息无障碍公共服务的指导性要求，提高信息无障碍服务质量，推广无障碍产品使用，满足残障人士、老年人、儿童、孕妇等有需要人士无障碍地参与社会活动。

坚持政府主导、市场充分调节、社会广泛参与的原则。坚持政府统一领导，强化相关部门在信息无障碍政策制定、规划、监督中的职能，加强部门间有关信息无障碍建设的合作，切实提高信息无障碍的质量。充分发挥社会力量、市场调节作用，鼓励引导各类社会企业、残障人士服务机构、公益组织、志愿队伍等以技术，产品、服务、资金投入等方式参与信息无障碍建设当中，满足残障人士多层次、多样化的需求。

坚持需求导向、精准服务的原则。以残障人士最根本的信息无障碍需求为导向，结合互联网和现代科技发展新趋势，完善"智慧残联""互联网+""大数据""智能化"等产品和服务，实现服务需求与服务供给的有效对接，更加精准、高效地为残障人士服务。

坚持法规保障、标准先行的原则。完善相关法律法规，形成无障碍信息建设的长效机制和信息无障碍标准，加强信息建设中的督导验收，保证信息无障碍建设的质量和水平。

无障碍信息规划主要分为信息无障碍制度规范、信息无障碍产品、信息无障碍服务平台、信息无障碍服务四个方面。

（1）信息无障碍制度规范

1）定期总结信息无障碍建设的工作经验，推动相关标准的研究，重点制定和完善信息无障碍平台、信息无障碍公共服务、信息无障碍产品开发等方面的规范，形成信息无障碍统一的标准体系。

2）制定相关奖励制度，保证信息无障碍建设相关制度规范的落实。

(2) 信息无障碍产品

信息无障碍产品是支持信息无障碍功能的用户端软硬件产品，是基于残障人士等特殊人群在个人生活、出行、公共场所活动及使用公共服务设施的需求开发出来的产品。主要分为公共服务领域设施和信息交流无障碍技术、产品研究开发。

1）公共服务领域产品。在医院、教育、文化、体育、商业服务等建筑，政府大楼、科研机构、公园景区、交通工具等公共场所和公共服务机构配备无障碍信息服务设施，为听力、言语残障人士提供语音提示和信息屏幕系统、图文引导和听力辅助系统、紧急呼叫与显示系统、手语盲文等信息交流服务，完善无障碍电话、无障碍标志、盲文地图、盲文铭牌、过街音响信号装置、电梯提示功能、语音报站系统等设施建设，利用RFID（条形码识别）无线通信技术，在公共交通工具上安装公交智能化导盲系统。

2）信息交流无障碍技术、产品研究开发。鼓励企业、科研机构开展信息交流无障碍关键技术的研究和产品开发，重点推进计算机、网站、智能终端设备及应用软件的无障碍功能开发与完善，加大对有关文字、语音、虚拟手语智能设备转换技术等的研究和产品开发。

(3) 信息无障碍平台

信息无障碍平台是指向社会提供服务的公共服务平台，是基于互联网、电信网建立的各类公共信息服务系统，在公共服务领域（如电子商务、金融、交通、医疗、教育、旅游等）为用户提供无障碍通信服务。按功能大体可以分为政府网站信息平台、社会公众网站信息平台、社区服务与综合管理信息网络平台、残障人士服务信息管理平台、信息交流通信服务平台以及其他公共信息服务平台。

1）政府网站信息平台。人民政府网站、政府公益活动网站、残障人组织的网站力推"一门式一网式"互联网+政务服务，探索更多事项实现"任意办"，统一发布各类政务信息，按照无障碍网站设计标准，充分运用语音信息、读屏技术等，推进全区政务服务网站的信息无障碍改造，为残障人士提供语音和文字提示等信息服务，实现信息的无障碍化，方便残障人士使用。

2）社会公众网站信息平台。宣传、鼓励和引导各类公共服务网站、公用企事业单位网站、商业金融、公益组织等网站完成信息无障碍改造，探索建立网站信息无障碍认证机制，从架构、色彩、导航、代码等方面实施，在可感知性、可操作性、可理解性以及兼容性方面达到无障碍网站设计要求，并对达到标准要求的社会公众网站授予无障碍认证标志，方便用户使用读屏工具及全键盘操作，提供基本的网上信息无障碍浏览服务。

3）社区服务与综合管理信息网络平台。残障人士可以通过平台系统的单键呼叫方式，及时获得有效的上门服务。政府应通过政策倾斜等方式吸引各类企业积极参与，为居民提供便利多样的社区服务，推动社区的信息化建设。

4）残障人士服务信息管理平台。区残联继续完善"残障人士服务一卡通"信息化管理系统和残障人士标准服务清单，利用城区残障人士基本信息档案，做好城区残障人士网上档案信息库建立的各项工作，为城区残障人士提供康复指导、就业培训、教育启蒙、社会保障等服务工作。实施动态管理，让残障人士知道自己有什么权利，可享受什么服务，不断完善残障人士服务信息化系统。

5）信息交流通信服务平台。鼓励和引导电信运营商，利用先进的信息通信与处理技术，建设完善无障碍信息交流综合通信服务平台，推广手机短信息和屏幕可视电话，为残障人士提供文字短信紧急呼叫、语音短信、语音定位导向、通讯录自助管理以及残障人士信息咨询等服务。

6）其他公共信息服务平台。互联网、电信等运营企业根据残障人士的特点和需求，对主流的网络信息交流平台进行无障碍改造，推广盲人计算机应用，推出适合残障人使用的信息产品和符合残障人士需要的无障碍技术业务服务。

（4）信息无障碍公益服务

信息无障碍公益服务主要是指在公共领域体现信息无障碍理念，为社会提供信息交流无障碍环境。大致可以分为信息无障碍阅读、信息无障碍服务、媒体文艺活动信息无障碍服务。

1）信息无障碍阅读。在城区内主要的公共图书馆设立盲人阅览室，配备放大仪、无障碍电脑、无障碍电影光盘，安装盲文输入输出和有声转换设备，增加有声读物的馆藏量，开展视障阅读服务，为残障人士阅读书籍、使用互联网、观看电影提供便利；通过政府购买社会服务的方式，在部分大型社区开展盲用文献与设备免费借阅物流配送试点，为社区残障人士提供上门投递和收寄服务；支持盲人有声读物的出版。

2）信息无障碍服务。委托政府部门或社会部门每年定期对政府服务机构、窗口单位、商业、社区等服务行业的工作人员、社工、志愿者进行无障碍服务技能培训，包括手语、盲文等信息交流无障碍基本知识培训；根据信息无障碍建设需要，在政府服务中心、重要公共建筑、公共交通枢纽等区域配备无障碍信息服务员，扩大信息无障碍公益服务的范围；建立网上就业档案信息库，依托广播、电视、网站、公众号等大众传播媒介发布招聘信息和保障服务信息，为残障人士提供在线咨询、在线应聘等一条龙服务。

3）媒体文艺活动信息无障碍服务。新闻媒体利用"国际残疾人日"等重要节日，制作播出无障碍公益广告、宣传片、专题片，引导残障人士正确使用无障碍信息设施，提高公众的无障碍意识，自觉维护、爱护无障碍信息设施，营造全社会关注信息交流无障碍建设的良好社会氛围；报刊、广播电台、电视台等传媒单位应当逐步开辟残障人士专栏或者专题节目在电视新闻、电影、电视剧等影视节目中普及推广手语和字幕工程，建立电子屏幕信息系统；鼓励和推动文化馆展会、演出等场所配备特殊语言讲解员、语音提示或大屏幕，为残障人士定期举办无障碍的观赏影视、音乐、展览及文艺演出等公益服务活动。

7.4 无障碍详细规划

7.4.1 控制性详细规划的指标管控内容

控制性详细规划是连接城市规划与建设开发的关键一环，是建设审批许可的直接依据，是修建性详细规划的编制依据，对我国城市建设开发起着控制、引导与监督的作用。控制性详细规划在我国建设审批许可制度中的用地规划阶段发挥着重要作用，是落实无障碍城区建设的关键环节。

基于城市规划管理的眼光考察城市建设活动，主要包括六个方面，即：土地使用、环境容量、建筑建造、城市设计引导、配套设施和行为活动。这六个方面既是规划重点，也是管理重点，均可以通过相应的指标管控予以落实。

控制性详细规划中的指标管控分为规定性和指导性。前者必须遵照执行，具有强制性；后者是参照执行，不具备强约束。依据控制性详细规划相关编制规范，参照城市无障碍环境建设要求，控制性详细规划中建议设置的无障碍环境指标如表7-9所示：

其中，规定性指标包括无障碍设施用地保障率和用地兼容性管控要求、无障碍设施建筑面积，无障碍公共建筑与适老型建筑密度、容积率、高度要求，无障碍绿地覆盖率、公共绿地的无障碍可进入率，基础设施、公共服务设施和公共安全设施中的无障碍设施覆盖率，无障碍人行道路、无障碍公共空间建筑后退红线与后退用地边界，地块内无障碍出入口口方位、数量和允许开口路段。另外，根据无障碍环境规划建设的需求，增设地块内无障碍交通通道接驳率、地块内高差坡化率、地块内无障碍标识和应急系统覆盖率等特色性指标。

指导性指标包括：地块可服务具有无障碍环境需求的人口容量（或人口密度），重点地段、文物保护区、历史街区、特色街道、城市公园以及其他城市开敞空间周边地区无障碍设施或无障

控制性详细规划指标管控一览表 表7-9

编号	指标	分类	控制性详细规划中建议设置的无障碍环境指标
1	用地性质	规定性	无障碍设施用地保障率，针对教育设施、医疗卫生设施、社会福利设施、康体设施、适老型建筑提出特殊的用地兼容性管控要求
2	用地面积	规定性	无障碍设施建筑面积
3	建筑密度	规定性	无障碍公共建筑、适老型建筑密度
4	容积率	规定性	无障碍公共建筑、适老型建筑容积率
5	建筑高度/层数	规定性	无障碍公共建筑、适老型建筑高度/层数
6	绿地率	规定性	无障碍绿地覆盖率/公共绿地的无障碍可进入率
7	基础设施、公共服务设施和公共安全设施	规定性	基础设施、公共服务设施和公共安全设施中的无障碍设施覆盖率
8	建成后退道路红线距离	规定性	无障碍人行道路、无障碍公共空间建筑后退道路红线
9	建筑后退用地边界距离	规定性	无障碍人行道路、无障碍公共空间建筑后退用地边界
10	停车泊位	规定性	无障碍社会停车场（库）、无障碍住宅/公建配建停车场（库）
12	地块交通出入口方位、数量和允许开口路段	规定性	地块内无障碍出入口方位、数量和允许开口路段
13	（特色指标）	规定性	地块内无障碍交通通道接驳率
14	（特色指标）	规定性	地块内高差坡化率
15	（特色指标）	规定性	地块内无障碍标识和无障碍应急系统覆盖率
16	人口容量	引导性	地块可服务具有无障碍环境需求的人口容量
17	建筑形体、色彩、风格等城市设计内容	引导性	重点地段、文物保护区、历史街区、特色街道、城市公园以及其他城市开敞空间周边地区无障碍设施或无障碍标识的形体、色彩、风格等设计内容
18	环境要求（关于环境保护、污染控制、景观等）	引导性	教育设施、医疗卫生设施、社会福利设施、康体设施、适老型建筑的环境设计特殊要求

资料来源：依《城市规划编制办法》整理而成。

碍标识的形体、色彩、风格等设计内容，教育设施、医疗卫生设施、社会福利设施、康体设施、适老型建筑的环境设计特殊要求（表7-9）。

7.4.2 控制性详细规划的图则管控内容

图则在总体规划、分区规划的基础上编制，旨在对控制性详细规划片区范围的土地利用性质、开发强度、配套设施、道路交通和城市设计等方面做出的详细规定，以落图定界的形式。在规划实践中，一般形成单元控规—地块控规的两层级传导体系。

（1）单元控规图则

结合现有主要城市单元图则的控制内容，单元控规中应体现的无障碍环境规划要求包括：

1）通过规划核心指标和无障碍建设分区指引图，集中落实和深化总规与无障碍环境专项规划要求。

2）根据控制性详细规划确定的单元类型、主导属性、人口、用地规模和布局、三大设施（公共服务设施、交通和市政基础设施、公共安全设施）的规模与布点等要求，确定差异化的无障碍设施建设要求，将总体规划的无障碍设施建设任务分解到各控规编制单元。

3）通过文本、图则、图纸，落实无障碍设施建设刚性管控线体系，对单元内无障碍设施的数量与结构点位进行控制，将刚性管控和弹性引导相结合，经法定程序批准后具有法定效力，公示强制性内容。

参考北京城市副中心控制性详细规划（街区层面）图则（图7-12），需在单元图则中体现的无障碍环境设计要求如表7-10所示：

（2）地块控规图则

结合现有主要城市地块控规图则的控制内容，地块控规中应体现的无障碍环境规划要求包括：

1）对无障碍环境规划设计的强制性内容进行深化，对地块提出具体管控要求（性质、面积、建筑密度、容积率、控制高度等）。

2）提出适用于无障碍规划设计的指导性内容（城市色彩、街道空间、绿地率、配套设施、出入口方位、停车泊位、用地可变性、地下空间

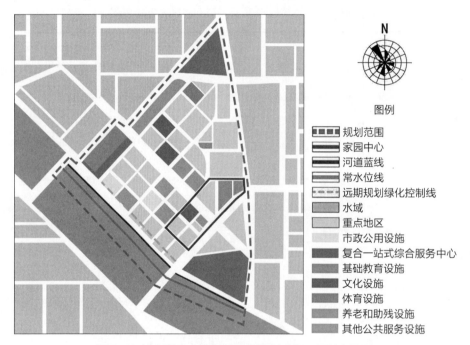

图7-12 城市副中心控制性详细规划（街区层面）图则

控制性详细规划单元图则中需体现的无障碍环境设计要求　　　　表7-10

类型	管控内容	无障碍设计附加要求
刚性管控线	河道蓝线	无障碍亲水岸线分布
	常水位线	—
	远期规划绿化控制线	无障碍出入口分布
	地块内部道路控制线	无障碍交通接驳情况
主要设施点位	市政公用设施	无障碍改造标识
	交通设施	无障碍改造标识
	复合一站式综合服务中心	无障碍改造标识
	基础教育设施	无障碍改造标识 特殊教育学校标识
	文化设施	无障碍改造标识
	体育设施	无障碍改造标识
	养老和助残设施	无障碍改造标识 助残设施类型标识
	其他公共服务设施	无障碍改造标识

注：其他公共设施包括居住区服务设施（中小学、幼托、居住区级公建），环卫设施（垃圾转运站、公共厕所），电力设施（变电站、配电所），电信设施（电话局、邮政局），燃气设施（煤气调气站）。

利用、建设状况、街道城市设计等）规划设计导则，作为控规成果的补充，经部门联审和专家论证后作为设计人员和管理人员开展工作的规范性文件，其刚性内容纳入总成果的图则中进行管控。

参考北京城市副中心控制性详细规划（地块层面）图则（图7-13），需在地块控规图则中体现的无障碍环境设计要求如表7-11所示：

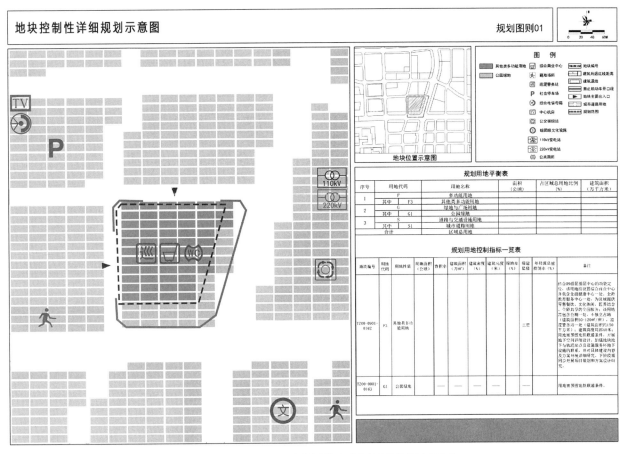

图7-13 城市副中心控制性详细规划（地块层面）图则

控制性详细规划地块图则中需体现的无障碍环境设计要求　　表7-11

类型	管控内容	无障碍设计附加要求
刚性管控线	建筑后退红线距离	无障碍人行道路、无障碍公共空间建筑后退道路红线
	建筑退线	无障碍人行道路、无障碍公共空间建筑后退用地边界
	禁止机动车开口段	地块内无障碍出入口允许开口路段
	地块主要出入口	地块内无障碍出入口方位、数量
	城市道路用地	无障碍交通接驳情况
主要设施点位	综合商业中心	无障碍改造标识
	避难场所	无障碍改造标识
	巡逻警务站	无障碍改造标识
	社会停车场	无障碍改造标识
	综合电信邮局	—
	中心机房	—

续表

类型	管控内容	无障碍设计附加要求
主要设施点位	公交枢纽站	无障碍改造标识
	组团级文化设施	无障碍改造标识
	110kV变电站	—
	220kV变电站	—
	公共厕所	无障碍改造标识
规划用地控制指标	用地性质	无障碍设施用地保障率，针对教育设施、医疗卫生设施、社会福利设施、康体设施、适老型建筑提出特殊的用地兼容性管控要求
	用地面积	无障碍设施用地面积
	容积率	无障碍公共建筑、适老型建筑容积率
	建筑面积	无障碍设施建筑面积
	建筑密度	无障碍公共建筑、适老型建筑密度
	建筑高度	无障碍公共建筑、适老型建筑高度/层数
	绿地率	无障碍绿地覆盖率/公共绿地的无障碍可进入率
	绿建星级	无障碍公共建筑、适老型建筑绿色星级
	年径流总量控制率	—

（3）附加图则

针对城市重点地区（如历史风貌地区、重要滨水区与风景区、公共活动中心区、交通枢纽地区），可通过附加图则对控制性详细规划的指导性内容提出具体管控要求。参考深圳市控制性详细规划附加图则管控内容，需在附加控规图则中体现的无障碍环境设计要求如表7-12所示：

附加图则控制指标一览表　　　　表7-12

控制指标		重点地区类型			
		公共活动中心区	历史风貌地区	重要滨水区与风景区	交通枢纽地区
建筑形态	建筑高度	无障碍公共建筑、适老型建筑作具体要求	无障碍公共建筑、适老型建筑作具体要求	无障碍公共建筑、适老型建筑作具体要求	无障碍公共建筑、适老型建筑作具体要求
	屋顶形式	可选	无障碍公共建筑、适老型建筑作具体要求	可选	可选
	建筑材质	可选	无障碍公共建筑、适老型建筑作具体要求	可选	可选
	建筑色彩	可选	无障碍公共建筑、适老型建筑作具体要求	可选	可选
	连通道	无障碍公共建筑、适老型建筑作具体要求	可选	可选	无障碍公共建筑、适老型建筑作具体要求
	标志性建筑位置	无障碍导识系统设计作具体要求	无障碍导识系统设计作具体要求	可选	无障碍导识系统设计作具体要求
	建筑保护与更新	无障碍公共建筑、适老型建筑作具体要求	可选	无障碍公共建筑、适老型建筑作具体要求	无障碍公共建筑、适老型建筑作具体要求

续表

控制指标		重点地区类型			
		公共活动中心区	历史风貌地区	重要滨水区与风景区	交通枢纽地区
公共空间	建筑控制线	无障碍人行道路、无障碍公共空间建筑后退用地边界	无障碍人行道路、无障碍公共空间建筑后退用地边界	无障碍人行道路、无障碍公共空间建筑后退用地边界	无障碍人行道路、无障碍公共空间建筑后退用地边界
	贴线率	无障碍公共空间建筑贴线情况	无障碍公共空间建筑贴线情况	无障碍公共空间建筑贴线情况	无障碍公共空间建筑贴线情况
	公共通道	无障碍通道作具体要求	无障碍通道作具体要求	无障碍通道作具体要求	无障碍通道作具体要求
	地块内部广场范围	无障碍广场作具体要求	无障碍广场作具体要求	无障碍广场作具体要求	可选
	建筑密度	可选	无障碍公共建筑、适老型建筑作具体要求	可选	可选
	滨水岸线形式	无障碍游憩空间作具体要求	可选	无障碍游憩空间作具体要求	可选
道路交通	机动车出入口	无障碍入出口情况	可选	无障碍入出口情况	无障碍入出口情况
	公共停车位	无障碍公共停车位情况	无障碍公共停车位情况	无障碍公共停车位情况	无障碍公共停车位情况
	特殊道路断面形式	无障碍交通接驳情况	无障碍交通接驳情况	无障碍交通接驳情况	无障碍交通接驳情况
	慢行交通优先区	无障碍慢行系统	可选	无障碍慢行系统	可选
地下空间	地下空间建设范围	无障碍公共建筑、交通枢纽作具体要求	可选	无障碍公共建筑、交通枢纽作具体要求	无障碍公共建筑、交通枢纽作具体要求
	开发深度与分层	无障碍公共建筑、交通枢纽作具体要求	可选	可选	无障碍公共建筑、交通枢纽作具体要求
	地下建筑主导功能	无障碍公共建筑、交通枢纽作具体要求	可选	可选	无障碍公共建筑、交通枢纽作具体要求
	地下建筑量	可选	可选	可选	无障碍公共建筑、交通枢纽作具体要求
	地下连通道	无障碍公共建筑、交通枢纽作具体要求	可选	可选	无障碍公共建筑、交通枢纽作具体要求
	下沉式广场位置	可选	可选	可选	无障碍公共建筑、交通枢纽作具体要求
生态环境	绿地率	可选	可选	无障碍游憩空间作具体要求	可选
	地块内部绿化范围	无障碍绿地空间作具体要求	无障碍绿地空间作具体要求	可选	可选
	生态廊道	可选	可选	无障碍游憩空间作具体要求	可选
	地块水面率	可选	可选	无障碍游憩空间作具体要求	可选

7.4.3 多规合一型村庄规划的无障碍建设要求

村庄规划是我国"五级三类"国土空间规划体系的重要组成，是依规核发乡村建设工程规划许可、进行各项建设和完善乡村地区治理的法定依据。村庄规划主要内容中应体现的无障碍环境规划要求包括：

1）居住无障碍

农村居民点用地。对于农村宅基地，按照上位规划确定的农村居民点布局和建设用地管控要求，对农村人口数量和年龄结构进行预测，重点关注老、幼、残障人口的空间分布情况，着重考虑有障碍人士在农村住房方面的特殊需求，合理确定宅基地无障碍改造目标。

2）交往无障碍

按照城乡基本公共服务均等化要求和乡村生活圈理念，充分结合障碍人士的生产生活方式，明确福利、养老设施用地等重要的农村社区服务设施用地、无障碍农村公共建筑与公共服务用地的用地性质、用地规模和控制要求。

梳理村庄现状缺少及配置不达标的无障碍公共服务设施项目，合理安排对各类村庄公共服务设施的无障碍改造计划，具体包括村委会、文化礼堂、文化活动场所、健身场地、村卫生所、快递服务、农贸市场、养老服务设施、教育设施等。确定无障碍公共服务设施配置内容和建设要求，明确各类设施的规模、布局、标准等。暂时无法明确位置、无须独立用地等情形的无障碍公共服务设施可采用"点位+清单"的控制方式。

3）出行无障碍

农村无障碍道路规划。对上位（专项）规划确定的无障碍交通设施予以落实，根据村庄规模和集聚程度确定村庄内部道路等级与建设标准，做好布局衔接和用地预留。结合村庄自然山水与人文景观特色，因地制宜地规划布局无障碍慢行系统，包括绿道、骑行道、慢行道等。

农村交通场站规划。综合考虑农村无障碍出行的实际需要，充分结合公共广场、路边等地，因地制宜规划布局无障碍公交站场和停车场地。有特殊功能（如乡村旅游）的村庄，要考虑无障碍停车场地布局的安全性，可在村口、公共活动中心等附近集中布局一定规模的无障碍停车场。

4）休闲无障碍

充分尊重地形地貌、山体水系等自然环境条件，依循村庄原有自然水系、街巷格局、建筑群落等空间肌理，合理规划布局无障碍农村绿地和开敞空间用地等各类建设用地界线。结合无障碍人士生产生活需求，依托乡村生活圈布局，形成无障碍公共空间体系化布局；充分考虑现代化农业生产和农民生活习惯，使各类无障碍公共空间场所，既满足不同人群的需求，又能兼具地域文化气息，引导性要求主要关注场地铺装、围栏、花坛、园灯、座椅、雕塑、宣传栏、垃圾筒等。

8 城市环境无障碍子系统设计导则

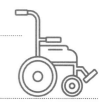

8.1 出行无障碍

出行无障碍是指无障碍需求者在任何条件下都能平等的、方便的、无障碍的从出发点到达目的地。建设目标是达到出行者"点对点""门对门"接驳，形成无障碍闭环，营造更高品质的交通出行环境。设计内容包括以下几个方面：道路接驳、人行道系统、公共交通设施、交通枢纽、交通导视系统。

8.1.1 道路接驳

城市建成区内的主干道、次干道、支路等各级道路均是城市道路系统无障碍设计的重要内容，其中步行街等主要商业区道路，旅游景点、景观带等周边的道路是无障碍设计重点，是保障城市无障碍物质环境的关键。道路无障碍建设核心是打造安全、畅通的无障碍通道系统，并且做到与周边场地、建筑等各类城市空间进行无障碍接驳（图8-1、图8-2）。

以便利残疾人通行为目的，城市道路无障碍设计内容应符合表8-1中的规定：

（1）人行道路与非机动车道接驳

为提高城市人行道路的无障碍水平，有以下几个要点：1）尽量减少人行道与非机动车道的路面高差，或使用圆角路牙石过渡，同时保证各类道路路口的缘石坡道符合设计规范要求；2）利用红线处的绿化带、街边绿地、口袋公园、小广场等，包括人行道与非机动车道之间的间隔地带，综合多种因素设置无障碍休息场所；3）当城市主要干路、支路与障碍休息场所存在较大高差时，应设置无障碍坡道，方便轮椅进行接驳，同时设置引导标识。对于人车混行道路，应通过不同的材质、色彩、画线等方式标明人行无障碍路线宽度范围，以起到指示作用。

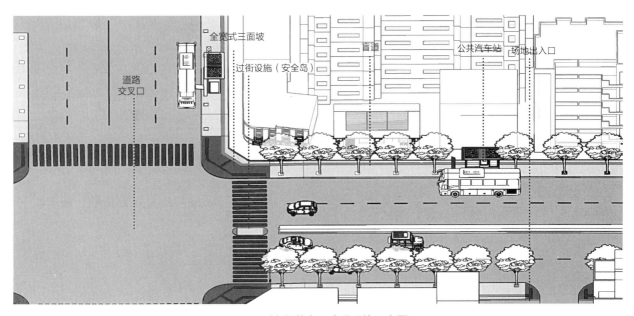

图8-1 城市道路无障碍系统示意图

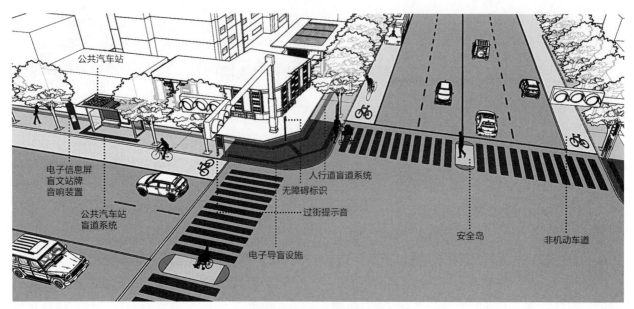

图8-2 城市道路无障碍设计示意图

城市道路设施的设计内容　　　　　表8-1

道路设施类别	设计内容	基本要求
非机动车车行道	通行纵坡、宽度	满足手摇三轮车者通行
人行道	通行纵坡、宽度、缘石坡道，立缘石触感板材，限制悬挂物、凸出物	满足手摇三轮车者、轮椅者、拄拐杖者
人行天桥和人行地道（包括坡道式和梯道式）	纵剖面、扶手、地面防滑、触感材料	方便拄拐杖者、视力残疾者通行
主要商业区及人流极为稠密的道路交叉口	音响交通信号装置	方便视力残疾者通行
公交车站	站台有效宽度、缘石坡道	满足轮椅通行与停放的要求
无障碍标识系统	沿通行路径布置，构成完整引导系统	悬挂醒目

为适应轮椅通行的要求，非机动车道和人行道的纵断面设计应符合下列规定：非机动车道和人行道通行的宽度不得小于2500mm；非机动车道和人行道通行的最大纵坡一般不大于2.5%；地形困难的路段、桥梁、立体交叉桥，路面最大纵坡不大于3.5%；纵坡坡长的限制应符合的规定如表8-2、表8-3：

最大坡度　　　　　表8-2

条件	最大坡度（%）
平原、微丘地形的道路口、地形困难的路段	2.5
桥梁、立体交叉	3.5

纵坡坡长限制　　　　　表8-3

坡度（%）	限制的纵坡长度（m）
2.4	不限制
2.5	250
3.0	150
3.5	100

（2）人行道路与主要设施接驳

城市人行道路与主要交通设施的无障碍接驳有以下要点：1）与公交站、地铁站、机动车停车场所（包括地下）的接驳应采用设置缘石坡道或以坡地地形过渡的方式；2）公共停车场应设置靠近出入口的无障碍停车位，同时应设置低位收费桩，无障碍停车位和低位收费桩均应与人行道形成无障碍接驳。

城市人行道路与公共建筑、商业街区的无障碍接驳方面，首先应确保大型公共建筑和人流密集场所应设置出租车无障碍优先候车区，酌情设置无障碍停车位。此类重要公共设施周边的人行道铺装上应设置为残障人士引路的触感材料，包括指示前进方向的带凸条形导向带、指示前方障碍的带原点形停步块材。

此外，应在主要路口设置标明无障碍设施分布和路线的图，在各类无障碍设施以及关键位置的接驳处设置引导标识，标明周边区域的无障碍公共交通站点、停车场所、休息场所、公共厕所，无障碍出行路线、游憩路线，还应根据实际需要标明能提供视听无障碍设施的服务点位，标识本身也应当做到便于各类残障人士使用（图8-3）。

（3）人行道路与立体交通系统接驳

城市人行道路与立体交通系统的接驳应着重处理高差和道路衔接问题，后者主要涉及坡道、人行横道、盲道等的关系。例如，桥梁隧道处的人行横道在与一般城市道路的人行道衔接时，所设置的坡道坡度不应小于5%，桥梁隧道入口处的人行道应设置缘石坡道，同时与外围的人行横道对应，桥梁隧道内的人行道也应设置盲道（图8-4）。

（4）无障碍交叉口

无障碍道路交叉口是不同使用者不同需求的汇集区，是不同道路设施、市政设施汇集区域，是无障碍改造设计的重点。要求各功能之间协调合作，并在重点方面做出限制性规定。

无障碍交叉口的布局应符合下列要求：

无障碍闭环人行横道两端需设置缘石坡道，为无障碍使用者做出提示，方便人们使用；缘石坡道易造成人行道坑洼积水，应与排水结合考虑，保证施工质量，注意后期维护等问题；路口等候空间设置提示盲道，宽度与人行横道对应；交通信号灯等交通设施不应占据盲道位置，电箱等非交通必要性市政设施应远离交叉口设置；交叉口以模块化为基础，结合道路交叉口转弯半径进行设计；人行横道处应设置缘石坡道，设置率应达到100%。模块形式分为全宽式单面坡、三面坡两种模式，缘石坡道应尽量采用全宽式单面坡缘石坡道。（图8-5）

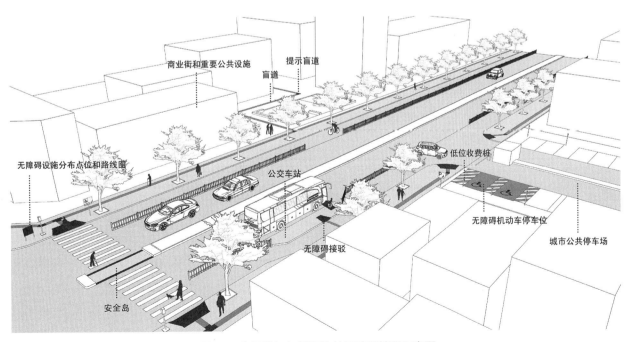

图8-3 人行道与各类设施的无障碍接驳示意图

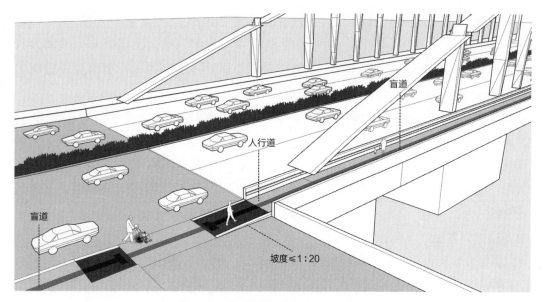

图8-4 桥梁人行道上盲道铺设示意图

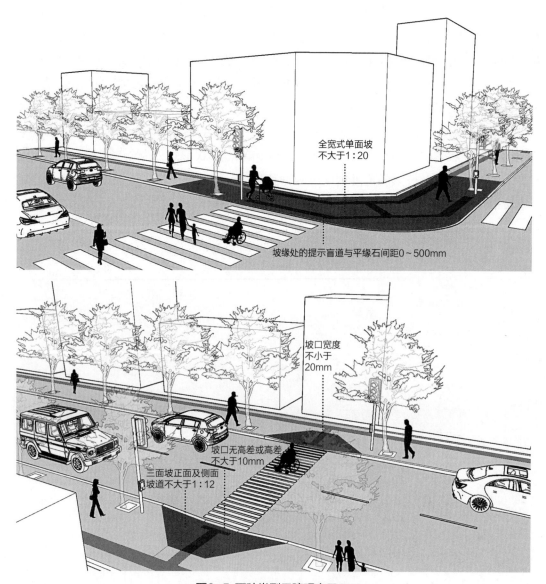

图8-5 两种类型无障碍交叉口

（5）无障碍过街设施

无障碍过街设施是出行者到达对面的连续步行空间系统，是城市道路达到无障碍闭环的重要接驳元素。

无障碍过街设施的布局应符合下列要求：

过街设施的设置应使人行横道的宽度满足轮椅通行需求，在医院、养老院等轮椅使用数量较多的公共服务建筑和特殊区域，人行横道的宽度还应考虑多台轮椅并行的需求。

过街设施需设置安全岛时，应尽量降低安全岛与路面的高差，或在必要情况下设置坡度符合条件的缘石坡道，方便乘轮椅者通行。设置安全岛与否应综合街道尺度、道路流量等因素决定，当人行横道总长超过16m时，应尽量利用分隔带在道路中心线附近设置过街安全岛，宽度应大于2.0m，最小不小于1.5m。（图8-6）

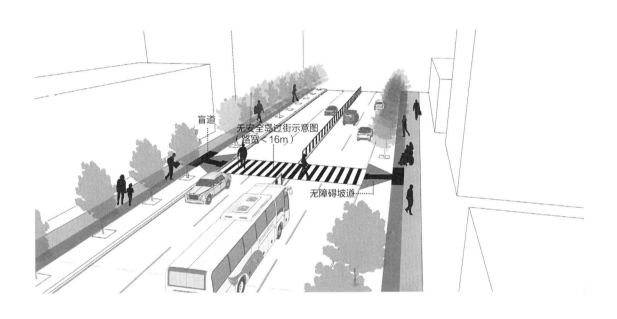

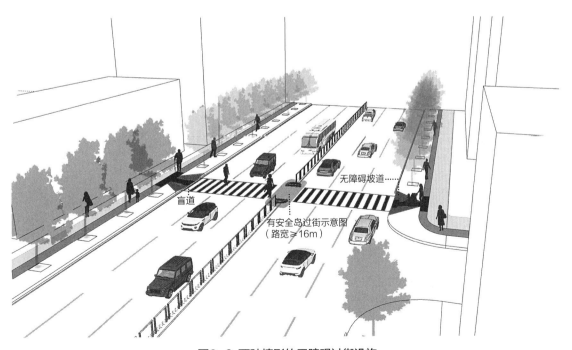

图8-6 两种情形的无障碍过街设施

8.1.2 人行道系统

（1）人行道上的缘石坡道设置

应在人行道与道路交叉口等处存在高差时设置缘石坡道，人行道与人行横道的接驳处必须设置。当道路交叉口的规模较小时，可以利用其旁侧人行横道之间的慢行地带，按缘石坡道的标准整体设计成坡道。此外，还应在公共服务设施，尤其是残疾人使用频繁的出入口附近设置缘石坡道，应达到同侧坡道相邻间距不超过100m的密度，因其他原因需设置人行道栏杆的街区除外。（图8-7）

具体位置上，缘石坡道应与路口人行横道相对应，交叉路口处可以设置在缘石转角处。材料上应做到整体平整且表面粗糙，在冰冻天气较多的地区还应考虑防滑。坡道形制上主要有单面坡和三面坡两种：单面坡适用于各种人行道与缘石间存在绿化带或其他设施的情形，三面坡适用于无此类设施时。此外，人行道纵向且与之等宽的全宽式坡道一般用于街巷口或底院路出口处。（图8-8）

（2）人行道上的盲道设置

盲道应在人行道以下位置设置：1）主要商业街、步行街；2）视觉障碍者集中区域周边道路；3）存在坡道、台阶、楼梯、天桥等高度出现变化的区域。

盲道设置应符合以下要求：1）建筑出入口、道路衔接处的盲道应与道路盲道衔接；2）在坡道坡口和安全岛等处距离车行道250～300m处设置提示盲道；3）设置行进盲道的人行道被车行出入口打断时，宜设置人行横道；4）宜每间隔50m时，在盲道侧边地面上设置请勿占用盲道的提示标识；5）在净空高度小于2m而行人可能误进入的地方边缘处设置盲道，避免发生碰撞；6）所有人行道上的盲道应在无障碍通行宽度范围内，且留出连续、完整且宽度不小于900mm的轮椅通行通道。当人行道宽度不大于3m时，可不设行进盲道。（图8-9）

（3）人行道上的轮椅坡道

人行道设置轮椅处应符合以下要求：1）存在高差处设置坡道，坡度不应大于1∶12；2）设置台阶的同时应设置轮椅坡道；3）不干扰行人

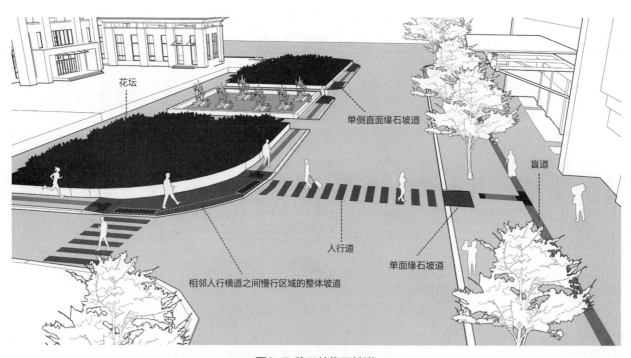

图8-7 路口处缘石坡道

图8-8 人行道路口处缘石坡道的做法示意图

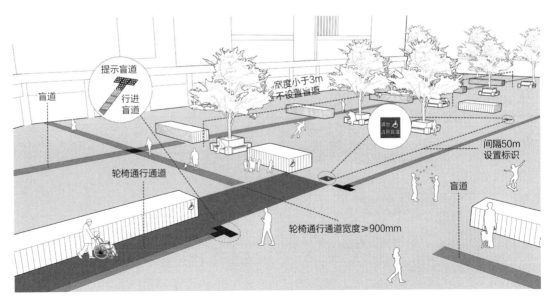

图8-9 人行道处盲道实景图

通行和其他设施使用。

（4）人行道上的服务设施

人行道上的服务设施应符合以下要求（图8-10）：

1）为残障人士提供方便，使其能与一般行人享有同等使用设施的权利。在人行道上，服务设施的旁边同时设有低位服务设施能够给乘轮椅者带来方便，比如低位的电话、低位的饮水器等。需要注意的是低位服务设施在高度上应方便乘轮椅者使用，前面要留有供轮椅回转的空间。

2）设置屏幕提供信息服务时，应同时提供涵盖触摸、音响、手语文字等的一体化信息服务。同时，提供触摸式语音辅助系统可满足视觉障碍者获取同等信息的需要，而屏幕上提供手语或配以文字提示则可以为听觉障碍者带来方便。

3）人行道上设置休息座椅时，应在休息座椅的旁边留有轮椅停留空间，以方便乘轮椅者与他人交流。

4）灯柱、长椅或标志杆等设施放置位置不应占用行人有效通行空间；室外地面滤水箅子格缝的排列方向应与主要通行方向垂直，格缝宽度不应大于15mm。

（5）人行横道设计

人行横道范围内的无障碍设计应符合以下要求（图8-11）：1）宽度满足轮椅通行需求，必要特殊区域需满足多台轮椅并行需求；2）人安全岛通行区域宜与机动车道路面齐平，路面应防滑、不积水，方便轮椅通行；3）引向路口的行进盲道应与人行横道线垂直，且人行横道两侧提示盲道应对位，以确保盲道设置的连续性；4）应在市中心和视觉障碍者集中区域的人行横道，配置触觉、听觉等一体化的导示装置。

（6）人行天桥与人行地道

应在城市中心区、公共建筑和居住区的人行天桥和人行地道设置提示盲道、坡道和梯道。整体上应符合以下要求：1）盲道、坡道和梯道的宽度适合乘轮椅者通行，梯道适合拄拐杖者和老年群体使用，坡道和梯道两侧均应设置扶手；2）应在场地条件允许的情况下尽可能设置无障碍电梯或无障碍升降平台；3）场地存在困难时应综合考虑道路和环境现状、各群体现实需求等因素取舍决定。

针对坡道的具体设计，应注重以下因素：1）坡道净宽不小于2000mm；2）坡度不大于1:12，困难地段也不应大于1:8，且应设置协助

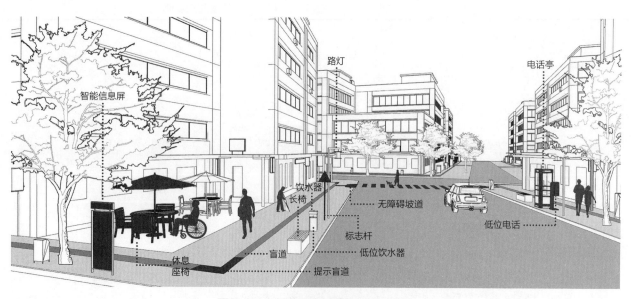

图8-10 人行道无障碍服务设施示意图

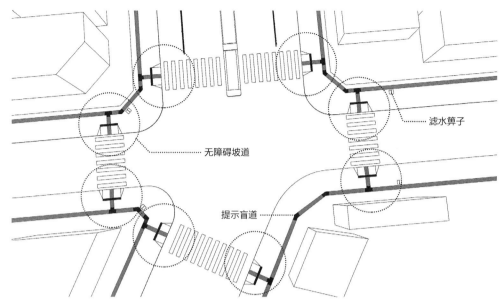

图8-11 人行道人行横道盲道的连续性示意图

推动轮椅行进的标识；3）弧线形坡道处的坡度应根据内缘计算，高度每上升1500m应设置中间平台，深度不小于2000mm；4）坡道坡面应平整防滑。

针对梯道的具体设计，应注重以下因素：1）宽度不应小于3500mm，条件允许和确有需要时应酌情增宽；2）梯道改变方向时应设置平台，深度应大于2000mm，梯道提升段也应设置深度大于1500mm的平台；3）梯道中部应设置平直的自行车坡道；4）梯道踏步的高度应小于150mm，每个梯段的踏步数量不超过18级；5）应在前后距踏步约300mm处设置停步块材，梯道开始前的块材铺装宽度不小于600mm，中间平台停步块材的铺装宽度不小于300m；6）整体梯道表面应平整而粗糙，前缘不得存在凸起。

针对扶手的具体设计，应注重以下因素：1）无障碍扶手的单层高度应为850~900mm，双层扶手的上层高度与之相同，下层扶手高度应为650~700mm；2）扶手应保持连贯，起终点适当向外延伸，距离在300mm左右；3）扶手截面直径应在35~45mm，扶手托架的高度、靠墙扶手与墙面的距离应为45~50mm；4）扶手起点处应安装盲文标识牌，下方采用落空栏杆时应设置安全挡台，高度不应小于100mm。

针对盲道的具体设计，应注重以下因素：1）在必要之处设置盲道，针对行进规律的变化为视觉障碍者提供警示；2）在距坡道和梯道250~500mm时应设置宽度在300~600mm的提示盲道，其尺寸应与坡道或梯道相对应；3）行进道路与天桥或地道的衔接处应设置提示盲道，避免给视觉障碍者造成通行障碍和危险。

此外，天桥或地道人行走道的净高应符合以下规定：1）坡道和梯道的净高不小于2200mm；2）部分路段净高小于2200mm处应设置防护装置；3）坡道或梯道入口处护墙低于850mm时应安装墙顶扶手或护栏；4）应在天桥下三角区净空小于2000mm的路段设置防护装置，并在结构外缘设置提示盲道。（图8-12、图8-13）

（7）人行道的触感块材

当城市人行道邻近建筑物铺设时，应在中部连续设置宽度不小于600mm的导向块材，至路口缘石前设置停步块材。（图8-14）

路口处的停步块材，应在距离缘石300mm处或隔一块人行道方砖处铺设，与导向块材垂直铺

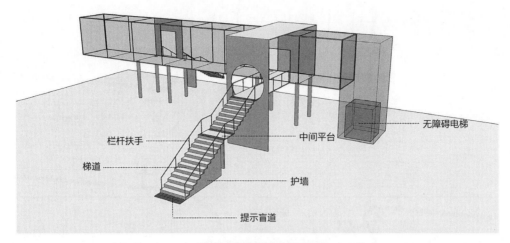

图8-12 人行天桥图示

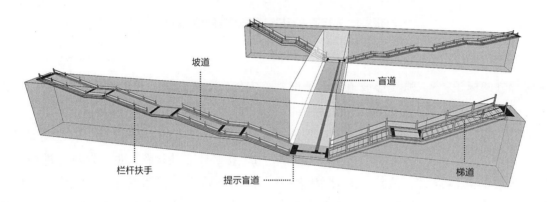

图8-13 人行地道图示

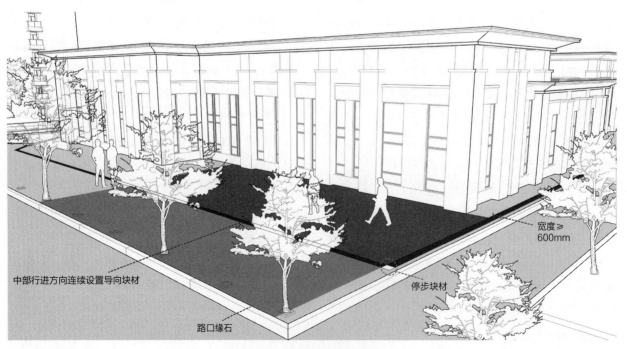

图8-14 触感材料铺装要求

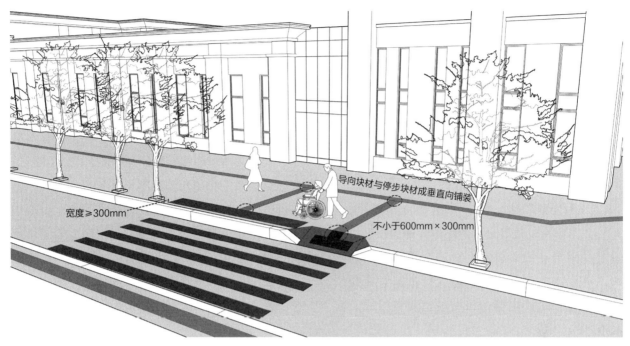

图8-15 人行道触感处的铺装

设,尺寸不小于600mm×300mm。(图8-15)

公共汽车停车站、临时站牌等处的停步块材,也应在距缘石300mm或隔一块人行道方砖的距离铺设,垂直铺装,宽度不小于600mm。(图8-16)

(8)人行道内侧障碍物的限制

城市主要干道路的人行道应进行过内侧障碍物限制,至少应保证轮椅与单列行人错行的宽度:1)道路两侧的树木、构筑物、停车位、导示牌等不应凸出伸入步行区域;2)侵入人

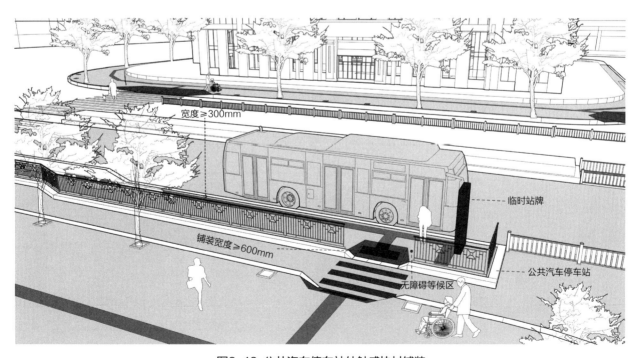

图8-16 公共汽车停车站处触感块材铺装

行道空间的悬挂物距地面高度应大于2200mm；3）人行道内需保留的古木遗迹或临时凸起和凹陷的障碍物，必须采取防护措施和设立警示标识；4）人行道中的管线井盖必须与地面齐平，不得使用下沉式井盖；5）雨水口不可设置在人行横道与缘石坡道交会处。

8.1.3 公共交通设施

（1）公交车站

公交车站与城市人行道路的无障碍接驳，关键是处理潜在的非机动车道和非机动车辆的影响，一般需要在公交站台与人行道路对应的位置设置便于轮椅出行的缘石坡道和专门的人行横道。

公交车站处的站台设计需要符合以下要求：1）以供通行的有效宽度应至少达到1500mm；2）设置在车道之间的分隔带，应做到便于乘轮椅者快速和安全通行，宽度同样不应小于1500mm，同时应配备缘石坡道，坡度应小于1:12；3）应设置专门的无障碍等待区域，配备有助力扶手和靠背的无障碍座椅及相应的无障碍引导标识；4）对公交车站的柱子使用专门材料，使其在夜间也清晰可见；5）此外，公交车站还应设置顶棚和长椅，以备恶劣天气和便于全龄人口使用。

与此同时，为方便视力残障人士能够畅通抵达公交车站和进行换乘，应在城市主要道路和居住区附近的公交车站设置盲道和盲文站牌，具体应符合以下要求：1）盲道长度与公交车站对应，设置在站台距缘石250~500m处；2）人行道中的盲道系统必须与公交车站的盲道相衔接，若人行道中没有盲道，应该从候车站的提示盲道中延伸一段行进盲道至人行道中，以便于需求者识别站台方向；3）盲文站牌或其他语音提示设施的设置应充分考虑视觉障碍者的使用习惯，主要在位置、高度、形式和内容上做出专门的适应性设计。

此外，应积极开展智慧公交系统研究和实践。在有条件处设置电子信息屏，同时配置便于视障人士使用的电子标签，实时显示车辆信息。智慧公交系统宜结合当地公交行业信息化成果，共享公交行业基础数据和公交运行状态信息资源，构建人、车、路协同，精准个性化地建立所有残障人士公交助乘系统，实现人与公交车、公交站点和场站设施的互联互动。（图8-17、图8-18）

图8-17 公交站点无障碍接驳示意图

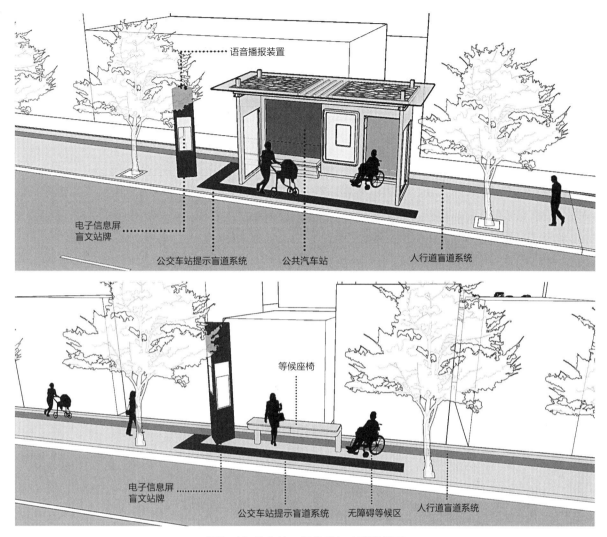

图8-18 公交站、设施带与盲道的关系

专栏8-1 » 手机公交导盲APP设计

手机公交导盲APP的开发设计应支持无障碍要求，为残障人士提供公交出行服务，手机公交导盲APP中宜支持如下要求：

站台自动识别：用户达到站台范围，公交导盲APP自动感知用户到达信息，并将信息发送到系统的云服务平台；

公交线路选择：视障用户在站台候车时，根据系统平台推送的信息了解车辆情况，并选择自己需要乘坐的线路；

车辆进站提醒：在站台候车时，选定的公交线路的车辆进站时，视障用户手机接收到该车发出的信号，触发公交导盲APP通过震动和语音提醒用户车辆进站；

语音引导上车：公交车的车载导盲终端自动识别到站台有需要乘坐该车的视障用户，车载导盲终端应发出指令控制车外喇叭播报车辆线路进站语音，视障用户持续通过公交导盲APP要求车载导盲终端和喇叭发出声音，直至顺利上车；

到站提醒：公交车经过该线路的每一站时，站点信号标签应触发公交导盲APP。以语音形式提示当前途经的站名，公交车到达目的站点时，公交导盲APP应通过震动和语音方式提醒视障用户到站下车。

（2）公共汽车

为满足日常出行需求和赛事要求，将公交车和出租车进行无障碍改造。

无障碍公共汽车应符合下列要求：

应对无障碍公交车增加辨识度，增加醒目的无障碍标识。

新无障碍公交车应采用无障碍设计便于轮椅起落与通行。公共汽车门的宽度应足够一个轮椅上下车，最小宽度900mm，台阶应安装得低一些；门道要有扶手、地灯，地板应为防滑材料；在有可能的情况下，最好提供设置上车辅助装置，包括侧倾装置或导板（导板宽度不小于800mm，长度不大于1200mm），供坐轮椅者使用。至少有一个轮椅区，空间不小于750mm×1300mm，地板防滑，且不影响其他旅客上下车，轮椅空间在车内和车外都应有符号标志，便于轮椅进入，应提供轮椅固定器和安全带。（图8-19）

公交车应设置无障碍专座，在靠近车门的位置设置优先座椅，若车辆长度≤9m，不应少于一个，若≥9m，不应少于2个座位。（图8-20）

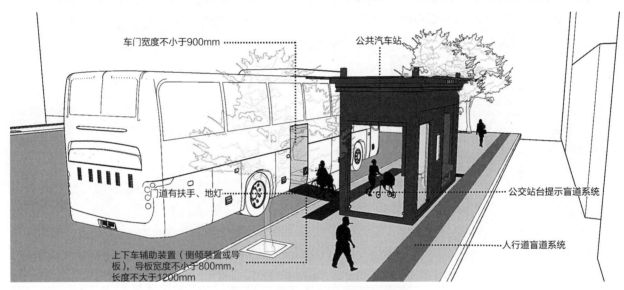

图8-19 无障碍公交车接驳示意图

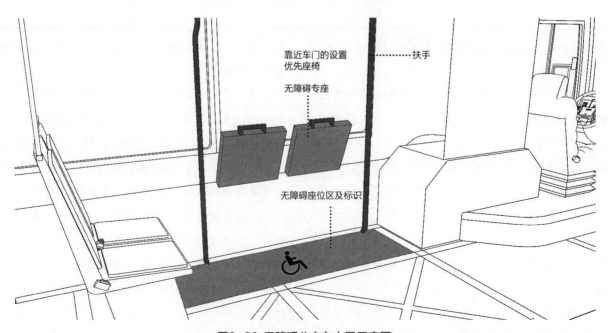

图8-20 无障碍公交车内景示意图

公共汽车站沿线的所有站名都应在车厢内合适的位置用文字标示出来，最好能够播放公共汽车站沿线及其终点。各站点都应在车体的前方和侧面用大字标明，且此信息应用灯光照亮，以便出行的人们在夜间也能够看清。在车内提供合适数量的发光蜂鸣器，且应布置在或坐或站的旅客都能够容易触摸到的地方；发光蜂鸣器的按钮应清晰且大小合适。

（3）火车和地铁车厢

火车和地铁车厢的车门，宽度应足够轮椅上下车，最小宽度900mm，方便车门和站台的距离与高差应减小到可能达到的最低限度。通道的宽度必须能满足乘轮椅旅客的要求。在靠近门的一侧应留出能够停放轮椅的空间，轮椅的位置不论在车内或是车外都应用无障碍符号标志，应设置轮椅使用者可以抓握的安全抓杆。车厢内设置沿线地图，并且宜使用高对比度的电子显示屏方便视觉残疾者使用；在每节车厢还应广播告知沿线各站的名称和到达时间、停车时间。

地铁是大众使用频次相当高的公共交通工具，所有地铁站均应进行同步无障碍设施建设，保证从地面到站厅、站台全过程的无障碍通行。每一个地铁站应至少配备一个轮椅牵引设备，站厅到站台应设置至少一部垂直电梯。同时还应该设置色彩和触觉有别的导盲带，保证无障碍设施通向的车厢尽量固定，以方便残障人士通行。

（4）出租车站台与出租车

出租车站台设计要求：人行道上距出租车站牌300mm的地方，应为盲人提供两排提示区域；出租车站牌在夜间也应看得到；为使轮椅使用者能够方便地上下出租车，从出租车的位置到道路之间，应避免突然的高差变化。

出租车内部设计要求：应改造部分出租车，使其能够适应旅客坐在轮椅中上下车。要求专用无障碍出租车内空间应宽敞，可容纳一辆轮椅，普通无障碍出租车将轮椅折叠收起后，也可放入后车厢。例如：2008年为服务北京奥运会和青岛奥帆赛，我国北京、青岛都生产改造了一批奥运无障碍出租车。北京的轮椅出租车分别使用了坡道和升降平台方式，可以使旅客坐在轮椅中上下车，但是需要较大车厢；青岛转动座椅的出租车也为轮椅使用者提供了方便的上下车方式，并且能够利用普通出租车改造。

（5）公共停车场

公共停车场（库）的设计应充分遵循人车分流原则，在人员活动区域与公共停车场之间设置实体隔离，停车场地面有坡度时，最大坡度不宜超过1:50。

公共停车场（库）应设置无障碍机动车停车位，数量不应少于总停车数的2%，至少有一个停车位。停车位数量不大于50辆时，无障碍车位不应小于2个，不足25辆时可设1个；当停车位数量大于50辆且小于等于300辆时，无障碍车位不应小于5个；当停车位数量大于300辆且小于等于500辆时，无障碍车位不应小于8个；当停车位数量大于500辆时，无障碍车位不应少于总停车位数的2%；建设或预留具备充电功能的机动车停车位中应含相应比例的无障碍机动车停车位，且不少于1个。

公共停车场的无障碍停车位应尽量靠近残疾人通道，宜设置在邻近建筑出入口或电梯间处，应加设顶棚，并有一定的宽度，以供轮椅使用者使用。若公共停车位设置在有若干层的楼中，应将其中的无障碍停车位设置在与周边道路同层的位置，或设置必要的无障碍通行设施将其与地面层衔接。（图8-21）

在公共停车场（库）的入口处，应在明显位置设置指示标志。应在靠近停车位的墙上或标志牌上标示出残疾人预留停车位标志，使用高50mm的蓝色背景下的白色大写字体。宜提供无障碍机动车停车位位置的号码，并在行车道上提供指示及方向标志。指示通往残疾人通道的停车场标志，应采用国际残疾人通道标志，字体高度至少75mm，大写与小写字体并用。（图8-22）

对于路边停车场，平行式停车的车道应有进入车辆后部的通道，面积至少为6600mm×2400mm，宽3300mm为宜。

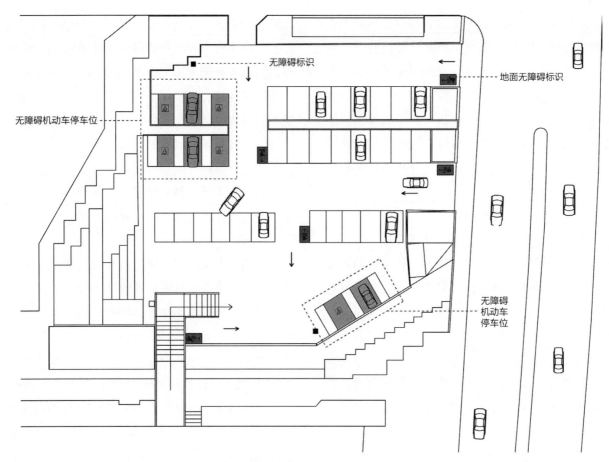

图8-21 停车场无障碍车位设计图示

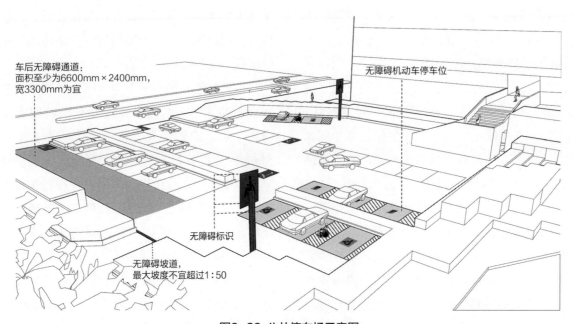

图8-22 公共停车场示意图

专栏8-2 » 针对视力残疾人和肢体残疾人需求解决的常规公共交通

肢体残疾人对常规公交无障碍问题的反馈主要集中在上下车困难的物理障碍上，视力残疾人的反馈主要集中在辨识站点、线路这类信息障碍上。

一、视力残疾人群的需求解决

解决盲人辨识车辆问题可以作为近期工作的重点。

1．近期对策

现在已普及的新型公交候车亭站点信息展示区较大，可学习欧洲发达国家的做法，考虑在展示面板上加设简单盲文标识（本站站名、经停线路等），以利于盲人获取站点基本信息，如果盲文展板采用透明材质，也不会影响视力正常者阅读的普通信息。

在目前公交车均没有车外报站设施的情况下，应对司乘人员加以培训，树立无障碍服务理念，认识到许多视力残疾人是不使用盲杖的，应耐心为提出询问的乘客提供线路信息。

2．远期对策

设想设置残疾人（或有需求人士）站台设施、公交车三方互动的系统可考虑开发以下功能：只有在盲人用遥控器或站台设施发出无线电波指令时，站台设施或车辆为盲人播报来车线路；对于常规公交车的辨识问题，如果"人认车"的难度很大，也许"车认人"的难度会降低。残疾人可将自己对线路号码的需求反映在站台醒目的指示牌上，让司机能够识别，并且耐心接运该乘客。这样残疾人就不会在公交站台处于被动。

当然，在盲人乘车问题上，任何措施都不如车辆与盲人直接发生信息交换来得有效。可以考虑将公交车辆按线路数字特性漆成不同颜色（如单数线路绿色，双数线路白色，甚至可将数字特性做更多颜色分组），或对线路数字标识的位置形态加强设计，提高可辨识度。

二、肢体残疾人群的需求解决

1．近期对策

肢体残疾人使用公交车对站点地面设施的要求较高，需要通过道路设计相关规范的修订来推进实现。近年来，上海市区道路的部分路段试行了"慢行一体化改建"，将人行道、非机动车道和机非隔离带的标高拉平，改善了自行车的出行环境，也正可以消除肢体残疾人乘坐常规公交车时穿过非机动车道遇到的高差障碍，而且"慢行一体化改建"也基本做到了轮椅无障碍。在现有改进方案上，建议应用德国的切面路缘石设计，为以后低地台车辆的大规模引入创造条件。

2．远期策略

（1）以低地台带底盘升降功能巴士为无障碍公交车的理想车型

提高行业标准，对轮椅无障碍公交车做出明确的定义，以欧洲普遍使用的以低地台带底盘升降功能巴士为无障碍公交车的理想车型，车厢内应有轮椅专用位和轮椅固定装置。对车队中无障碍公交车量的比例做出规定（如每次更新的车辆中需要有50%为无障碍公交车，以便在下一轮车辆更新时，大规模引进低地台公交车）。热门公交线路应率先配备无障碍公交车，并提高无障碍车辆配置率要求。

（2）规划无障碍公交专线

在肢体残疾人问卷调查中，78%的回答者愿意去离家较远的站点乘坐专门的无障碍公交线路。远期可以学习香港，规划专供肢体残疾人或轮椅残疾人乘坐无障碍线路或班车，为对使用轮椅有需要的人士提供专门的无障碍服务，线路联络轮椅出行人共同且重要的几个出行目的地，或开通定期接送就医的班车，设置轨道专供残疾人候车的站点。

无障碍专门线路在规划时应注意以下几点：

无障碍车辆对无障碍专门线路的全面配

备——无障碍专门线路所有车辆均为无障碍公交车，车内以带安全固定设施的轮椅座位为主，普通座位为可翻转收放座位。无障碍专门线路所经道路应全面配建无障碍站点设施和完备的无障碍标识。

8.1.4 交通枢纽

交通枢纽设施进行无障碍设计的范围包括飞机场、火车站、汽车客运中心、客运码头等。

（1）枢纽室外场地

交通枢纽设施的无障碍路线与引导应注重以下几方面内容：1）枢纽周边道路与站前广场的无障碍衔接；2）周边街区公共交通站点与人行道路的无障碍接驳；3）周边配套商业服务设施及与其他功能建筑的无障碍路线；4）地面和地下无障碍停车位的布局与人行道无障碍接驳；5）枢纽内车辆接送站停靠位的无障碍接驳。

应重视以下地段的盲道系统规划，以便于为视障人士提供通畅便捷的出行服务：1）周边地面公共交通站点、各类型过街设施；2）设施内和周边街区相关联的停车场所；3）接送站停靠位、出租车停靠位；4）设施出入口、站台层与周边相连区域的无障碍电梯出入口；5）周边配套商业服务设施等。此外，还应在主要通行节点处设置能够与手机等电子设备结合的交互标识设施或涵盖全站信息的导盲系统。

此外，站前广场等室外场所的设计还应重视以下环节：1）人行区域不应被行车流线穿行；2）出入口和站前广场尽量不设置台阶，如有高差应当结合景观环境采取坡化措施或设置轮椅坡道，并设置引导标识，如必须设置台阶时，应配置电梯或其他竖向提升措施，并设置无障碍引导标识。（图8-23、图8-24）

（2）交通换乘接驳

静态枢纽与动态交通设施的换乘接驳是交通枢纽无障碍设计中最重要的环节，无障碍通道和路线应当连接的区域包括：1）门厅、售票厅、候车厅等旅客通行空间；2）楼梯、电梯、售票柜台（机）、安检（票）闸口、公共卫生间、行包托运处（含小件寄存处）等主要公共设施空间；3）站台与无障碍车厢对应的无障碍等候区等。无障碍设施或无障碍区域应标注相应的确认和引导标识，方便残障人群使用。

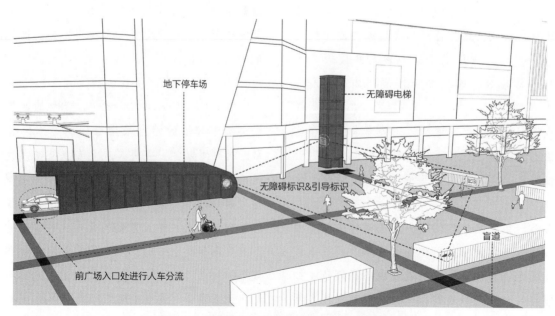

图8-23 交通枢纽垂直无障碍电梯出入口示意图

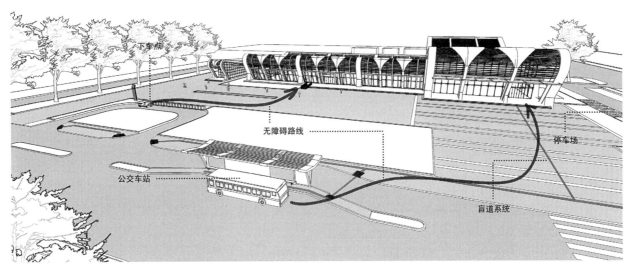

图8-24 人车分流站前广场示意图

轨道交通枢纽与地面公交等的换乘接驳路线的无障碍设计有以下要点：1）连接上述重要空间和环节；2）覆盖主要的轨道交通出入口、人行道和各类过街设施；3）公交车站与地铁站之间的距离不宜太远，并应在站点处和出入口处设置无障碍路线图和相应的引导标识。

对各类交通接驳站点而言，尤其是远郊地区的轨道交通首末站，应尽量靠近出入口的位置设置无障碍停车位，使无障碍路线与整体路线相衔接，同时设置必要的无障碍标识。各主要出入口处也应设置出租车和无障碍专用车辆的无障碍停靠车位，停车通道与人行步道有高差时应铺设全宽式的单面坡原始坡道。还应就近设置公共自行车、共享单车、非机动停车位等，合理规划骑行线路与无障碍接驳，保证非机动通行空间的连贯和便捷。（图8-25、图8-26）

机场旅客航站区周边的换乘接驳路线的无障碍设计有以下要点：1）连接前述无障碍设施，连接航站楼出入口、出发厅和到达厅、候机区、行李提取区、中转区等；2）设置行进盲道和提

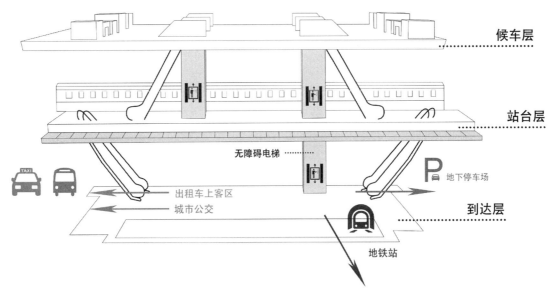

图8-25 火车站无障碍接驳图示

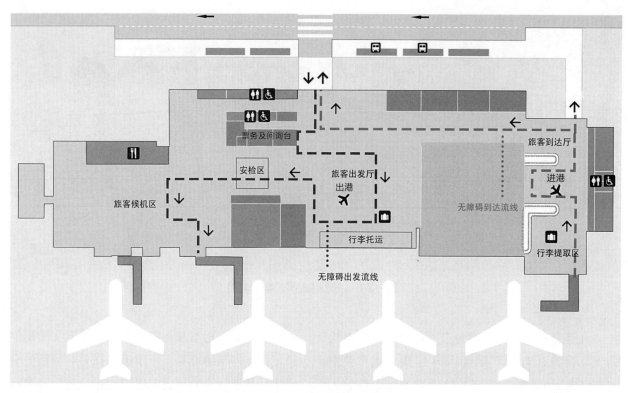

图8-26 机场无障碍流线图示

示盲道,以方便视障者顺利抵达航站楼出入口、问询柜台、召援电话等位置;3)提供无障碍接驳车服务。(图8-27、图8-28)

此外,高速服务区内无障碍设计应重视以下几方面的要求:1)主要出入口的宽度等符合设计标准;2)公共卫生间内应设置无障碍厕位,并应设置相应的引导标识;3)无障碍卫生间应满足母婴照顾、家庭异性等需要;4)无障碍停

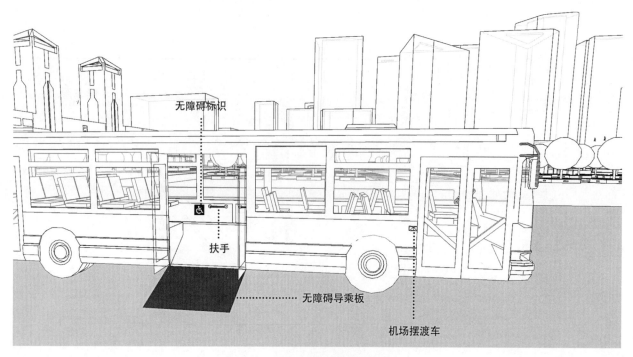

图8-27 无障碍摆渡车接驳图示

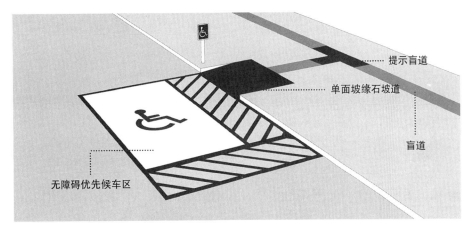

图8-28 无障碍优先候车区实例图示

车位应设置在靠近服务设施出入口附近。

（3）站场内部空间

交通枢纽内部的各类设施应进行系统的无障碍设计，包括票务、安检、托运、垂直交通、场内通勤、交通换乘、候乘休息等设施。针对有肢体障碍、视力障碍、听力障碍或使用常规设施有障碍的人群，应进行通用性和特殊性需求分析，提出专门策略，从而满足其使用需求。

站场内部空间的无障碍路线规划应注意以下几点：1）应将出入口、售票柜（机）、安检区域、问询台、等候区、配套商业、公共卫生间、停车场和临时停靠区域予以串联；2）应全程在醒目位置设置必要的引导标识，配备能供部分有障碍人群使用的语音系统和电子设备。盲道方面，也应首先注重连接相关设施道路系统的完整性和安全性，同时配置有盲文提示路线和功能的引导设施，设置提示盲道和提供智能引导。

站内应设置低位服务台、低位售票服务窗口（柜台）、低位电子自动售票设施、无高差行李检查和低位托运设施，并设置引导标识；行李自助寄存处应至少设置1台具有低位操作按钮和高低位操作按钮分别控制措施的寄存机。公共区应设置至少1处无障碍电梯；且应在包括无障碍电梯候梯处、自动扶梯、自动人行道、楼梯梯段休息平台等在内的各处设置提示盲道、语音导览和电子标识。（图8-29～图8-31）

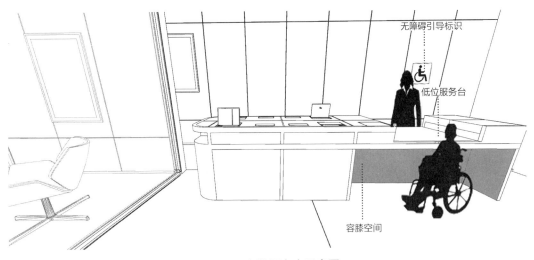

图8-29 低位服务台示意图

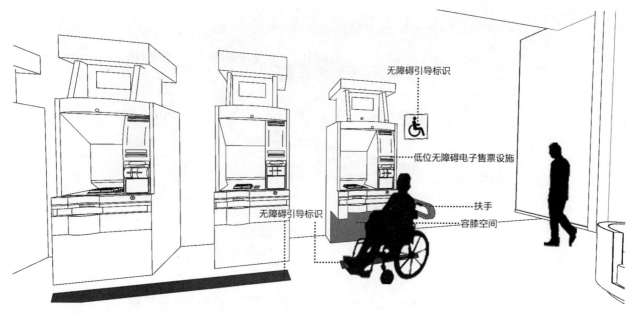

图8-30 低位无障碍电子售票设施示意图

图8-31 扶梯起止处提示盲道设置示意图

应在检票闸口处设置轮椅和婴儿推车通道，同时设置提示盲道和必要的语音提示装置。还应在轨道交通安全闸门前设置提示盲道，并为老年人、孕妇、残疾人和推婴儿车者提供无障碍等候区域。站厅层内应相应配备有助力扶手和靠背的无障碍座椅，并标明无障碍设施的位置和使用方式。（图8-32、图8-33）

此外，当换乘路线较长时，应在路径中的重要节点处设置无障碍电子求助装置。交通枢纽出站处还应设置信息服务点，服务点内应以语音、文字（包括盲文）等方式提供景点、博物馆、住宿、餐饮等信息。（图8-34、图8-35）

（4）配套服务设施

配套服务设施主要包括餐饮区域、公共卫生间等。其中，餐品售卖处和就餐区域均不应设置内外高差，内部空间应满足轮椅无障碍通行和回转空间需要，并应设置在高度和形制上有所调整的无障碍餐台，配备相应的引导标识。对于新建

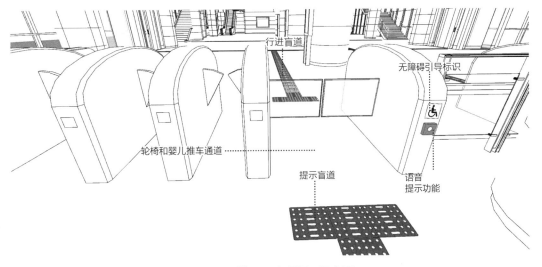

图8-32 检票无障碍闸口示意图

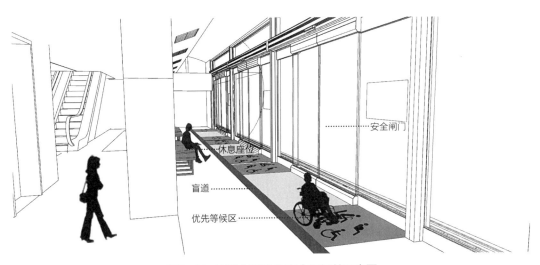

图8-33 轨道交通站台安全闸门前示意图

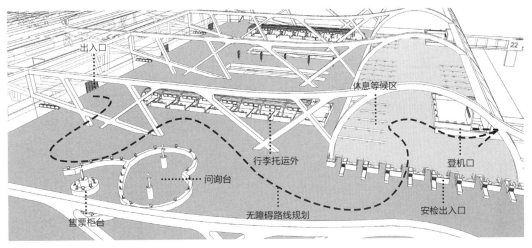

图8-34 站场内部空间无障碍流线图示

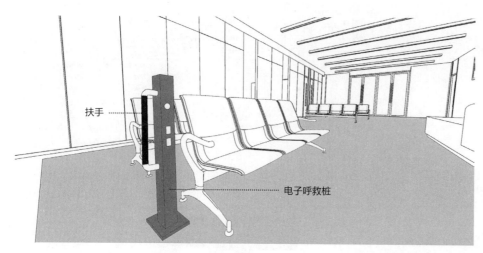

图8-35 电子求助装置

的交通枢纽建筑而言，每组卫生间均应配备至少一个无障碍卫生间，内可设置满足家庭异性和母婴照顾的无障碍设施，或设置独立的母婴室，采用带有防夹措施的电动侧推门或平开门。取水间外部应设置低位饮（取）水台，应设置相应的无障碍引导标识。（图8-36、图8-37）

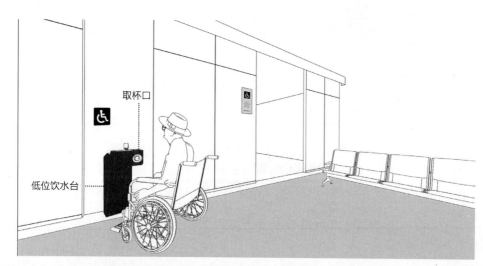

图8-36 低位饮水台

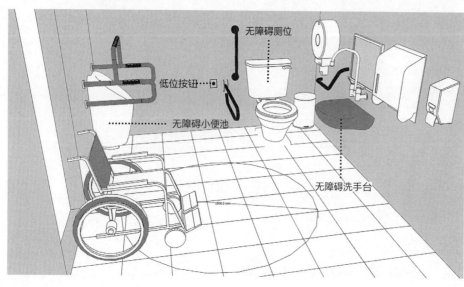

图8-37 无障碍卫生间空间示意图

8.1.5 交通导识系统

（1）视觉导识系统

无障碍标识应与城市建成环境中的标识形成完整系统，指明无障碍设施的位置和方向。无障碍标识系统设计应基于建筑、环境空间的流线设计或分析进行，并宜与其设计同步实施。标识设置应避免人车流线交叉或相互干扰。残疾人的行动线路引导应形成有效的闭环，宜采用单线、不分支、循环路径。

通用无障碍标识轮椅图形的朝向应与指引通行的方向保持一致。采用国际通用标识，并在需要时采用引导箭头和文字说明。标识牌使用无眩光表面，标识只使用阿拉伯数字和无衬线字体。在连续通道范围内，无障碍导向标识点位的间距应考虑其所处环境、标识大小与字体、人流密集程度等因素综合确定，并不应超过50m，残障人群较多的通道导向标识间距不应超过25m。

城市主要路口和公交站点的城市地图中应设无障碍设施分布点位和路线图，标识内容应涵盖周边区域的无障碍出行路线、无障碍公共交通站点、无障碍停车点、无障碍卫生间、无障碍休息场所等。其中，停车场库应单独设置无障碍停车位的标识引导系统，在出入口预先引导无障碍停车位置，并在停车位地面和后端均设置标识。孕妇停车位可独立设置或与无障碍停车位共用。（图8-38）

（2）音响交通信号

一般情况下服务于健康成年人的交通信号系统，无法满足视力障碍人群和部分老年人的需要，因此必须采用音响提示装置或其他信号来完成导向，具体应满足以下要求：1）在主要商业街、步行街，以及视觉障碍者集中区域周边道路的人行横道设置过街提示音响装置，可以结合人行横道信号灯统一设置；2）在必要位置安装可触摸和能够语音交互的报警装置，必要时应在报

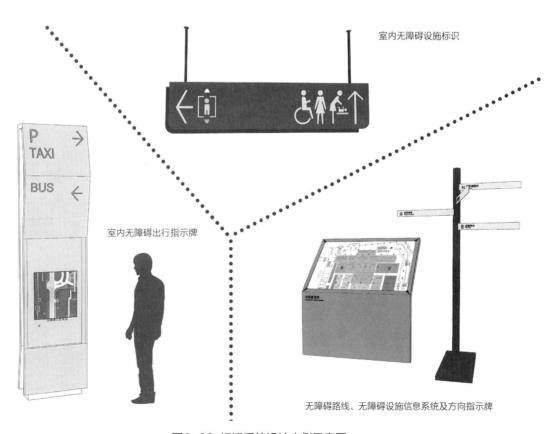

图8-38 标识系统设计实例示意图

警系统上安装高强度信号灯或音响装置；3）过街信号灯时长按照残疾人的步速测算，适当延长，参考残疾人步速为0.5m/s。

专栏8-3 » 公共交通无障碍信息平台建设

许多城市的各类公交系统（轨道交通、常规公共交通、出租车、道路及交通枢纽）虽然都进行了无障碍环境的建设，但是信息无障碍建设的速度和水平远低于物质无障碍建设，直接降低了不同公交系统之间的连通性和无障碍设施的使用效率。

轨道交通站点的无障碍是否可以正常使用，无障碍公交车的班次、无障碍出租车车辆预订动态等问题，乘客除了打电话询问别无渠道可以主动查询了解。信息的缺失也严重降低了乘客的出行效率。

一、构筑公共交通无障碍信息平台

信息的确定性是对完善的公共交通最有力的支撑之一，建立覆盖大多数无障碍公共交通系统的信息平台，可以提高公交无障碍设施的使用效率，无障碍信息平台可以通过网络、广播电视等形式向公众开放，而其信息可以借助上海正在逐步构建的智能交通系统获取。

无障碍信息内容应包括：

（1）固定线路无障碍公交工具运行时刻表。

（2）公交建筑无障碍设施的位置，运营状态是否正常。

（3）在公交站点发布线路运营的实时动态信息。

（4）无障碍出租车预订信息等。

二、改善利用现有信息平台

如果无障碍信息平台因为技术问题短时间内没有办法完成，各公共交通子系统的运营单位也完全可以在各自网站上发布这些信息。

轨道交通是颇受使用轮椅残疾人青睐的公交出行方式。目前轨道交通网已经有各站点的平面图，但由于图例不统一、图面尺寸小等原因，造成查找无障碍设施位置困难。轨道交通运营方应尽快着手改善这一问题，并实时发布无障碍电梯停用站点名录。也可以学习布拉格的做法，将各轨道交通站点的无障碍电梯位置绘制成手册，免费发放给有需要的人士，这些信息也能通过口口相传而发布出去。

8.2 休闲无障碍

随着科学技术和生活水平的日益提高，无障碍需求者也迫切希望走出居所，步入休闲公共空间，和健全人一样休闲娱乐、拥抱自然、拥抱生活，因此公园、绿地、广场、旅游景区的无障碍设计成为无障碍系统的一个重要环节。设计应充分考虑弱势群体的特殊需要，将无障碍的理念贯穿始终，主要设计内容应包括公园、绿地、广场、景区等。（表8-4）

景观园林的建造给人们接近自然、融入自然提供了机会，各类植物的合理配置也为人们欣赏"绿色"艺术创造了条件。设计者和建设者在景

广场和绿地无障碍设施建设项目 表8-4

项目	道路	无障碍停车位	无障碍出入口	室内盲道	无障碍通道	无障碍楼梯	无障碍电梯	无障碍厕所	无障碍厕位	轮椅席位	低位服务设施	无障碍浴室	无障碍客房	休息区	标识	信息系统
广场	▲	△	▲	▲	▲	△	△	○	○	△	△	—	—	△	▲	▲
绿地	▲	△	▲	▲	▲	△	△	○	○	△	△	—	—	△	▲	▲

注："▲"为应设，"△"为若有应设，"○"为宜设。

观规划设计中应充分考虑弱势群体的特殊需要，遵循以下原则要点：

安全性。应首先消除一切障碍物和危险物。作为景观园林规划设计者，必须真正建立以少数人为本的思想，以正常人动作行为做参考的同时，充分考虑各类残障人士的活动尺度和活动特点，提高他们走进自然环境和参与活动的能力。此外，植物的选择要避免种植带刺植物，以免造成不必要的伤害，应选用一些易于管理的树木，以无毒、无刺激的、有特色的优良品种作为园林的主要树种。

易识别性。应设置必要标识和提供充分信息。由于身体机能问题，当缺乏合理的标识设置时，残疾人和老年人往往会存在辨别方位和预感危险上的困难，随之产生行为障碍和心理不安感。因此，在设计上要综合运用多种感官设计方式，将重要的提示信息有效传达给此类人群，通过合理的空间序列、鲜明的标识设计、悦耳的音响提示等，来提高园林景观空间的导向性和可识别性。

舒适和便利。环境场所和设施应做到无障碍，建设方便、舒适的无障碍通道，串联从入口到各景观点位，保障残疾人和老年人能舒适、轻松、舒心的参观、欣赏园林景观，获得心理满足。

生态和健康。园林植物能产生大量氧离子，起到净化空气、调节温度、吸尘阻隔噪声的作用。在园林设计中，应坚持植物造景，除必要的建筑物、构筑物、小品、道路以外，其余场所尽量采取绿化，减少硬质铺装，同时充分利用绿化扩展绿色空间、改善生态环境和丰富景观层次。

可社交。应在园林环境中配置交流空间和配套设施，便于残疾人和老年人亲近自然环境，获得舒适体验和改善心情情绪。具体而言，应充分考虑残疾人和老年人的生理和心理特点，尽量创造便于交往的围合和休憩空间，提供聚会、交谈、健身等活动空间。

8.2.1 城市公共空间

（1）街道空间

应在人行道的路缘石与步行通过区域之间设置公共设施带，将路灯、指示牌、座椅、垃圾桶、自行车架等均放置于公共设施带中，不应使其影响行人通行。应尽量不设置台阶，存在高差处以坡形地衔接。道路照明和景观照明不应对行人产生光污染，避免出现眩光或无照明区域。应间隔设置无障碍公共座椅，并应设有助力扶手和靠背。报刊亭、电子邮筒和信息公示栏等处可设置免费Wi-Fi网络、手机和电子设备充电的服务功能。

建筑退界空间是指根据详细规划所确立的建筑后退标准要求，在与街道相接的用地红线以内所形成的连续或片段的退缩空间。该空间内的入口广场和场地应作为城市公共开放空间，其与城市道路接驳处应以无障碍坡地形过渡，其内可供轮椅和婴儿车等通行，其地下车库出入口处应设置相应的减速和提示标识，其人防出入口和建筑遮阴（雨）空间处的场地应以无障碍坡地形过渡，其边界围墙或绿植空间的林荫场地处可设置相应的无障碍座椅。商业经营类公共建筑底层空间（一层空间）应作为城市公共空间的延伸，应符合无障碍楼层的要求，保证无障碍出入与通行，使所有使用人群都能够方便地使用建筑内部空间以及各类建筑设施。

（2）城市绿地（带）

应将城市绿地/绿带内的无障碍路线与休息场所、游戏场所、健身场所等连接，具体需要满足以下要求：1）保证轮椅通行及与行人错行的通行宽度；2）在存在高差处设置坡形地或轮椅坡道；3）轮椅坡道应结合景观绿化和构筑物设置助力扶手；4）台阶处应设置提示盲道；5）关键位置和衔接处应设置无障碍引导标识；6）保证无障碍路线及无障碍引导标识的可视性，可以结合台阶、花池、座椅等设置补充照明，台阶处设置重点照明，避免出现炫光和无照明区域；

7）路线两侧不应种植带刺植物，包括月季、玫瑰等叶缘带刺植物，皂荚、石榴等具有枝刺植物，刺槐等具有托叶刺植物等，以降低通行过程中的磕碰安全风险。（图8-39、图8-40）

此外，滨水游憩绿道、公园休闲绿道、郊野田园绿道、森林景观绿道等规划慢行道路的宽度、坡度、材料和服务设施配置应符合无障碍设计相关规范要求，满足其连贯步行的无障碍需求。

（3）城市广场

城市广场可分为公共活动广场、交通集散广场等，均应进行无障碍设计。城市广场无障碍设施规划过程中，应使其与周边道路、主要公共空间和建筑物出入口有效衔接，以服务全龄全民使用。

城市广场地面应平整、防滑、不积水，不应采取光滑表面或凹凸起伏过大的材料的铺装材料；广场设计坡度宜为0.3%~3.0%，与广场相连

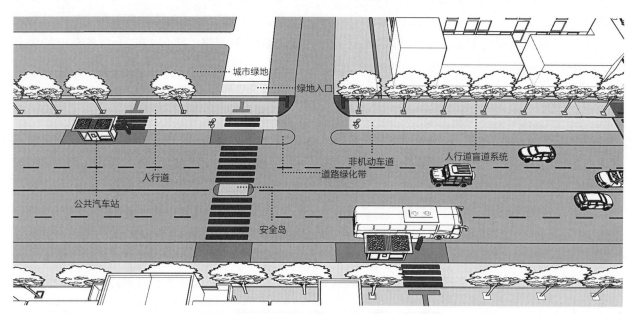

图8-39 绿地无障碍设施与周边设施的无障碍接驳

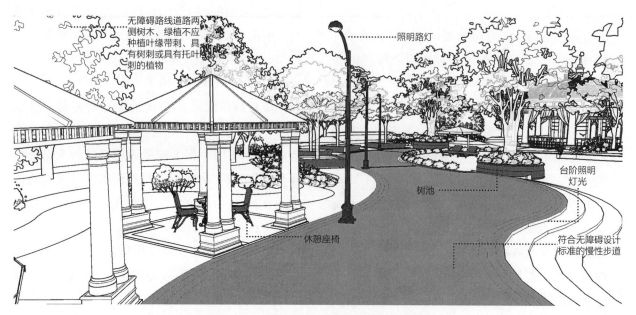

图8-40 城市绿地（带）无障碍路线示意图

图8-41 建议使用水洗石、毛面花岗岩、大连砖、透水混凝土等

图8-42 不应使用花岗岩、剁斧面的石材或地砖、卵石等

接的道路纵坡宜为0.5%~2.0%，高差较大时，纵坡不宜大于5.0%；出入口处宜设置纵坡不大于2.0%的缓坡段。（图8-41、图8-42）

除符合相关设计规范，城市广场盲道的设置还应符合以下规定：1）尽量不设置台阶高差，采用无障碍坡形地；2）若确有必要设置台阶和坡道，应在其起终点250~500mm处设置提示盲道，宽度在250~500mm为宜，长度与台阶和坡道相对应。此外，若设置台阶，有条件处还应尽量设置无障碍垂直电梯或其他升降设施以满足轮椅通达需要，台阶和坡道起止处也应设置补充照明和引导标识。（图8-43）

城市广场内室外文体设施应符合下列规定：室外文体设施宜采用平坡地形连接城市人行道路；场地内存在高差时应采取坡化处理或设置轮椅坡道；文体活动器材宜按不少于总数10%配置可供无障碍使用的活动器材，其主要操作部分的高度范围在400~1200mm之间；各类文体活动器材应采取防撞措施，宜在距地500mm高度内外包弹性材料；应设置装有靠背和无障碍助力扶手的休息座椅，周边应设置夜间照明，满足残障人士和老年人使用需求。

广场内服务设施及附属设施应符合下列规定：1）应同时设置低位服务设施；2）广场内设观众席时应至少配置1个轮椅席位；3）宜结合高大浓荫乔木、座椅等，设置绿化休憩一体化的遮阳避雨小憩设施，可结合信息发布、轮椅充电、直饮水等功能，形成无障碍综合服务亭；4）公共活动区域自地面起2000mm高度内，固定设施的阳角处应作圆角、切角处理或采用软性材料包裹；5）宜设置母婴室。（图8-44、图8-45）

（4）公共空间导识系统

可视标识系统应设置于各类公共空间、公共建筑等区域内所有的无障碍设施处，信息提示系统应设置于需要提示其路径变化、台阶起止、过街危险和功能提示等处。应将包括带指示方向的标识牌在内的各类无障碍设施标识牌形成完整系统，保障无障碍通行的连续性。

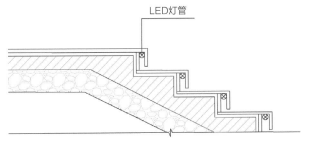

图8-43 与室外装修融合设计的台阶补充照明图示

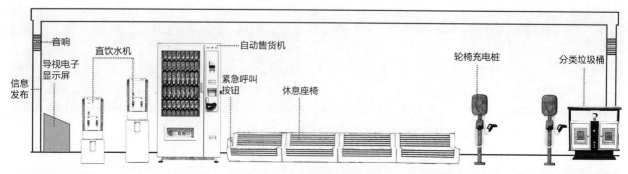

图8-44 综合服务亭图示

图8-45 无障碍休息座椅图示

城市公共空间应根据不同的功能需求，设置无障碍语音提示、听力辅助、助盲导引、语汇翻译和信息屏幕等设备设施，并应建立信息无障碍公共服务平台，保证政务、公共服务等信息无障碍的互联互通，通过智能化手段加强网站、手机、电视机、家用电器等PC端、移动端和电视端信息无障碍访问与操作。视障人士和老年人经常活动的公共空间宜设置与随身电子设备（手机）相结合的交互标识设施，满足残障人士安全精准导航的需求。（图8-46）

图8-46 与已有标识融合的无障碍标识图示

8.2.2 大型公园景区

(1) 游线设计

设置无障碍游览路线,一方面是为了使乘坐轮椅者能快速抵达主要景区和景点并完成游览,另一方面则是为了减轻体弱者、老年人等行动不便人群在游览时的负担。因此,便捷通行是无障碍游览路线的目的。

主园路连接主要景区和景点,是无障碍游览路线的主要组成部分。主园路相比其他道路的特点在于人流量大,因此无障碍设计应充分围绕其进行建设,避免重复和浪费。具体而言:1)无障碍游览主园路应与无障碍出入口相连,一般设计为环路,条件不允许时也可以通过支园路进行串联;2)根据《城市绿地设计规范》,主园路纵坡应小于8%,山地城市园路纵坡也不应大于12%,而进一步考虑到城市绿地中轮椅长距离推行,无障碍游览主园路的纵坡应尽量小于5%,山地主地区纵坡应小于8%,以保证乘轮椅者的自主通行,同时方便病弱者和老年群体的舒适与安全;3)主园路不宜设置台阶和梯道,确有必要时应结合景观设置轮椅坡道,当坡度大于8%时,应每隔10~20m设置休息平台。(图8-47)

无障碍支园路和小路是无障碍游览路线的重要组成部分,作用在于引导游人抵达局部景点,设计要点在于:1)应尽量与主园路连接成环路;2)宽度应超过1.2m,尽端应设置回转场地便于轮椅掉头;3)支园路和小路的纵坡应小于8%,超过8%时应做防滑处理,且每隔10~20m应设置休息平台。

对于无障碍游览路线上的桥,设计有以下要点:1)应将其设计为平桥或坡度小于8%的小拱桥;2)桥面必须做防滑处理,两侧应设置栏杆,且桥面宽度不应小于1.2m;3)当桥面与园路或广场衔接有高差时,应采取坡化处理或设置轮椅坡道。(图8-48)

设置无障碍出入口,应充分考虑行动障碍者、老年人等行动不便群体。节假日或高峰时段,应考虑设置专用绿色通道引导游客分流出入,以避免相互干扰和引发交通阻碍,从而有效消除突发事件的安全隐患。

无障碍游览路线上要注重各种安全设施的设置。如临水场所设置的安全护栏,既要防止观景时跌落水中,又要考虑乘轮椅者的视线水平高度,一般为1.1m,所以安全护栏的高度不应低于0.9m。在园区的地形险要路段,不宜将无障碍游

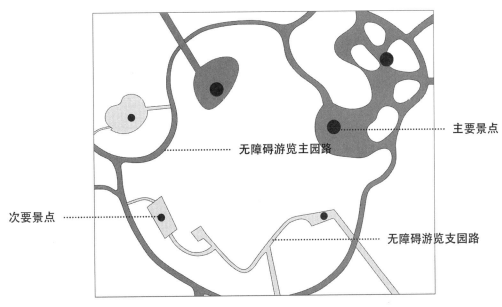

图8-47 无障碍游览主园路示意图

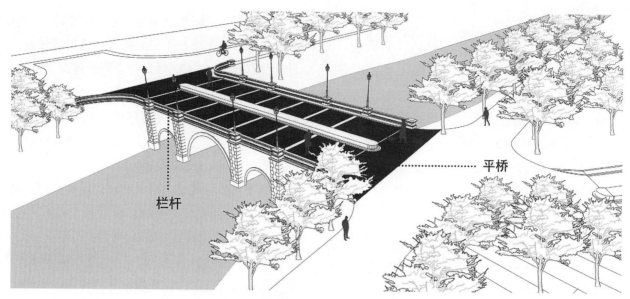

图8-48 无障碍游览景观桥示意图

览路线靠近设置，应设安全警示线或安全护栏起提示作用，使游人和视觉障碍者绕行，避免发生危险。特别要注意，园路的铺装材料要考虑不同材料的防滑、反光及雨雪影响，较宽的路要增加扶手。应在无障碍路线中设置连续夜间照明，尤其是在台阶起止处补充低位照明，避免出现无障碍区域无照明情况。（图8-49）

除了一般绿地，还应针对文物古迹、自然山水等景点进行专门的游览路线规划，使有障碍人士能快速达到主要游览场所。具体而言：1）文物古迹类景点中无法改造的门槛和高台，应设置相应的可替代设施并加设无障碍引导标识；2）滨水空间处的游览路线，应使其最大程度保证连续性，满足基本的宽度需求，满足盲道的基本设计要求，有条件时应设计无障碍替代设施以满足轮椅使用者乘船游览的需求；3）部分

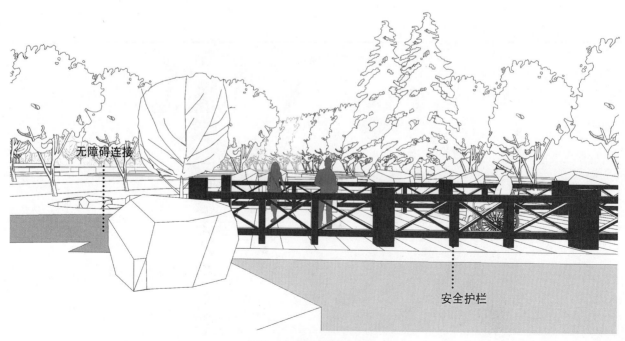

图8-49 临湖护栏示意图

上山景点若无法设置坡道，则应配置缆车或可上山的履带式轮椅；4）所有上述景点在设置游览车时应同步配备无障碍游览车，同时规划无障碍优先候车区和相应的引导标识。

（2）出入口设计

主要出入口应为无障碍出入口，设有自动检票设备的出入口，也应设置可供轮椅和婴儿车无障碍通行的检票通道以及相应的引导标识。出入口宽度在1200mm以上；有高差时，坡度应控制在1:10以下，两边宜加安全挡台，宜用黄色涂料警示（配图）并采用防滑材料。出入口周围要有1500mm×1500mm以上的平台空间，以便轮椅使用者停留。检票入口至少有一个通道宽度能够使轮椅使用者轻松通过，一个检票入口应有连续的为视觉残疾者引路的盲道。入口如有牌匾，其字迹要做到视者可以看清，文字与底色对比要强烈，最好能设置文字说明。入口附近宜设置轮椅和婴儿推车租赁场所。（图8-50、图8-51）

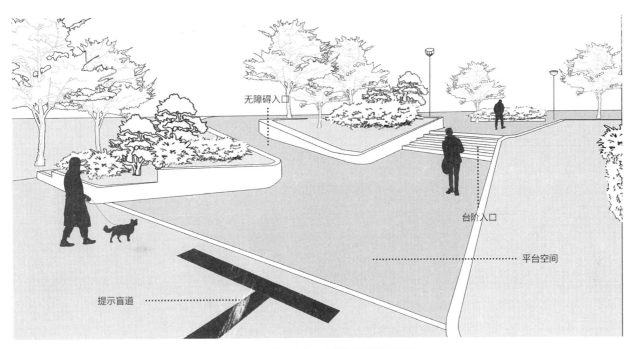

图8-50 公园出入口无障碍坡道示意图

图8-51 公园出入口示意图

主要出入口的售票处、问询处不应有阻止轮椅靠近的障碍物，售票处应设置低位售票窗口，柜台高度不能超过850mm。当低位售票窗前有高差，应设置坡度平缓的轮椅坡道，配置尺寸不小于1500mm×1500mm的平台，窗口前距外墙250~500mm处应设置提示盲道。（图8-52、图8-53）

（3）游憩区与游憩设施

针对游憩区的无障碍设计应符合下列要求：

1）配备面积满足出入口数量和整体路径长度的要求；2）地面应做到平整防滑，有高差时采用坡化措施或设置轮椅坡道，方便轮椅使用者通行；3）广场树池应尽量高于地面，与地面齐平者需加箅子；4）若游憩区有游船，应在码头到岸上主要道路之间设置无障碍通道，减少码头上船区与游船上客区的高差，以坡板过渡并保证其牢固性。（图8-54、图8-55）

针对各类游憩设施的无障碍设计应符合以

图8-52 无障碍售票窗口示意图

图8-53 自助低位售票设施示意图

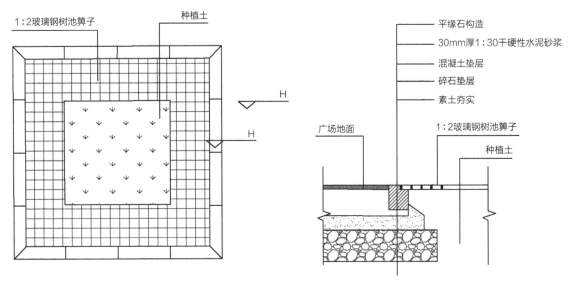

图8-54 与广场地面齐平树池做法图示

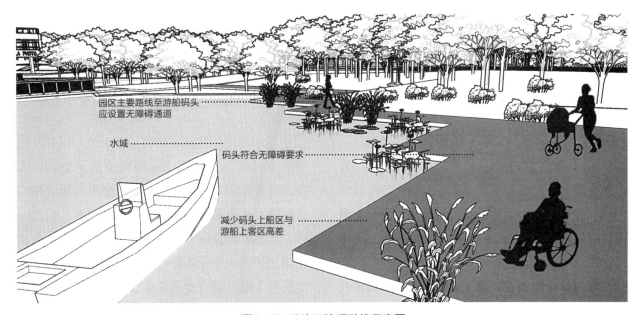

图8-55 码头无障碍游线示意图

下要求：1）单体建筑和组合建筑包括亭、廊、榭、花架等，出入口若有台阶应不高于300mm，配备平缓坡道和专门的轮椅坡道；2）有三个以上出入口，应将其中至少两个设置为无障碍出入口，满足相应的设计规范；3）建筑室内应满足无障碍通行的宽度需求，内廊和通道宽度不小于1.2m；4）在码头、广场等与道路的衔接处结合景观设置无障碍坡道。

此外，还应针对不同类别的景区进行额外考量，例如在植物园设置能供盲人获取知识的专门区域，提供盲文铭牌和语音服务等，遗址类公园的各类设施和路线的无障碍设计应以保护遗址为前提等。

（4）公共服务设施

小型公共服务设施的设计应满足轮椅使用者的使用需求，并且不妨碍视觉障碍者的通行，主要包括公共厕所、座椅、小桌、垃圾箱等服务设施及园林小品等。具体要求：1）主要展示区、

图8-56 轮椅停留空间示意图

展览区及露天演出场应设置轮椅停靠空间或低位观察窗口；2）小卖店等的售货窗口应设置低位窗口；3）应将茶座、咖啡厅、餐厅等出入口设计为无障碍出入口；4）应设置不少于座椅总数10%的轮椅休息位，当座椅总数在10个以下时也应设置至少一个轮椅休息位；5）服务台、业务台、咨询台、售货柜台等应设低位服务设施；6）长椅、垃圾箱和饮水处周围的空间应大小合适，以便于坐轮椅者使用。（图8-56）

邻近游憩景点的公共厕所应进行全方位的无障碍设计，包括入口坡道，轮椅可回旋的通道，轮椅可进入的厕位、小便器及安全抓杆等，洗手盆周围也应设置安全抓杆。大型园林建筑和主要游览区应设置第三卫生间；宜沿步行主路径服务半径每1~2km设置1处母婴室，宜与第三卫生间结合设置。

设计公共停车场时，应符合无障碍公共停车场的有关规定；设置无障碍大巴停车位时，应留出轮椅乘客上下车空间。出租车停靠点或临时停靠位应设置无障碍优先候车区，出入口广场应与城市无障碍路线相接驳。配备游览车必须同步配备无障碍游览车，且设置专门的无障碍等候区域和引导标识。（图8-57）

（5）景观系统设计

景观系统设计应遵循自然性、生态性、积极干预性原则。自然性原则指：应广泛使用自然元素，所占比例不小于所有景观面积的70%；自然元素可亲近；各景观元素宜采用亲生物设计。生态性原则指：充分利用原有植物、水、地形等自然资源；植物的选择，应适地适树，宜采用乡土植被；水景的设置应适应当地的气候、水文条件；地形的设置应考虑动植物生境环境与小气候环境的塑造。积极干预性原则指：景观应能提供丰富的五感刺激；景观应能进行园艺疗法；景观应有良好的维护管理。

植物景观设计可参考如下指引：应使用无毒、无刺、无危险落果/落叶、无飞絮、无刺激性气味、少虫害、少或无过敏源的植物；宜种植具有芳香气味的植物，为视觉障碍者指引方向（如菊花、茶花、蜡梅、玉兰等）；植物种类应丰富多样；宜种植吸引鸟类和蝴蝶的植物；宜选择降尘性强的植物；宜通过植物配置调节风速与风量；宜采用立体绿化；宜种植色彩鲜艳的植物；宜种植季相鲜明的植物；宜种植花、叶、果较大，形态有特点的植物；应种植遮阴树种；植物种植应使背景与前景对比鲜明；宜种植能够产生

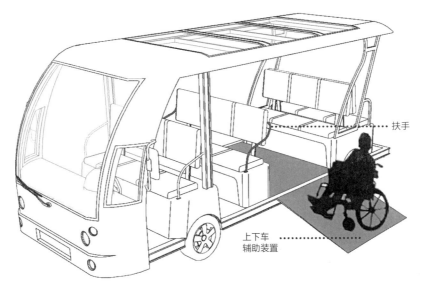

图8-57 无障碍游览车示意图

听觉刺激的植物；宜种植芳香植物；宜种植杀菌性强的植物；宜种植有食用、药用价值的植物；宜种植有特殊触觉感的植物；宜种植具有良好寓意的植物；宜种植具有地方特色的树种。无障碍游憩区的植物应具有较强的适应性和观赏性，宜选用质感明显或具有芳香性气味的种类，不得选择有毒、有刺、飘絮、有刺激性气味或根茎容易露出地面的植物。植物栽植不得遮挡路旁的无障碍标识。园路及铺装场地范围内，林下净空不应低于2.2m。

水景景观设计可参考如下指引：如果场地内有水资源，应充分加以利用；水景景观宜丰富多样；水景应明确边界；水体近岸2m范围内的水深，不得大于0.5m，达不到此要求应设护栏；旱地喷泉应标注区位，地面材料应遇水不滑；喷泉喷水前，应有音响或灯光提示，水柱应缓慢增大；宜在动态水景周边设置停留场地；应确保水的清洁卫生；水面下涉池，水深不得超过0.3m，池底应进行防滑处理，不应种植苔藻类植物；水面上涉水池应设置安全可踏步平台和踏步石，面积不小于0.4m×0.4m，并应满足连续跨越的要求；涉水池应设水质过滤装置；宜设置可触摸的水景；水景宜结合观鱼活动。

地形景观设计可参考如下指引：宜结合地形，塑造良好的小气候环境，塑造小空间，创造丰富的视觉景观；宜结合地形起伏，提供多种坡度的散步道。

景观小品设计可参考如下指引：宜设置风雨连廊；应设置健身器材；座椅应考虑放置拐杖，应考虑旁边停靠轮椅，应有靠背和扶手，应考虑社交需要，座椅的位置宜冬季有阳光，夏季有遮阴，座椅宜采用吸热少、无眩光、不积水的材质，宜设置可移动座椅，宜设置供多种人群使用的座椅，宜座椅配桌子，座椅高度应在30~45cm之间，宽度在40~60cm之间；宜设置促进老年人行动灵活性和记忆训练的景观装置或小品；应设置抬高种植槽，高度不小于60cm，种植槽应考虑坐轮椅使用者的空位，单侧靠近的种植床，宽度不得小于75cm；景观小品的色彩宜温暖明亮，线条明快。（图8-58）

（6）园林景观导识系统

园林景观中的无障碍路线应配有连贯的无障碍引导标识，标明主要出入口、无障碍通道、无障碍停车位、无障碍公共厕所等设施的围道，形成完整的无障碍标识系统。

无障碍设施信息导识提示板应相对较大，对

图8-58 园路及铺装场地范围内乔木下净空示意图

比鲜明,且配有照明设施,高度宜在1~1.6m之间,同时便于坐姿和站姿阅读。主要信息宜配备盲文说明或语音说明。

面积大于0.4hm²的景区主要出入口还应设置园区全景图,标明无障碍游览路线和无障碍设施位置;市级游憩绿地的主要出入口宜设盲文地图;为视觉障碍者服务的活动区域应设置语音服务和盲文铭牌;应在危险地段或地形险要地段设置必要的警示、提示标志,配备必要的安全防护设施。(图8-59、图8-60)

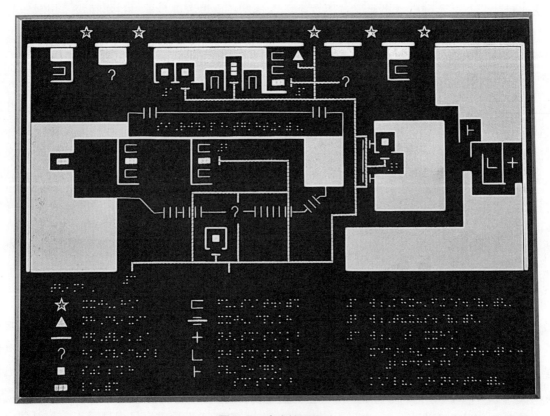

图8-59 盲文地图图示

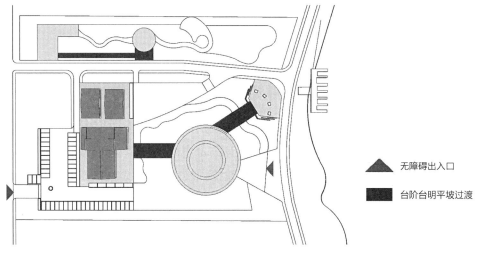

图8-60 与已有标识融合的无障碍标识图示

8.3 交往无障碍

交往无障碍是指任何人在任何情况下都能平等地、方便地、无障碍地进入任何建筑进行不同类型的人际交往活动，尤其是老、幼、病、残等无障碍需求者。人际交往过程是否顺畅对无障碍需求者的情绪、生活、工作有很大的影响，公共建筑无障碍环境打造就是交往无障碍的基础。

设计内容：公共基本建筑空间/办公、科研类建筑空间/商业、服务类建筑空间/酒店、宾馆类建筑空间/医疗、养老类建筑空间/体育、观演类建筑空间/文化、纪念类建筑空间/教育类建筑空间。

8.3.1 公共基本建筑空间

建筑基本空间是指无障碍需求者能够安全、方便地到达，通过使用的建筑室外场地和建筑内部设施的空间，满足建筑无障碍闭环的基本要求（图8-61）。

（1）建筑室外场地

建筑室外场地包括公共建筑基地的出入口、人行道、地上地下停车场等，应保证无障碍通道形成闭环，通达每一个出入口。室外场地无障碍设计的共同要求为：1）若车行道和人行道存在高差，应在人行道路口和两端设置缘石坡道；2）广场和人行通道的地面应平整防滑不积水；3）主要人行通道存在高差和确需设置台阶时，应同步设置无障碍坡道和电梯；4）当基地内总停车数在100辆以上时，应设置不少于1%的无障碍机动车停车位，即便总停车位数量小于100，也应配置至少1个无障碍停车位。

（2）建筑内部设施

建筑内部设施是指无障碍需求者进入建筑内部，安全、方便到达各层并使用的全部内部基础无障碍设施。

建筑内部设施无障碍设计的共同要求为：1）应设置至少1处无障碍出入口，且尽量位于主要出入口；2）主要出入口处应设置平缓坡道，坡度应小于1:30；3）多层建筑内应设置至少1部无障碍电梯；4）服务窗口、电话台、饮水器等设施应同步配备低位版；5）建筑内若存在高差，尤其是在出入口大厅、休息厅、疏散大厅处，应设置符合要求的无障碍坡道，且与整体的无障碍通道相衔接；6）公共厕所需满足无障碍需求，并且尽可能设置独立的无障碍厕所。此外，主要出入口、建筑出入口、通道、停车位、厕所电梯等无障碍设施的位置，应设置无障碍标志，无障碍标志应符合有关规定，建筑物出入口和楼梯前室宜设楼面示意图，在重要信息提示处宜设电子显示屏。（表8-5）

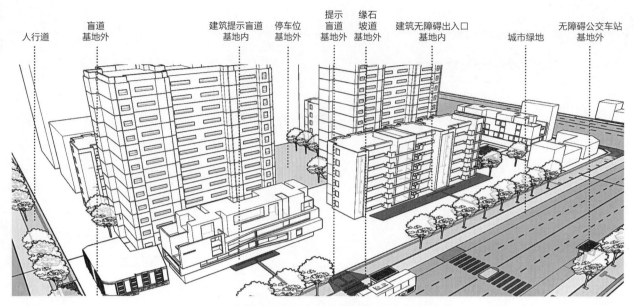

图8-61 建筑基地外与基地内无障碍接驳系统示意图

公共建筑无障碍设施建设项目　　　　　　　　　　　　　　　　表8-5

项目		道路	无障碍停车位	无障碍出入口	室内盲道	无障碍通道	无障碍楼梯	无障碍电梯	无障碍厕所	无障碍厕位	轮椅席位	低位服务设施	无障碍浴室	无障碍客房	休息区	标识	信息系统
对外服务窗口		▲	▲	▲		▲	△	△	▲	▲	△	▲			▲	▲	▲
办公、科研、司法建筑		▲	▲	▲		○	△	○	▲	△	△					▲	△
教育建筑	普通教育	▲	▲	▲			△	○	▲	△						▲	△
	特殊教育	▲	▲	▲		▲	△	▲	▲	▲						▲	▲
医疗康复建筑		▲	▲	▲		▲	△	○	▲			▲	△	△	▲	▲	▲
福利及特殊服务建筑		▲	▲	▲	▲	▲	△	▲	○	▲		△	▲	▲	▲	▲	▲
体育建筑	特级、甲级	▲	▲	▲		▲	△	▲	▲		▲	▲			▲	▲	▲
	乙级、丙级		▲	▲	△		△		▲		▲	○			▲	▲	▲
文化建筑			▲	▲		▲	○	▲	○	▲		▲			▲	▲	▲
商业服务建筑	商业建筑（除旅馆）、娱乐建筑	▲	▲	▲		▲	△	▲	○	▲		▲				▲	▲
	金融服务建筑、邮电建筑	▲	▲	▲				△	▲		○	▲				▲	▲
	旅馆		▲	▲		▲	△	▲	○	▲		▲		▲		▲	▲
汽车加油加气站		▲		▲		▲			○						▲		
高速公路服务区建筑		▲	▲	▲		○	△	▲							▲	▲	▲
城市公共厕所				▲		▲			▲	○						▲	
历史文化保护建筑		▲	▲	▲					○	▲	△	△				▲	▲

注："▲"为应设，"△"为若有应设，"○"为宜设。

8.3.2 办公科研类设施

办公与科研单位为面向社会服务和管理、推进生产活动的重要机构,无论规模和级别,都应在有关业务用房和相应设施上进行无障碍设计,满足来访办理业务的各类群体的需求。

(1)室外场地

应对此类设施户外的开放场地进行系统的无障碍路线规划,设置与出入口、无障碍停车位、人行道和各类活动场地相衔接的盲道系统,存在高差时应尽量设计无障碍坡形地进行过渡。如高差较大设有台阶时,台阶起止处应设置提示盲道和提示夜灯。室外屋面休闲平台出入口处不应设置门槛,有门槛处应以轮椅坡道相连接。

应尽量将无障碍停车位设置在靠近建筑出入口附近,与整体无障碍路线衔接,并配备相应的无障碍标识。出入口门前应设置提示盲道,门体本身应设置配有低位按钮的电动平开门或侧推门。

(2)办公与政务服务

行政办公类建筑内部空间应进行系统的无障碍路线规划,着重关注以下内容:1)服务区域应尽量设置在底层无障碍楼层;2)建筑内的无障碍路线应串联主要活动空间,包括政务服务区域、群众来访议事区域、多功能会议区域、公共卫生间等,在重点设施处设置提示标识;3)应重点规划政务服务区域内的盲道系统,完善配有盲文提示的无障碍路线和功能导示系统,从而满足视力障碍者前往设施区域获得相应服务的需求;4)应在建筑主要出入口、服务大厅和地下停车场电梯厅等进入建筑的区域设置引导标识,指明整体的功能分布等信息,配备能满足无障碍通行需要的门体和低位按钮;5)接待群众来访的区域内应不设高差,最大限度保证轮椅通行、回转和停放的空间需求;6)还应做到低位坐姿接待,同时在办公接待台面下保证足够的容膝空间。(图8-62、图8-63)

对于多功能厅、会议室、接待室等,其同样

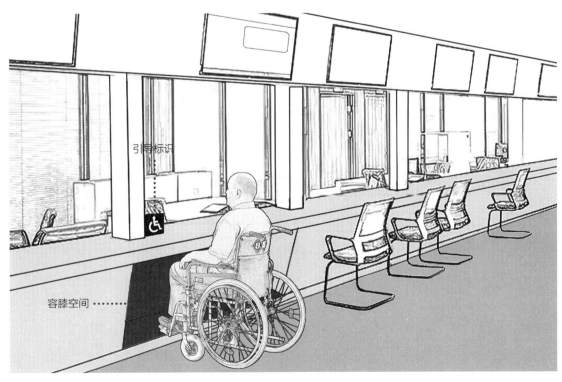

图8-62 政务服务中心低位服务台示意图

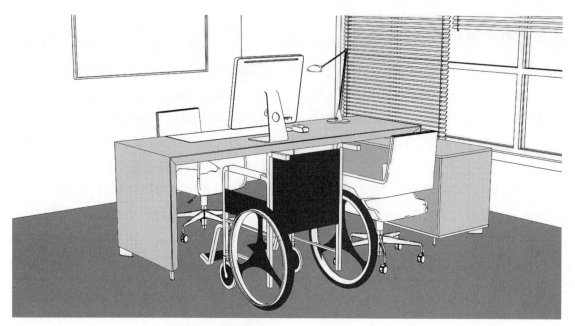

图8-63 接待群众来访办公接待台示意图

不应设置高差,应为主席台设置轮椅坡道并配备相应的引导标识。当会议厅报告厅的座位数量超过300个时,应配置不少于0.2%(数量上不少于2个)的轮椅席位,300个以下的公众座椅席处也应设置至少1个轮椅席位。(图8-64)

(3)配套服务设施

配套服务设施主要包括公共卫生间、职工餐厅、垂直电梯、物资储备和临时救灾场所等,其各自也应满足一定的要求和规范:1)公共卫生间应尽量单独设置独立的无障碍卫生间,采取侧

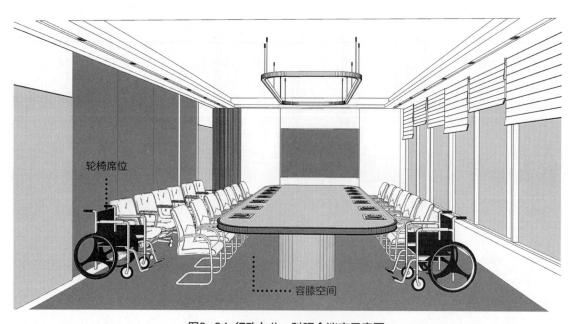

图8-64 行政办公、科研会议室示意图

推或平开的门体，配有低位按钮和无障碍标识；2）餐厅应配备可供轮椅使用者就餐的低位餐位，同时配备相应的低位取餐台和收餐台，与场地或建筑内的无障碍路线衔接；3）通往主要服务大厅和会议室的垂直电梯应设置为无障碍电梯，候梯处、扶梯出入口等均应设置提示盲道，扶手上设置有楼层提示的盲文，踏面前缘设置色彩鲜明的提示条；4）配备必要的辅助用具，如担架、拐杖、轮椅等。

8.3.3 商业服务类设施

商业服务类建筑功能全而多，面向全龄人使用，因此不论地区、行业和规模，均应为行动不便者提供获得服务和使用设施的便利，应进行无障碍设计的范围包括各类百货商店、购物中心、超级市场、餐饮、旅馆、各类娱乐设施、金融服务机构、邮电建筑等。

（1）室外场地

集多种功能于一体的大型商业室外场地内及周边区域的无障碍路线规划应包括以下几个方面的内容：1）场地内无障碍路线与周边人行道路和过街方式的无障碍接驳、与周边公交站点的无障碍接驳、与出租车停靠位的无障碍接驳、与地面和地下停车场无障碍停车位的无障碍接驳；2）盲道系统所应衔接的设施和区域包括公交站点、各类过街设施、各类停车场所和临时停靠位、建筑出入口等；3）应在主要通行及节点设置电子标签等智能导示设施；4）场地内道路尽量实行人车分流，人行道的宽度不应小于1.5m，人行道坡度不宜大于1∶20，大于1∶20时应结合环境景观设置扶手。

此外，大型商业入口广场不应被行车流线穿行，其入口广场应与城市无障碍路线相连接，其主要入口不宜设置台阶，高差处应结合人行入口广场设置无障碍坡地形。室外休闲活动场所应以无障碍坡地形过渡，如高差较大设有台阶时，台阶起止处应设置提示盲道和提示夜灯。室外休闲平台出入口处不应设置门槛，有门槛处应以轮椅坡道相连接。

（2）入口门厅

主要出入口处应为无障碍出入口，并设置提示盲道。门体应采用电动感应侧推门，并设置相应的无障碍引导标识。（图8-65）

应在出入口外设置配有盲文的无障碍路线和功能导示牌，并设置提示盲道，还应探索结合手机等提供智能引导，并在全路线沿途设置系统性的无障碍引导标识。

门厅内宜设置轮椅存放或租赁场所，应设置低位服务台；台前宜设置智能手语翻译设施；有室内地图时，应增设各主要功能空间的无障碍功能分布和路线导示内容，此图宜为触摸式物理地图或具有语音功能的电子触屏，有条件的宜结合随身电子设备提供智能引导。

（3）停车场所

与城市主要车行道路接驳处设置的港湾式候车区域应划定无障碍优先候车区，并设置相应的引导标识，方便无障碍车辆停靠接送有障碍人士。

地面无障碍停车位应靠近无障碍出入口，设置分流的无障碍流线并配备引导标识，以接待观光旅游者为主的旅馆，应设置无障碍大巴停靠点，留出轮椅乘客上下车空间。

地下停车场无障碍车位应靠近无障碍电梯，并实现分流。通往电梯的通道若存在高差，应设置轮椅坡道。人防门应采取无门槛式设计，配备可移动的轮椅坡道。

（4）交通空间

应规划使各层主要商业区域、餐饮区域、影剧院、娱乐场所、休息场所、停车场所、公共卫生间等功能空间相互连接的无障碍路线。如果同层空间存在高差，应结合室内环境设置轮椅坡道或无障碍通廊。

主要垂直交通空间的客服电梯应为无障碍电梯。每组为公众服务的电梯应设置至少1部无障碍电梯，其电梯低位呼叫按钮前和扶梯起止处应设置提示盲道，扶梯宜设置语音提示功能。

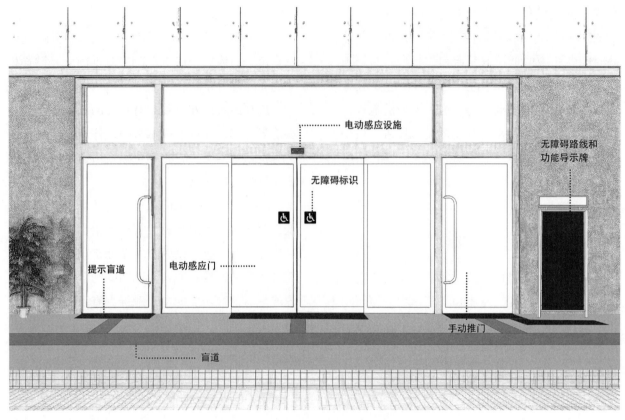

图8-65 商业综合体无障碍入口示意图

（5）商业空间

大型商业建筑内主要商业功能空间应进行专门的无障碍设计，主要包括：无障碍购物、无障碍就餐和家庭/社交互动、无障碍消费支付、无障碍影视观览和器具使用等。

室内外步行商业街廊、挑廊、空中廊道以及商铺出入口处均不应设置台阶高差，地面装修所形成的高差应以缓坡过渡，以满足轮椅通行。

餐饮空间应设置具有容膝空间的无障碍餐桌，留有摆放轮椅的空间，并设可放置拐杖等辅具的装置和引导标识；其主要通道应满足轮椅通行和回转的要求，室内外各类就餐区均应设置无障碍餐位（台），无障碍餐桌（椅）应设有放置拐杖的辅具（或结合餐台设置），并应设置呼叫服务按钮。

泳池、康体和健身等功能空间应设置相应的无障碍区域，设置坐姿更衣和洗浴等无障碍设施或可移动辅具；通往泳池处宜设置无障碍冲脚池，有条件的可设置池边入水无障碍升降设施，并设置引导标识。（图8-66）

货架式售卖区（包括超市）不应设置高差，货架之间应保证轮椅通行尺度，出口结账处应设置满足无障碍通行要求的结账通道，以及具有容膝空间的低位结账台，并设置相应的无障碍引导标识。

公共休息区不应设置高差台阶，其无障碍休息座椅应配有助力扶手和靠背，并应设置相应的引导标识。（图8-67）

（6）配套服务设施

应在主要商业服务设施内设置独立的无障碍卫生间，根据实际情况设置具有育婴设施的母婴室，即便没有母婴室也应在前室洗手台处设置置物台或育婴台。设施应满足基本的设计规范要求，满足家庭异性和母婴照顾需要。（图8-68）

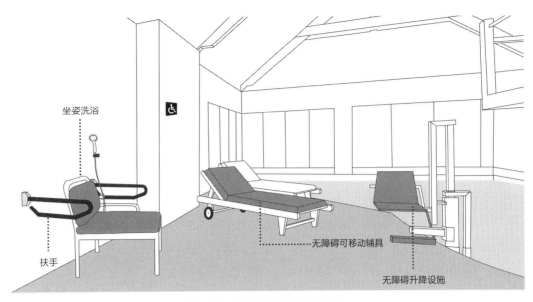

图8-66 泳池无障碍设施示意图

图8-67 商业街廊及商铺出入口示意图

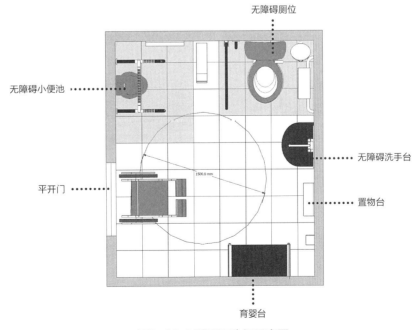

图8-68 无障碍卫生间示意图

8.3.4 教育类设施

教育建筑的无障碍设计旨在满足行动不便的学生、老师、外来访客和家长的使用需求，范围应包括托儿所、幼儿园建筑、中小学建筑、高等院校建筑、职业教育建筑、特殊教育建筑、设有老年大学的建筑等。其中，特殊教育学校设计还应符合《特殊教育学校建筑设计规范》（JGJ 76—2019）的有关要求。

（1）室外场地

教育设施应进行无障碍路线和标识引导规划，连接场地及建筑无障碍出入口、各类教学空间、课间活动空间、文娱运动空间、食堂就餐空间等功能空间，并应与周边街区无障碍路线、无障碍交通站点相连通；校园内的无障碍路线和设施规划应能够包容各类残障人士在相同的校园环境中共同学习成长。

场地出入口与城市道路接驳处应以无障碍坡地形过渡，并应符合轮椅坡道相关设计要求；中小学校园出入口处应设置可供有障碍的家长（或老年人家长）接送学生休息等候的无障碍场所，该场所应结合街区环境设置具有扶手和靠背的无障碍座椅。校园内车行流线与人行流线应分开设置，保证无干扰的步行环境。场地出入口应设置无障碍优先候车区，并设置相应的引导标识。此外，校园内不应种植月季、玫瑰等叶缘带刺植物，皂荚、石榴等枝刺植物，刺槐等托叶刺植物，以保证师生活动安全。（图8-69~图8-71）

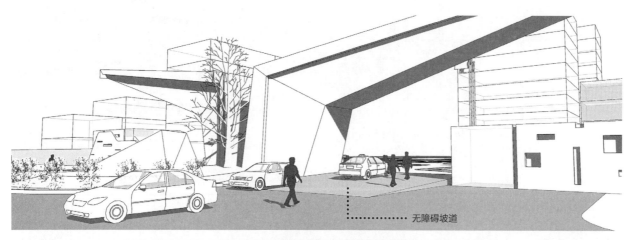

图8-69 场地无障碍坡地形示意图

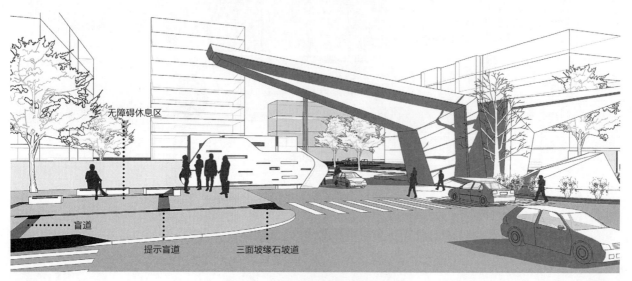

图8-70 校门口无障碍休息区示意图

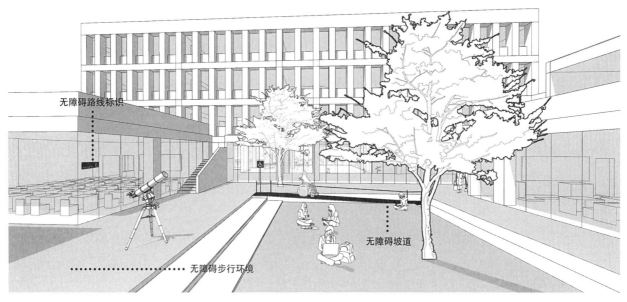

图8-71 校园室外场地无障碍步行环境示意图

（2）建筑入口

场地内宜以平坡地形连接所有建筑出入口。对路线中存在高差的部位采取坡化措施，有台阶时，起止处应设置提示盲道与引导标识。无垂直电梯到达的主要教学功能空间楼层应设置楼层轮椅坡道使其与校园室外场地无障碍连接（也可作为灾害避难无障碍通道）。建筑无障碍出入口的门体宜采用带有防夹措施的电动平开门或感应侧推门。（图8-72）

（3）交通空间

主要教学功能区内无障碍设计应满足以下要求：1）走廊空间内有高差时，应采取坡化措

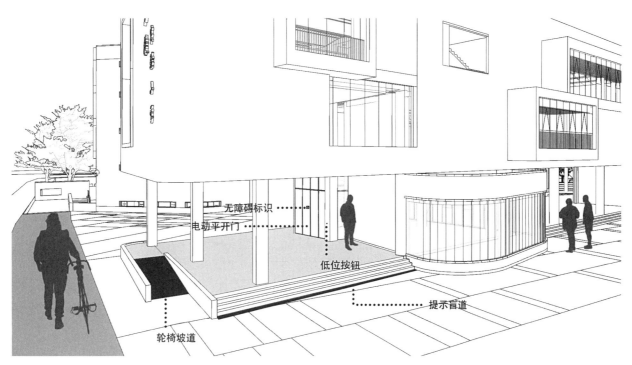

图8-72 建筑出入口无障碍坡地形示意图

施或设置轮椅坡道,使走廊楼地面无障碍连接;2)在多层主要教学功能区内设置至少1部无障碍电梯(或设置楼层轮椅坡道);3)无障碍电梯及低位呼叫按钮前应设置引导标识;4)校园内所有楼梯均应为无障碍楼梯,起止处设置提示盲道,配备盲文提示和设置色彩提示条。

(4)教学空间

宜设置向教室内凹的门斗,确保教室门开启时不影响走廊的人流通行;门体宜采用杆式低位拉手;当教室有视力障碍学生上课时,应在教室门前增设提示盲道。

当有残障学生使用时,教室应在方便出入的位置设置无障碍课位,并宜采用可调节高度的课桌课椅,课桌下方应具备容膝空间;当有残障学生使用时,合班教室宜设置不小于2个轮椅座席;有固定座位的教学空间,应在靠近出入口处预留轮椅回转空间。(图8-73、图8-74)

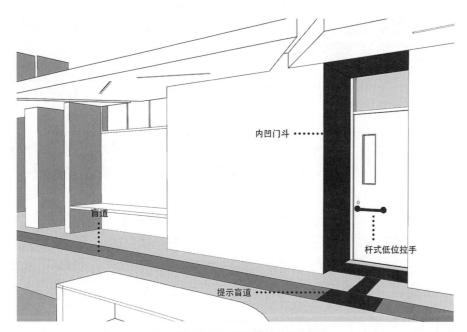

图8-73 教室内凹门斗设计示意图

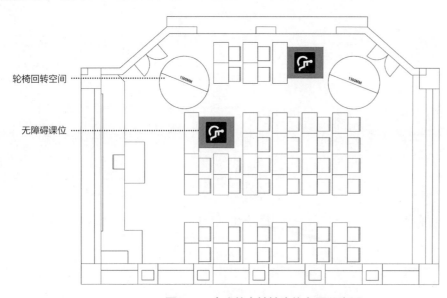

图8-74 合班教室轮椅席位布置示意图

（5）住宿空间

宿舍的无障碍出入口门前应设置提示盲道，刷卡处应设置低位设施。（图8-75）

无障碍宿舍楼层或区域应设置于一层或设置无障碍电梯与其所在楼层相连接，其走廊地面不应设置台阶。

无障碍宿舍楼层或区域的墙体两侧应设置相应的助力扶手，无障碍宿舍应符合轮椅通行和回转的空间尺度要求，铺位高度应与轮椅平齐，并设置相应的可移动助力辅具，书桌下方应具有容膝空间。视力障碍的学生居住的宿舍和公共卫生间门前应设置提示盲道，其靠近门口的扶手起止处应设置盲文提示。

公共盥洗间内应设置无障碍淋浴间和无障碍洗手盆，无障碍淋浴间内应设置浴间坐台，需要刷卡的淋浴间的应设置低位刷卡感应设施。（图8-76）

（6）就餐空间

特殊教育设施食堂取餐窗口和服务台应设置低位服务台，并设置无障碍引导标识，其余教育设施食堂宜设置低位服务台。（图8-77、图8-78）

特殊教育设施食堂就餐区域应设置具有容膝空间的无障碍餐桌，留有摆放轮椅的空间，并设可放置拐杖等辅具的装置和无障碍引导标识，其余教育设施食堂宜设置无障碍餐桌。

特殊教育设施食堂主要通道应满足轮椅通行和回转的要求，其余教育设施食堂宜满足轮椅通行和回转的要求。

（7）配套服务设施

校园内文体活动设施、报告厅和图书馆等应符合相关无障碍设计要求，满足有障碍学生的通用性使用要求。

图书馆的阅览区域不宜设置高差，应设置可供有障碍学生使用的无障碍阅览区（位）和相应的无障碍引导标识，并设置与借书问询台相连接的服务呼叫器。借书、问询处等应设置低位服务台，并设置无障碍引导标识；设有自助借还机和查询电脑时，宜采用低位设备。（图8-79）

风雨操场和运动场地的无障碍设计应满足以下要求：1）与校园无障碍路线接驳，场地内通行路线有高差处宜设置平坡地形；2）提供可供有障碍学生进行健身活动的场所；3）根据观众台座位数量设置无障碍席位，并与无障碍路线衔接；4）对升旗仪式台和操场主席台设置移动式

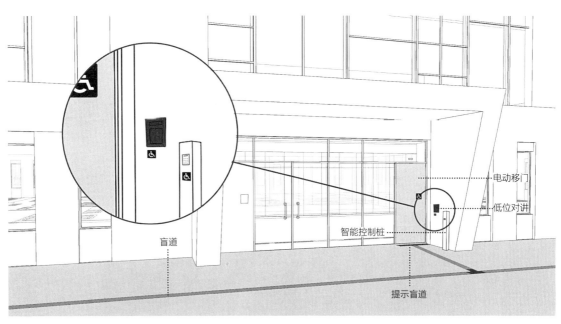

图8-75 宿舍无障碍出入口示意图

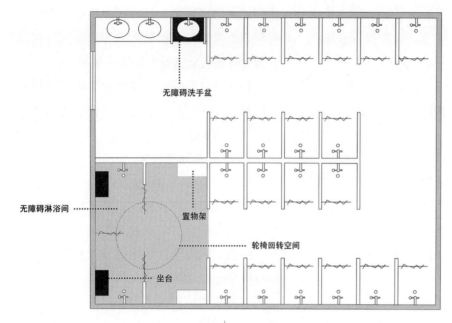

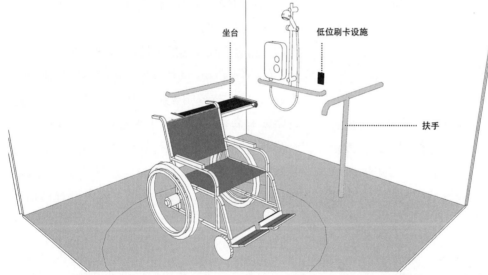

图8-76 公共盥洗室无障碍浴位示意图

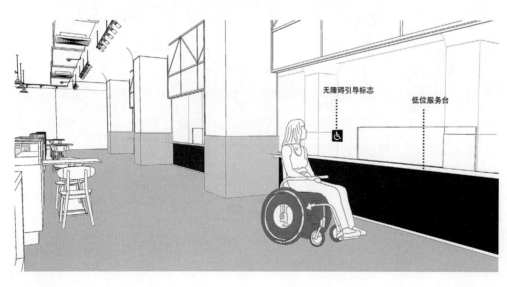

图8-77 无障碍取餐口示意图

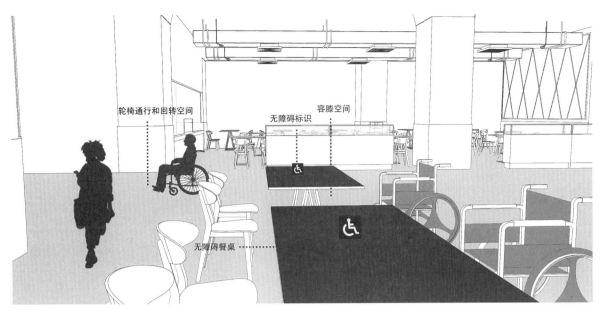

图8-78 无障碍餐桌示意图

图8-79 无障碍阅览区示意图

轮椅坡道;5)在作为社会紧急避难场所和应急抗灾指挥中心时,配套储备物资内应配备轮椅、拐杖和担架等辅具设施。

在对校园内公共卫生间进行无障碍设计时,应充分考虑少年儿童人体工程学尺度。即便没有独立的无障碍卫生间,也应设置经过无障碍设计的厕位、小便器和洗手盆。热水取水处应设置低位饮(取)水台,并设可放置拐杖等辅具的装置和无障碍引导标识。

8.3.5 医疗康养类设施

医疗康复建筑是为特殊人群服务的建筑,与人的生活与生存质量密切相关,主要涉及范围应包括各类医院、疗养院、康复中心、急救中心、社区卫生站等,设计目标应包括设施齐全和实施到位。

（1）室外场地

医疗康复设施应进行无障碍路线和标识引导规划，连接其场地和建筑出入口、停车场所、门诊部、急诊部、住院部、室内外活动场所等，并应与周边街区无障碍路线相连通。

场地出入口与城市人行道路接驳处应以无障碍坡地形过渡。场地出入口的人行与车行流线应分开设置，人行道应可供轮椅和相关无障碍设备通行，并应设置相关无障碍引导标识；其人行出入口和人行道宽度宜满足轮椅双向通行的尺度要求，如不能满足要求，应间隔一定距离设置回转避让空间。（图8-80）

人行道路与车行道路并行时，不应设置高差，应通过材质和色彩等进行区分；人行道路应采用防滑材料，无障碍通行宽度内不应布置管井盖和排水箅子并避免路面积水；人行道路有高差处应采取坡化措施或设置轮椅坡道，并设置无障碍引导标识和提示夜灯；当无障碍路线穿越车行道路时，宜设置人行横道和减速措施，设置减速带的道路应留出1.2～1.5m的无障碍通道。应将地面无障碍停车位设置在靠近建筑出入口的地段，并与无障碍路线相连接，避免流线交叉和产生安全隐患。院区室外的休息座椅旁，应留有轮椅停留空间。（图8-81、图8-82）

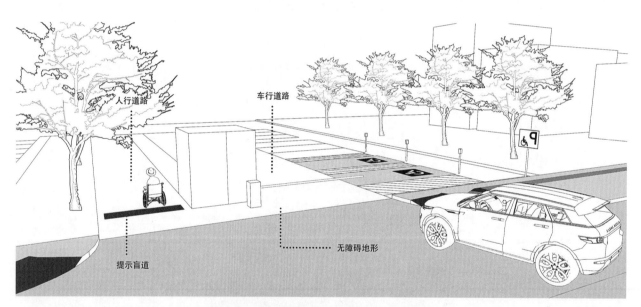

图8-80 医疗康养类建筑场地出入口示意图

图8-81 场地道路剖面示意图

图8-82 场地过街无障碍示意图

（2）入口门厅

入口门厅处的设计应满足以下要求：1）将建筑主要出入口（尤其是公众使用较为频繁的出入口）设置为平坡出入口，如高差较大，应结合环境景观采取坡化措施或设置轮椅坡道，台阶起止处应设置提示盲道；2）主要出入口门前空间应满足包括救护车在内的车辆停靠要求，且雨篷能够完全覆盖停车区域；3）无障碍出入口门前应设置提示盲道，使用平推或侧推门体，配备低位按钮和无障碍标识。（图8-83、图8-84）

（3）诊疗大厅

诊疗大厅设计应符合以下要求：1）门厅内靠近无障碍出入口处，有室内地图时，应增设各主要功能空间的无障碍功能分布和路线导示

图8-83 建筑出入口台阶及轮椅坡道示意图

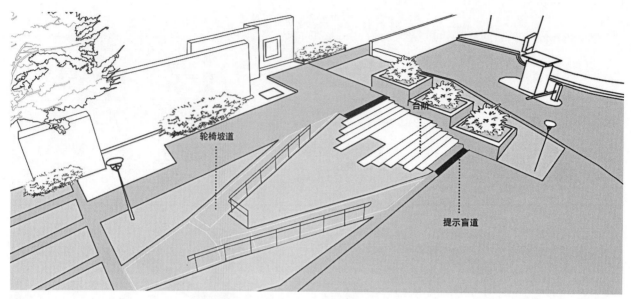

图8-84 与环境景观结合的轮椅坡道示意图

内容，此图宜为触摸式物理地图或具有语音功能的电子触屏，有条件的宜结合随身电子设备提供智能引导；2）门厅内不应设置地面高差，休息区的无障碍座椅应设有助力扶手和靠背，并应设置轮椅和婴儿推车租赁空间；3）挂号处、缴费处、取药处、导医台和住院处等服务接待处应设置具有容膝空间的低位服务台，满足放置其他辅具的需求；4）应在等候区内预留轮椅停留空间，在取报告处设置文字显示器和语音提示装置；5）门厅内墙柱体阳角以及挂号处、缴费处和导医台转角处宜做成弧面、抹角或采用软性材料包裹。（图8-85～图8-88）

（4）交通空间

医疗设施内交通空间的无障碍设计应符合以下要求：1）应设置无障碍通道，净宽不应小于1.8m，并设置扶手，候诊区应设轮椅停留空间；2）所有垂直电梯和楼梯均应为无障碍电梯，同时设置提示盲道与扶手；3）同一建筑内至少设置1部无障碍电梯；4）候梯厅内无障碍电梯及低位呼叫按钮前应设置提示盲道及相应的无障碍引

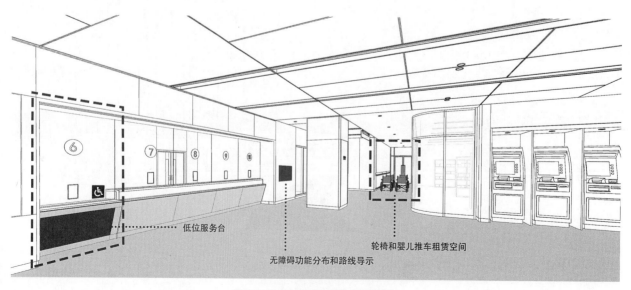

图8-85 门厅低位服务台示意图

抹角截面　　　　　弧面截面

图8-86 抹角示意图

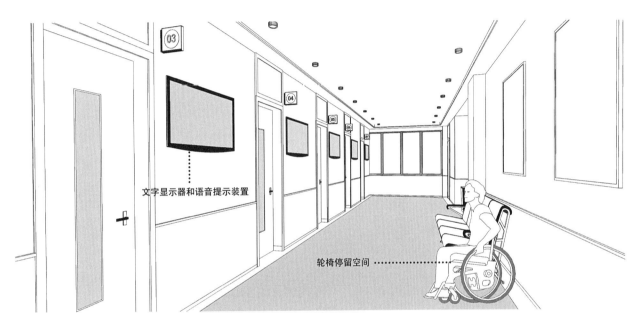

图8-87 医院候诊空间示意图

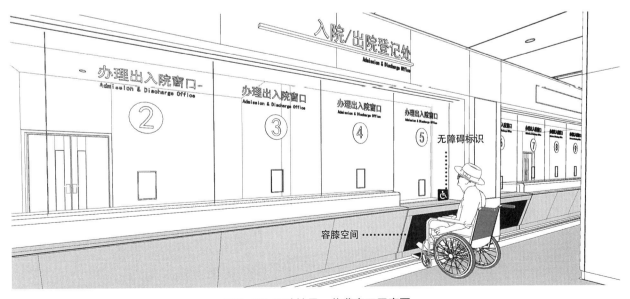

图8-88 医院挂号、收费窗口示意图

导标识；5）自动扶梯起止处应设置提示盲道，起止处宜设置语音提示功能。此外，诊疗用房的门体宜采用低位或脚踏电动门扇开启按钮，所有门体均应采用杆式低位拉手。主要交通流线的走廊和过道两侧墙面应设置扶手或扶壁板，其墙柱体阳角应做成圆面、抹角或采用软性材料包裹。（图8-89、图8-90）

（5）病房及诊疗室

病房和诊疗室门口墙面应设置助力扶手或扶壁板，无障碍病房门口应在助力扶手或扶壁板上设置盲文提示，门体应采用低位杆式拉手。（图8-91）

病房区内公共卫生间的淋浴间均应设置坐姿洗浴的设施。

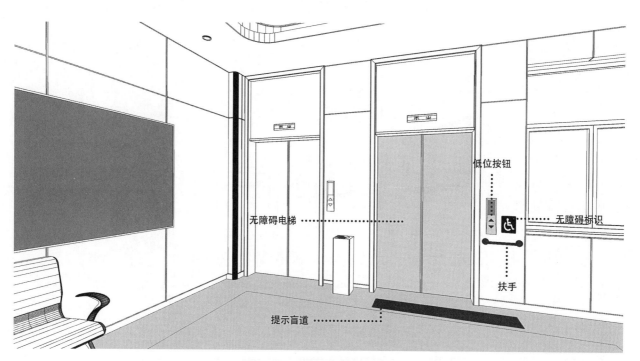

图8-89 无障碍候梯厅示意图

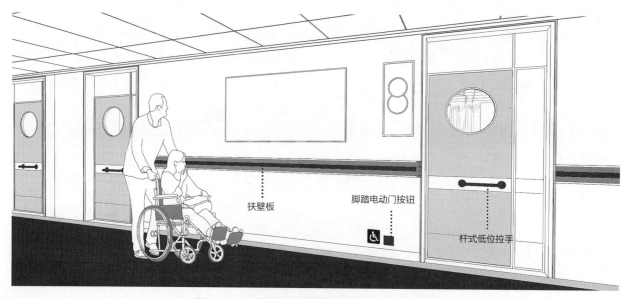

图8-90 诊疗室脚踏控制按钮与门体拉手示意图

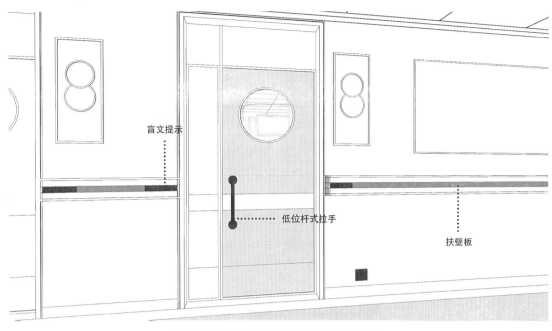

图8-91 病房和诊疗室门口扶壁板示意图

无障碍病房内的卫生间应满足坐姿盥洗、厕浴、轮椅退出回转和护理人员介护的空间需要。

无障碍病房内的储物柜宜采用低位挂杆和下拉式储物架,其照明开关距地高度宜为1.1m,电源插座距地高度宜为0.6~0.8m,便于开启灯具和插拔插头。(图8-92)

（6）配套服务设施

其他配套设施方面,医疗建筑内的公共休息区地面不应设置高差,两侧墙面应设置扶手或扶壁板,其无障碍休息座椅应设有扶手和靠背。宜设置不少于休息座椅总数1%且不少于1个的轮椅休息位,并设置1:1的陪护席位,轮椅休息位应结合总体座椅布置设计。(图8-93)

图8-92 医院病房区示意图

诊区等处应设置低位服务设施,且将其转角做成弧面或抹角,并设置可放置拐杖等辅具的装置和无障碍引导标识,具体应包括护士站、公共电话台、查询处、饮水器、自助售货处、服务台等。

应在首层设置至少1处无障碍卫生间,各楼层至少设置1处满足无障碍要求的公共卫生间或无障碍卫生间。公共卫生间的门体宜采用带有防夹措施的电动侧推门,并设置低位按钮和无障碍引导标识。公共卫生间内应设置无障碍洗手台、无障碍小便池和无障碍厕位。无障碍厕位内应设置医用吊瓶挂杆、拐杖(盲杖)放置支架和物品放置台。无障碍卫生间内可设置满足家庭异性和母婴照顾的无障碍设施,或设置独立的母婴室,其门体宜采用带有防夹措施的电动侧推门或平开门,并设置低位按钮和无障碍引导标识。应在儿童医院的门诊、急诊和医技部门等区域每层至少设置1处靠近公共卫生间的母婴室。(图8-94)

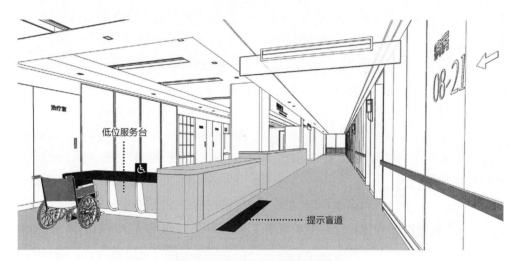

图8-93 护士站低位服务台示意图

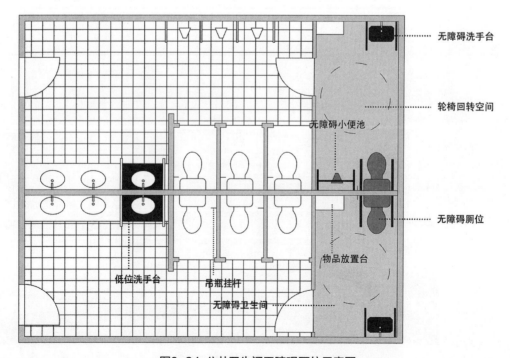

图8-94 公共卫生间无障碍厕位示意图

医疗类设施的地下停车场应设置无障碍车位，应靠近无障碍电梯，且在有高差和台阶时设置无障碍坡道，并应设置相应的无障碍引导标识，人防门槛处（或采用活动门槛）应设置无障碍过渡设施。

8.3.6 体育观演类设施

体育与观演建筑是公众大范围聚集的场所，观众对座椅、视线角度等方面都有一定的要求，无障碍使用者同样有权参与到表演和竞技的行列。各类观演与体育建筑，应具备符合各类观众、演员及运动、通行和使用的条件。设计范围应包括用于教学、训练、比赛、休闲的体育场馆和场地等。

（1）室外场地

应对体育场馆和室外比赛场所进行无障碍设计，重点包括无障碍路线和盲道系统。无障碍线路应形成闭环，有效串联出入口集散广场、室内外比赛场地、室内外观赛空间、建筑各入口大厅、赛事辅助用房、配套服务功能空间和停车空间等，并与周边街区相连通。

停车设施方面，场地内观赛和参赛（场地）出入口附近宜设置地面无障碍停车位，并设置无障碍引导标识；特级、甲级体育场馆应设置无障碍大巴停车位，乙级、丙级体育场馆宜设置无障碍大巴停车位，并与场地内无障碍路线相连接；应在有关场馆的地面或地下设置一定数量的客车无障碍停车位，与场地内的无障碍路线相连接。

不同方向的场地出入口附近的公交站点（包括地铁站点）应符合无障碍设计要求，并应与城市道路的无障碍路线相连通，出入口处宜设置港湾式无障碍优先候车区。

场地内集散和休息场所存在高差时，应以平坡地形或轮椅坡道相连接，台阶起止处应设置提示盲道和提示夜灯，并设置无障碍引导标识。

当无障碍路线被车行道隔断时，宜在交会处设置提示人行横道和车辆减速措施；设置减速带的道路，应留出1.2~1.5m的无障碍通道。

（2）公共区域

观众、运动员及贵宾出入口等公共区域应进行无障碍设计，首先应至少设置1处无障碍出入口，若有高差处宜结合场地设计形成无障碍坡地形，如需设置台阶，其台阶和坡道应结合出入口处景观环境进行设计，并设置相应的无障碍引导标识。应根据实际需要和客观条件，对其他功能分区也设置无障碍出入口。

无障碍出入口的门体宜采用带有防夹措施的电动平开门或感应侧推门，并设置低位按钮。

无障碍出入口处（门前）应设置提示盲道，可供无障碍通行的门体应采用电动感应侧推门。安全检查闸口处应设置满足无障碍使用要求的轮椅和婴儿推车通道，并设置无障碍引导标识；门式闸机闸门开启后的净宽不应小于900mm，如果设置转闸或其他明显不适合轮椅通行的验票装置，应在紧邻处设置无障碍验票通道。

应将从无障碍出入口到各类功能分区的室内走道设置为无障碍通道，通道长度大于50m时设置休息区，特级、甲级体育场馆可放宽至60m，休息区应避开行走路线；主要人员聚集场所宜设放置轮椅的无障碍休息区，且不妨碍安全疏散。

出入口处（门厅内）的取票处、咨询处应设置具有容膝空间的低位服务柜台，并应配置相关智能手语翻译设备和低位的电子售取票设施，柜台前设置提示盲道，并设置无障碍引导标识。

此外，在出入口处（门厅内）应设置观赛导引和路线导示牌，配有盲文提示，便于坐姿阅读，主要信息部分高度宜在1~1.6m之间，同时便于坐姿和站姿阅读，宜配备盲文说明或语音说明。

有条件的宜对场馆室内外公共区域进行数字化处理，设置与随身电子设备（手机）相结合的交互标识设施，满足残障人士安全精准导航的要求。特级、甲级场馆公共区域应设置语音提示和电子显示屏幕系统。

（3）观赛场所

观赛场所应进行无障碍设计，需要满足以下

要求：1）应在存在高差的场馆内观赛休息通廊处设置坡化措施或轮椅坡道，配备无障碍引导标识；2）供观众使用的楼梯应为无障碍楼梯；3）应在阶梯式室内外观赛场地设置无障碍垂直电梯，特级、甲级场馆内各类观众看台区、主席台、贵宾区等各自应至少设置1部无障碍电梯，如有需要，乙级和丙级场馆内的观众座席也应至少设置1部无障碍电梯；4）无障碍电梯的位置应方便行动障碍者到达各个公共活动空间和轮椅席位；5）电梯候梯处、扶梯起止处应设置提示盲道，并应设置相应的无障碍引导标识；6）无障碍休息座椅应设有扶手和靠背，应按不少于观众席总数的0.2%配置轮椅席位，并在轮椅席位旁或邻近处设置1:1的陪护席位，应与建筑或场地内的无障碍路线连通，如无法满足要求时，可设置相应的辅具设施；7）轮椅席位未被使用时，可安装易于拆卸的座椅；8）轮椅席位的视线设计（视线超高值）应满足前排观众站立时，轮椅席位的观众仍可坐姿观看比赛的要求。

观赛席位阶梯通道起止处应设置提示盲道，并设置相应的扶手和护栏；有条件的宜结合随身电子设备提供多语种语音观赛解说服务；无障碍观赛轮椅席位的布置应结合无障碍通道，规划消防避难疏散路线，并参照消防安全疏散标识设置无障碍避难疏散引导标识。

（4）参赛场所

应对运动员参赛的无障碍路线（包括视障运动员无障碍路线）和标识引导进行规划，连接运动员停车区、安检入口、赛前点名处和检录处、休息更衣区、兴奋剂检查区、练习热身区、比赛区、领奖区、媒体发布交流区、运动员观赛区和运动员体验观览区等；场所内电梯数量、无障碍厕位和可替代性辅具配置宜在赛前进行策划。

运动员出入口的门宜采用带有防夹措施的电动感应侧推门，并设置低位按钮；需刷卡进入的入口处应设置低位刷卡设施，并设置无障碍引导标识。

运动员进入赛场的路径、入口赛前点名处和检录处不应设置台阶，有高差处应采取坡化措施或设置轮椅坡道；有条件的宜结合手机、机器人等设置引导标识，并应设置导盲犬暂留区。

运动员休息区和更衣区应符合无障碍设计要求：1）并应设置可坐姿操作配有下拉式装置的无障碍储衣柜；2）运动员练习热身区的地面不应设置台阶，其周边墙体和设施不应有凸出的障碍物，其墙柱体阳角宜采取弧面、抹角等相应的防护措施；3）应在公共卫生间内设置独立的无障碍卫生间，采用平开门或侧推门，配备低位按钮；4）未设置无障碍卫生间的公共卫生间内也应设置无障碍厕位、小便池和洗手台，取水间应设置低位饮水台；5）运动员盥洗淋浴间内应设置无障碍淋浴间和无障碍洗手盆；6）兴奋剂检查室的相关空间尺度、门体尺度、设施和器具应满足残障运动员使用要求。

此外，视力障碍运动员赛前准备设施应设置语音提示功能，听力障碍运动员赛前准备设施应结合电子显示屏等光电设备设置视觉引导功能。宜配置阶梯爬升机、颁奖台和观赛席可移动轮椅坡道、智能拐杖、电子引导标签和智能轮椅等各类辅助设施。

应对山地赛场的无障碍路线和设施进行规划，其规划内容主要包括：山地（雪地）无障碍通道路线规划、临时无障碍坡道和垂直升降设施布局、临时无障碍卫生间布局、轮椅席位布局、轮椅和婴儿推车租赁场所布局；宜结合山地赛场的自然景观，规划运动员观览的无障碍路线，使残障运动员能够无障碍到达最佳拍照留念场地。

（5）配套服务设施

配套服务设施主要包括餐饮商业、纪念品售卖区域等。其中，餐饮与商业区域应与室内外无障碍路线相连通，有高差处应结合室内外环境设计采取坡化措施或设置轮椅坡道；其无障碍出入

图8-95 餐饮区域示意图

口门体宜采用带有防夹措施的电动侧推门,并应设置低位按钮;纪念品售卖展示台架宜为低位设施,其收费处宜为低位服务台。宜在观赛休息通廊、餐饮和商业区域无障碍路线的重要节点处设置无障碍电子求助装置(按钮),并设置相应的无障碍引导标识。同时,应为听力、视力或肢体障碍的志愿者配置包括语音和字幕等无障碍设施和设备,志愿者休息室地面不应设有高差,休息室门体应能够满足轮椅通行要求,宜采用带有防夹措施的电动平开门或感应侧推门,并设置低位按钮。(图8-95)

此外,地下停车场的无障碍车位宜靠近无障碍电梯,若存在高差和台阶应设置轮椅坡道,并应设置相应的无障碍引导标识,人防门槛处(或采用活动门槛)应设置无障碍过渡设施。

(6)赛事接待服务

为残障运动员提供住宿接待的场所应能够满足在约定的时间内完成出行参赛要求;赛事出行的策划主要包括:建筑内无障碍电梯配置数量、无障碍上下车区域和路线布局、无障碍楼层布局以及上下楼轮椅坡道(或临时设施)设置等。

为保证残障运动员在参赛出行前约定的时间内就餐,赛事出行前就餐的策划主要包括:就餐区面积和无障碍餐位的配置及数量、就餐区无障碍路线布局。

为使残障运动员在机场等交通枢纽和各类赛场参赛能够得到人性化服务,赛事无障碍服务的策划主要包括:无障碍专用通道和区域布局、相关可移动服务器具配置、无障碍厕位和无障碍卫生间配置以及无障碍更衣淋浴设施配置。

专栏8-4 » 科瑟:为所有人的体育

丹麦科瑟的穆绍尔姆体育馆、度假和会议中心综合体的中央是一座巨大的圆形体育馆,为丹麦肌肉萎缩症基金会所有。体育馆内有专为残疾人提供的高空缆车、攀登墙和一体化滑轮系统。馆外,从百米斜坡盘旋而上便可抵达空中休息室(坡道还可以用作轮椅赛车跑道)。

耗资1450万欧元的穆绍尔姆综合体现在作为社会企业在运营。基金会董事长Henrik IbJørgensen表示:"可达性应该是可感知的,而非可见的"。他继续补充道,"缺乏可达性、他人的目光、理想身体和残疾人士缺乏自信是多样性的最大障碍,而我们要做的正是创造包容差异的空间。"

丹麦拥有世界公认可达性最高的办公大楼——位于哥本哈根塔斯楚普郊区的残疾人协会大楼，容纳了30多个不同残疾人组织的总部。大楼建于2012年，花费1.78亿克朗。楼内的通用设计包括免下车式电梯以避免轮椅使用者来回倒转，在栏杆上的触觉旋钮则使盲人可以轻松分辨出自己在哪个楼层。

8.3.7 文化纪念类设施

文化与纪念类建筑主要包括各类活动中心、纪念馆、展览馆、图书馆、博物馆、美术馆、会展中心、音乐厅、影剧院等，许多也是城市中的标志性建筑。因此，文化纪念类建筑的内外环境和空间，应做到能满足各类人群的基本需要和活动习惯，使得包括无障碍需求者在内的全龄群体都能安全、便捷和自如地参与各类学习、参观和纪念活动。

（1）室外场地

室外场地是文化纪念类建筑的重要组成，应对其进行无障碍路线、盲道系统和标识系统的综合规划，使各类广场、展场、公共服务空间、报告厅、体验厅等能实现无障碍连接，并与周边设施进行无障碍联通。具体而言：1）车行流线不应与参观的人行流线混杂；2）地面无障碍停车位应与文化纪念类建筑的场地和建筑实现无障碍连接，并应靠近无障碍出入口；3）文化纪念类建筑的入口广场、室外活动场所、室外展场等应与城市和场地内的无障碍路线相连接，还应在台阶处设置轮椅坡道、助力扶手、提示夜灯和无障碍引导标识。（图8-96）

（2）出入口

公众使用的建筑物出入口应为无障碍出入口，宜设不少于1处平坡出入口，有条件的还应结合入口处的场地和景观设置无障碍坡形地、坡道或缓步台阶。（图8-97）

此外，门体应采用带有防夹措施的电动平开门或感应侧推门，并设置低位按钮、引导标识和提示盲道。设置安全检查闸口和探测仪等设施的场所也应满足无障碍使用要求的轮椅和婴儿推车通道，并设置无障碍引导标识。（图8-98）

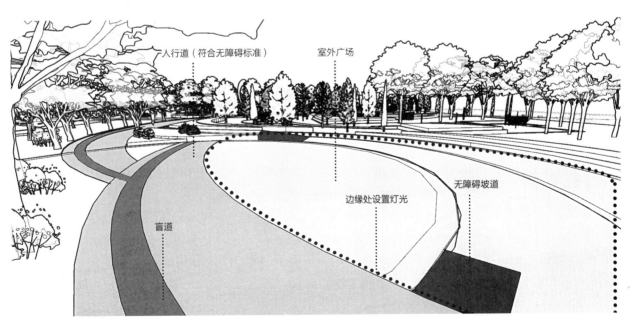

图8-96 室外无障碍路线示意图

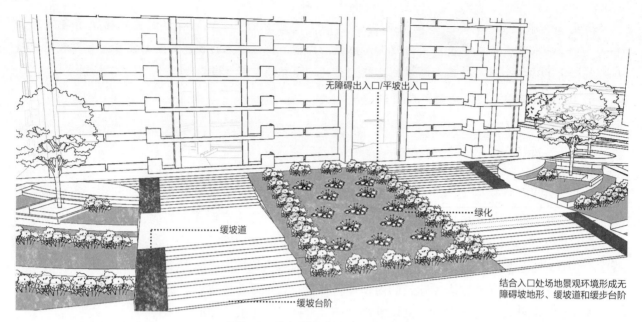

图8-97 出入口无障碍缓坡道示意图

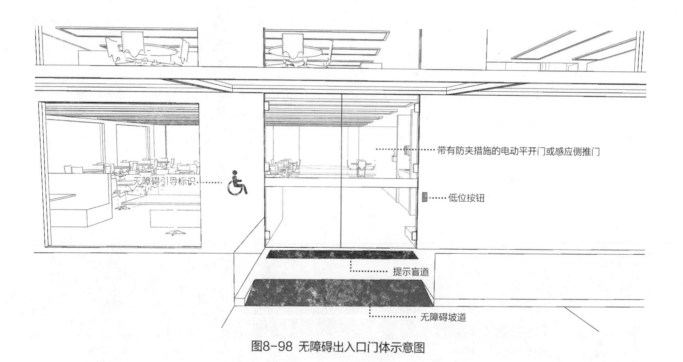

图8-98 无障碍出入口门体示意图

（3）门厅

文化纪念类建筑的门厅处应着重针对各类服务设施进行无障碍建设，具体包括：1）应在购（换）票处、问询台、检索处等位置设置低位服务台，并在其前设置提示盲道和相应的无障碍引导标识；2）门厅内应配置标有盲文的无障碍路线和导示牌，标注各空间的无障碍设施，有条件的还应配置触摸式物理地图或有语音功能的电子触屏，并结合手机等提供多语种的导览服务；3）门厅内的休息座椅应配有扶手和靠背，无障碍座椅应不少于总数量的1%，座椅总数小于100个时也应设置至少1个轮椅休息位，并配有同样数量的陪护席位；4）应在门厅入口附近设置轮椅和婴儿推车租赁场所；5）安检闸口处应设置轮椅和婴儿推车专用通道。

（4）观览空间

文化纪念类建筑内的观览空间主要包括电梯、扶梯、走道等。其中包括：1）每组电梯应设置1部无障碍电梯；2）自动扶梯起止处应设置提示盲道，并配置相应的无障碍标识；3）供公众使用的主要楼梯宜为无障碍楼梯；4）室内走道应避免地面高差，确有高差处应采取坡化措施和设置轮椅坡道；5）室内无障碍通道大于50m时宜设休息区，休息区应避开行走路线。（图8-99）

此外，针对各类具体的文化纪念设施，还应尽量满足以下无障碍建设要求：1）展览空间应配备语音导览讲解服务设备，宜设置可触摸的互动设施，设置包含触觉、嗅觉等各类感官形式在内的互动观览形式，使得残障人士也能享有较好的观览体验；2）图书馆内应设置低位检索台，宜提供语音导览机、助听器等服务，还应在市级以上的图书馆内设置盲人专用图书室或图书角。（图8-100）

（5）报告厅、音乐厅、剧场

相当一部分的文化纪念类设施中设有报告厅、音乐厅和剧场，当其中设有阶梯座位时，应

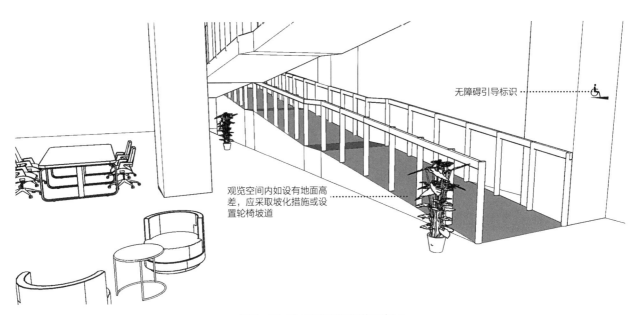

图8-99 室内轮椅缓坡道示意图

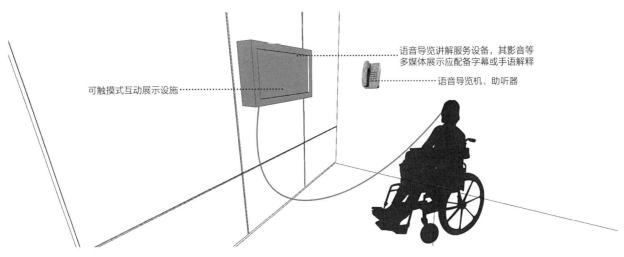

图8-100 互动观览体验示意图

配置相应的轮椅席位，并应注意做到以下几个方面：1）出入口有高差应采取坡化措施和设置轮椅坡道，若无法满足要求，应配备辅具设施；2）无障碍座位应与厅内外的无障碍路线连接，座椅数在300个以下时应设置至少1个轮椅席位，数量超过300个时应设置不少于0.2%的轮椅座位且不少于2个；3）厅内主席台若有高差，应设置轮椅坡道或可移动式的坡道；4）厅内台阶起止处应设置提示盲道。（图8-101、图8-102）

（6）配套服务设施

文化纪念类建筑的配套服务设施，应在以下方面开展无障碍建设：1）服务配套区域（餐饮与商业）应与室内外无障碍路线相连接，有高差处应采取坡化措施或设置轮椅坡道；设台阶时，起止处应设置提示盲道；2）公共餐厅应提供总用餐数2%的活动座椅，供乘轮椅者使用；3）纪念品售卖展示台架宜设置低位设施，其收费柜台宜为低位服务台，并设置相应的无障碍引导标

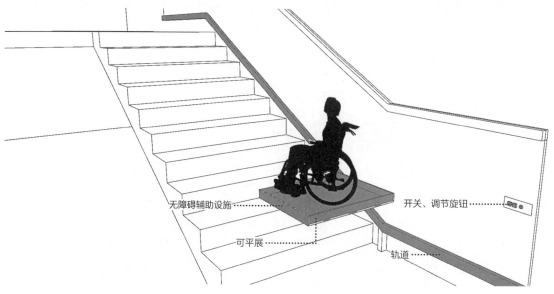

图8-101 无障碍辅助设施示意图

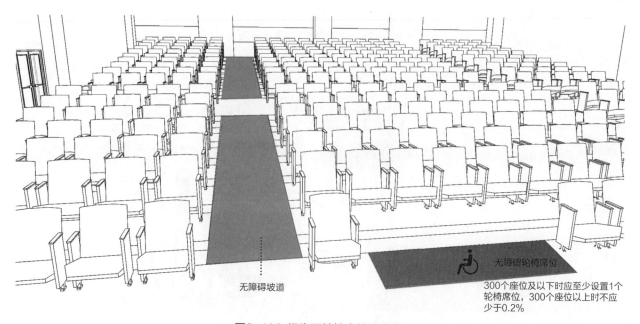

图8-102 报告厅轮椅席位示意图

识；4）休息厅内应设置无障碍休息座椅，其无障碍休息座椅应设有扶手和靠背；宜设置不少于休息座椅总数1%且不少于1个的轮椅休息位，并设置1∶1的陪护席位，轮椅休息位应结合总体座椅布置设计；5）无障碍卫生间应满足家庭异性和母婴照顾需要，有条件处应设置独立的母婴室，卫生间内应设置无障碍厕位、小便器和洗手盆；6）地下停车场中的无障碍车位应设置在靠近无障碍电梯处，若通道有高差，应采取坡化措施和设置轮椅坡道，人防门槛处（或采用活动门槛）应设置无障碍过渡设施。

8.3.8 社会福利类设施

社会福利类设施建筑主要用于收养无人照顾的孤残儿童、弃婴和未成年人的儿童福利院，照顾身体有疾患、自理有困难或完全不能自理的孤残人员和老年人，具体包括福利院、敬（安、养）老院、老年护理院、居家养老服务设施、残障人士综合服务设施、残障人士托养中心、残障人士体训中心等建筑。

（1）室外场地

无障碍路线和标识引导规划，连接其场地和建筑出入口、停车场所、室内外活动场所、就餐场所、康复场所、客访场所、居住空间以及贮藏空间等功能空间，并应与周边街区无障碍路线相连通。

其他要点包括：1）场地内车行流线不应穿行儿童、老年人、残障人士室外活动场地，其建筑主出入口附近应设置访客无障碍停车位；2）走道应做到平整、耐固、防滑；3）主要出入口，以及公众使用频次较高的出入口均需做到平坡出入口；4）场地内的活动场所有高差处应以平坡地形过渡，其室外活动场地宜以种植乔木为主，以形成林下（或有顶盖的）休闲活动空间；5）活动场地内的扶手宜结合景观环境设置，其座椅应设有扶手和靠背；6）应在室外园区的休息座椅旁留有轮椅停留空间。（图8-103）

（2）出入口门厅

建筑主要出入口应为平坡出入口；公众使用的其他出入口应为无障碍出入口，宜为平坡出入口，如高差较大，可结合环境景观采取坡化措施或设置轮椅坡道，台阶起止处应设置提示盲道；主出入口门前空间应满足包括急救车在内的车辆停靠要求，且雨篷能够完全覆盖停车区域。

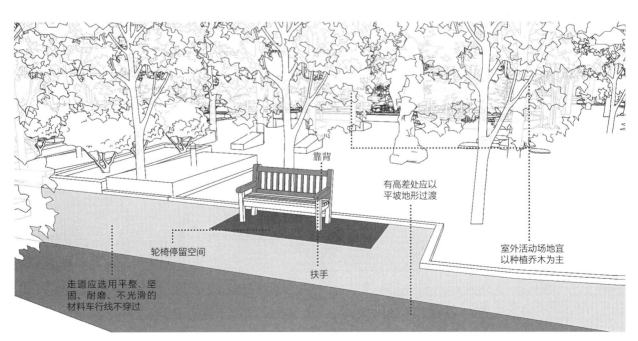

图8-103 休闲活动空间示意图

出入口门体应宜用带有防夹措施的电动感应侧推门，并设置低位按钮，方便儿童、老年人和轮椅使用者自行坐姿开启。

出入口门厅内应设置低位服务台和问询台，并设可放置拐杖等辅具的装置和无障碍引导标识；宜结合门厅空间设置客访交流和出行暂休空间，并配置适宜的室内绿化植物；宜设置低位接待台，并配置有扶手和靠背的座椅。出入口门厅墙柱体及家具阳角应作圆角、切角处理或采用软性材料包裹。

（3）其他公共空间

连接健身活动、棋牌活动、书画活动、手工活动和影音室等主要活动空间的连廊墙面应设置扶手或扶壁板，地面有高差处应采取坡化措施或设置轮椅坡道。

餐厅地面不应有高差，应设置低位取餐台和餐具收储设施；餐桌下应保证容膝空间，座椅应有扶手和靠背。

无障碍厕位和无障碍卫生间除应符合有关规定外，还应设拐杖（盲杖）放置支架和物品放置台。

老年人使用的福利设施，宜根据老年人储藏旧物较多的习惯，设置相应的（地下）分户储藏空间，储藏空间应与无障碍路线连接。

（4）交通空间

电梯应为无障碍电梯，并应设置语音提示功能，轿厢内宜设置座椅，且至少有1部为可容纳担架的电梯；楼梯应为无障碍楼梯。各楼层的走廊墙柱体及家具阳角应采用弧面、抹角或护角措施，墙面应设置扶手或扶壁板；地面不应设置高差台阶，地面铺装应选择防滑材料，且不宜选择厚地毯等摩擦力较大的材料。

（5）防灾疏散

防灾疏散方面，应采用固定挂件将室内立式家具与墙体或柱子相连接，避免发生地震时倾倒伤人或封堵疏散通道；可结合室外露台和阳台等设置无障碍暂避险区，并可在露台、阳台和窗体开启扇处设置避难逃生挂件和绳索器具，作为补充避难疏散的措施；可结合建筑造型与室外场地条件设置轮椅坡道，配备符合消防安全疏散要求的光电引导标识。

8.4 居住无障碍

居住区是残疾人日常生活的第一关联区域，也是城市无障碍建设和改造的重点区域。其无障碍环境的构建包括住宅内部、居住区公共区域和配套公共服务设施，由于住宅内部无障碍设施设计因人而异，居住区内的设施建设因人群有别，这其实是一项相当复杂的系统工程。以下将对居住建筑、公共环境和配套公共设施的无障碍建设提出引导。（表8-6）

8.4.1 城市居住社区

（1）人行道路

居住社区应进行无障碍路线和标识引导规

居住区无障碍设施建设项目　　　　　　表8-6

项目	道路	无障碍停车位	无障碍出入口	室内盲道	无障碍通道	无障碍楼梯	无障碍电梯	无障碍厕所	无障碍厕位	轮椅席位	低位服务设施	无障碍浴室	无障碍客房	休息区	标识	信息系统
居住区道路	▲		△	△	▲										△	○
居住区绿地	▲		△	△	▲			○	△						△	○
居住区配套公共设施	▲	▲	▲	△	▲	△	○	▲	△	○	△		▲		▲	○

注："▲"为应设，"△"为若有应设，"○"为宜设。

划，连接社区内各类主要室外活动场所、各类停车场所、各类配套服务设施出入口、小区出入口、小区内各功能和活动场所、住宅单元出入口等，并应与周边街区无障碍路线相连通。同时，居住区出入口车行与人行路线宜分开，人行道路应与城市人行道进行无障碍接驳，应结合场地景观环境设置坡化措施或轮椅坡道。（图8-104）

居住区各级道路的人行道纵坡不宜大于2.5%，人行道路台阶起止处均应设置提示盲道、扶手和提示夜灯，其侧旁应采取坡化措施或设置轮椅坡道，并设置无障碍引导标识。同时，居住区内人行道路路面应做到平整防滑，应避免设置井盖和排水箅子。当然，人行道路的宽度也有一定要求，应做到宽度可供轮椅通行，每间隔50m应设置回转避让空间。确实无法避让时，井盖、排水箅子与人行道不应有高差，且排水箅子缝隙不应大于15mm，方向应与主要通行方向垂直。此外，当居住区内人行道路与车行道路并行且存在高差时，应通过材质或颜色进行区分。

（2）活动场所

活动场所是居住区公共空间的重要组成，应与整个居住区内外道路形成无障碍连接，具体包括：1）有高差处应采取坡化措施或设置轮椅坡道；2）方便残疾人通行的无障碍通道，宽度不应小于2500mm，纵坡不应大于2.5%；3）应在活动场所的台阶起止处设置提示盲道、提示夜灯和提示标识；4）休息区的无障碍座椅应配有扶手和靠背。整个室外活动场所各类设施的尺度、材质、设施等都应符合相应的设计规范。（图8-105）

应当设置提示标牌和宠物便溺物收集设施和提示标牌，对居民携宠物户外活动的有关行为进行规范，避免造成无序和影响健康的不良环境，应沿路设置提示清理动物便溺物的标识。（图8-106）

居住区室外活动场所不应种植包括月季、玫瑰等叶缘带刺的植物，皂荚、石榴等有枝刺的植物，刺槐等有托叶刺的植物，且应做到林下净空高于220cm。同时，室外活动场所应配置公用厕所，且其入口、通道、厕位、洗手盆等应满足无障碍设计要求。

当居住区内有较多的老年人和儿童时，应在室外活动场所设置可供老年人交流的空间，应在儿童活动场地周边配置老年人休息座椅，还应在此类场所设置与物业服务联通的紧急求救按钮。（图8-107）

居住区人行道应与街区人行道无障碍接驳，

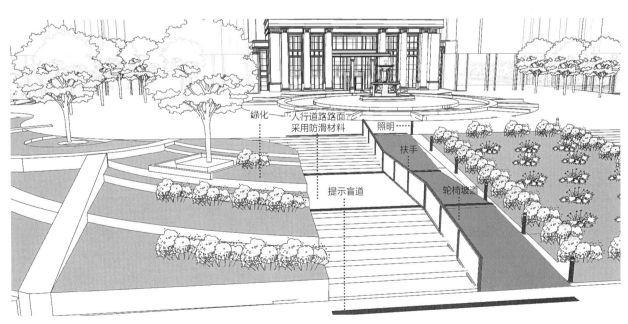

图8-104 居住区场地出入口轮椅坡道示意图

图8-105 休闲交往场所示意图

图8-106 设置提示标识规范宠物饲养者行为示意图

图8-107 室外活动场所紧急呼救设施示意图

应结合人群需要，设置可供棋牌活动和肢体活动的休息座椅和设施，可以结合街区道路人行道边的环境绿化，每隔50m左右设置休憩场所。（图8-108～图8-110）

居住社区的室外家具应符合下列规定：1）休息区的无障碍座椅应有扶手和靠背（图8-111），宜设置不少于休息座椅总数1%且不少1个的轮椅休息位，并设置1:1的陪护席位；2）居住区内老年人室外活动场所宜结合灯杆、座椅和廊榭等设置与社区物业服务相连通的救助呼叫按钮，其设置高度应在0.9～1.1m之间（图8-111、图8-112）。

（3）配套服务设施

配套公共服务设施主要内容包括居委会、卫生站、健身房、物业管理、会所、社区中心、商业、公厕等为居民服务的建筑。

应在居委会、卫生站、健身房、社区中心、商业网点等设施处设置无障碍出入口，无论是否设有电梯，均应设置至少一处无障碍电梯或楼梯。

老年日间照料中心、老年活动室、残疾人康

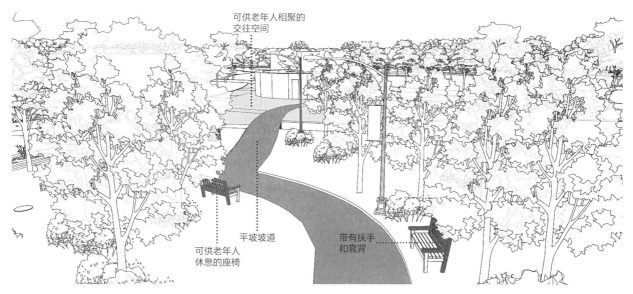

图8-108 结合景观的平坡地形设计

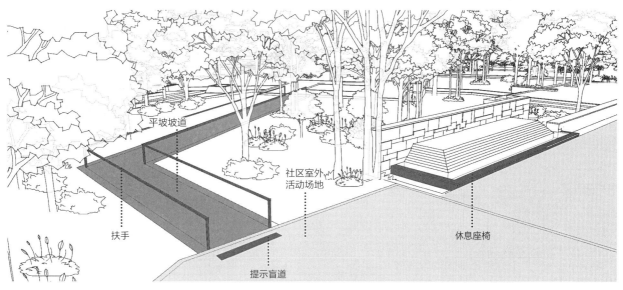

图8-109 室外活动场地无障碍坡地形示意图

图8-110 城市绿地林下空间示意图

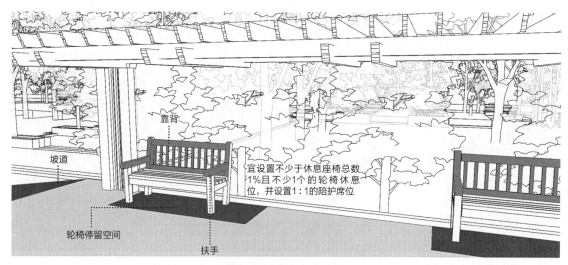

图8-111 休息区无障碍座椅示意图

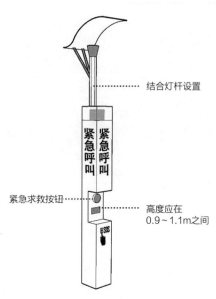

图8-112 与灯柱结合的呼救设施图示

复室等老年人、残疾人使用频繁的场所，宜设置在一楼并满足无障碍设计要求。

公共服务设施中的每个卫生间至少设施1个无障碍厕位。

社区内公共服务设施处应避免高差，若存在高差和台阶，应设置轮椅坡道，并设置助力扶手及相应的引导标识。室内应充分保证轮椅无障碍通行及回转的空间。其内还应设置具有容膝空间的低位服务台、无障碍休息区、无障碍餐桌和相关的无障碍设施。（图8-113）

居住区配套商业（日用品超市）内货架之间应保证轮椅通行尺度，其日常生活必需品的最高设置高度不宜超过老年人（有障碍人士）坐姿拿取的范

图8-113 社区服务中心无障碍示意图

图8-114 居住区配套超市示意图

围。(图8-114)

居住区残疾人服务中心的活动室应满足有障碍人士参加各类活动的空间需要,其墙面助力扶手或扶壁板、垂直交通、盲文标识导示、接待台以及盲道导引等设施应符合相关设计要求。

居住区内宜设置提供网购快递到户、外卖送餐到户、呼叫医疗救助、安排志愿服务等功能的社区便民服务中心,老年人(有障碍人士)住户可通过电话、网站和手机移动APP等实现便捷呼叫。

(4)单元入口

出入口前宜设平坡出入口,如果存在较大的高差,应结合场地景观,采取坡化措施,设置轮椅坡道,并配备助力扶手。(图8-115、图8-116)

单元出入口门体开启扇宽度应满足轮椅通行,宜采用杆式低位拉手或感应门方便使用轮椅者开启门体;宜在距地0.9~1.4m高度内设置门禁设备(或智能可识别门禁),门禁设备应符合通用设计要求,方便使用轮椅者和儿童使用。

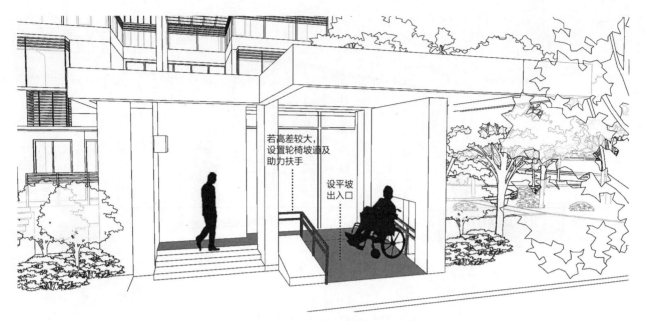

图8-115 单元出入口轮椅坡道示意图

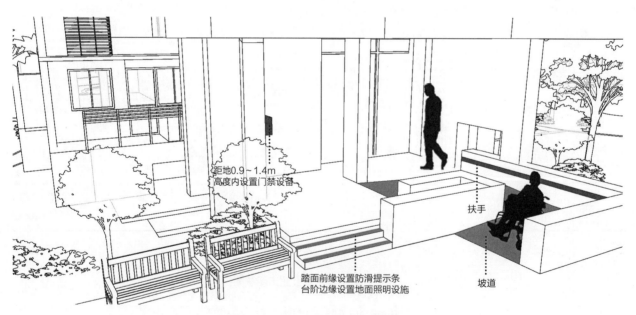

图8-116 住宅无障碍出入口示意图

设有台阶的出入口，踏面前缘应设置防滑提示条，台阶处应设置照明设施。

单元出入口处宜结合景观环境设置休息座椅，座椅应有扶手和靠背，满足老年人（有障碍人士）撑扶使用和闲聊休憩的需求，形成邻里交往空间。宜结合座椅布置，配置至少一个轮椅休息位，并设置陪护席位。（图8-117）

（5）残疾人社区协作网

随着残疾人融入社会的要求和残疾人、老年人生活的社区化，残疾人福利设施出现了从集中设置向社区化和家庭化发展的趋势，应建立完善残疾人设施的社区协作网络。如在社区居委会和入托型设施增加残疾人生活援助中心，以此为核心建立起设施和社区、家庭的关系，为住家残疾

图8-117 楼栋出入口示意图

人、老年人提供自立生活援助和家庭援助。

8.4.2 村镇社区

村镇社区的无障碍设计范围应包括室外场地、配套设施、户内空间等。

（1）室外场地

村镇内宜规划连接残障人士居所、公交站点、村民活动中心、主要道路和室外活动场所的无障碍路线，路线中有高差处宜结合场地环境，以无障碍坡地形或轮椅坡道相连，无障碍路线所涉及的高差台阶起止处宜设置提示盲道。（图8-118）

村内主要步行道路（或人车混行道路）应保证轮椅通行，并能够与村镇公交站点无障碍连接，站台处宜设置具有抓杆和靠背的无障碍座椅、轮椅休息区，并设置无障碍引导标识。

村民交往和健身活动场地与村内人行道路连接处如有高差，宜结合场地环境设置无障碍坡地

图8-118 村民室外活动场地无障碍坡地形示意图

形或轮椅坡道。

（2）配套服务设施

村民活动中心出入口宜没有高差，或设置平坡出入口。若坡道坡度大于1∶20，宜结合景观环境设置助力抓杆；出入口设有台阶时，其起止处应设置提示盲道，踏面前缘应设置防滑提示条。

村民活动中心内地面不宜设置高差，如有高差，其台阶高差处宜设置轮椅坡道和无障碍引导标识；当不设置电梯时，宜在一层布置无障碍功能空间，保证轮椅能够在村委会办公室、活动室、阅览室、医务室、小卖部和会议室等功能空间内无障碍通行与回转。

村民活动中心内每层楼梯梯段起止处应设提示盲道，踏面前缘均应设置防滑提示条。

村民活动中心内的服务台应设置低位服务台，并应设置相应的无障碍引导标识。

村镇内卫生站、电信邮局、储蓄所和农家乐餐馆等配套服务设施的出入口、楼梯、电梯、服务台、公共卫生间和引导标识等宜符合无障碍设计要求。

（3）户内空间

宜采用平坡地形使农户院落空间与街巷空间和户内空间的地面无障碍连接，宜为轮椅使用者的院落门和居室门设置杆式低位拉手，为视障人士设置音响门铃，为听障人士设置闪光门铃。（图8-119）

宜针对残障人士的具体情况，具有针对性地改造卫生间和厨房的无障碍辅助设施，包括设置卫生间蹲位辅助坐凳、坐姿盥洗、坐姿洗浴和助力设施，以及坐姿炊事操作的设施。

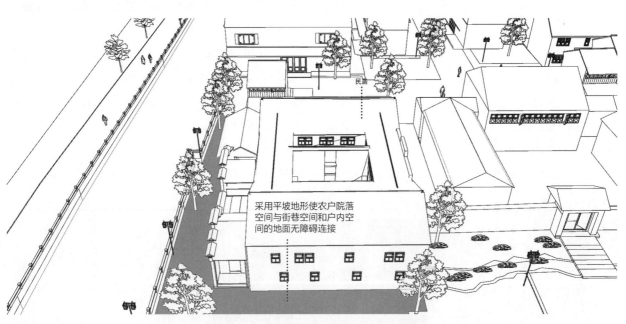

图8-119 平坡地形连接各类空间示意图

专栏8-5 » 索诺马自闭症患者友好设计社区

自闭症患者对声音、光线和移动高度敏感。稍微嘈杂、凌乱和拥挤一点的空间就会使他们精神倍感压迫。位于加州索诺马的斯威特沃特谱社区，一个耗资680万美元的住房项目，致力于解决这个问题。

社区已于2013年开放,其中设有可容纳16位青年的四套四卧室住宅、一个社区中心、疗养池和城市农场。设计由Leddy Maytum Stacy Architects建筑设计事务所完成,他们根据亚利桑那州大学提出的专门针对自闭症患者的设计原则,营造出一种宁静感。

空间以简单、清晰线条分割,居住者一眼即可辨别。静音供暖和通风系统以及贴心设计(例如让洗衣房和卧室保持足够距离)将噪声降到最低。家具和装修风格主要采用柔和、中性色调,尽量做成内嵌凹槽式装饰,并引入自然光,减少感官刺激和凌乱感。

8.4.3 社区养老机构

（1）室外场地

为使社区养老机构内的老年人能够借助轮椅或其他辅助工具无障碍出行，社区养老机构应与城市干路支路人行道路、公交站点、街区公园绿地、室外活动场所以及各类配套服务设施的无障碍路线相连接，并应在接驳处设置相应的无障碍引导标识。

应结合老年人生理和心理特征，对社区养老机构室外场地和内部空间进行无障碍路线和标识引导规划，其路线应能够无障碍连接场地和建筑出入口、停车场所、室内外活动场所、就餐场所、康复场所、客访场所、居住空间以及储藏空间等功能空间。

场地内车行流线不应穿行老年人室外活动场地。其建筑主出入口附近应设置客访无障碍停车位。主出入口门前空间应能够暂停包括急救车在内的车辆，且雨棚能够完全覆盖停车区域，以满足老年人在雨雪天出行换乘的需求。

场地出入口处宜采用无障碍坡地形与建筑主出入口相连接，方便老年人无障碍出行。场地内的活动场所有高差处应以无障碍坡地形过渡，其室外活动场地应以种植乔木为主，以形成林下（或有顶盖的）休闲活动空间，活动场地内的助力扶手应结合景观环境设置，其座椅应设有助力扶手和靠背。（图8-120）

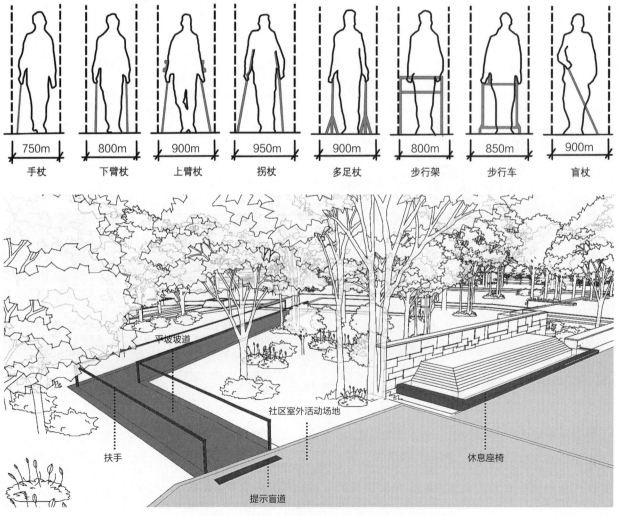

图8-120 老年人使用拐杖的空间尺寸及室外活动场所示意图

（2）公共活动

出入口门体应采用电动感应侧推门，并应设置低位按钮，方便老年人和轮椅使用者自行坐姿开启。

出入口门厅内应设置具有容膝空间的低位服务台和问询台，为老年人提供坐姿问询和办理相关事务的服务，并设置相应的无障碍引导标识以及放置拐杖等辅具的支架。（图8-121）

可结合门厅空间设置客访交流和出行暂休空间，该空间应具有良好的户外视线和自然采光，并应配置相应的室内绿化植物，其桌台下应保证容膝空间，座椅应有助力扶手和靠背。（图8-122）

社区养老机构内连接健身活动、棋牌活动、书画活动、手工活动和影音室等主要活动空间的连廊墙面应设置助力扶手或扶壁板，地面有高差台阶处应以轮椅坡道相连。

老年人餐厅应具有良好的室外视线和自然采光，其地面不应设置高差，就餐桌下应保证容膝空间，座椅应有助力扶手和靠背，并应设置低位取餐台和餐具收储设施。（图8-123）

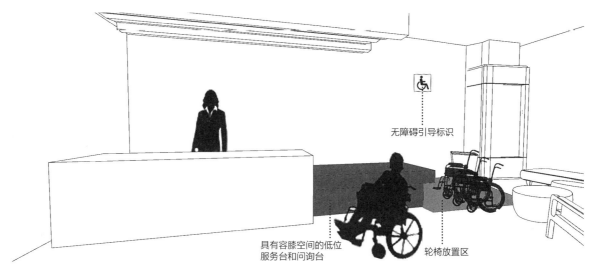

图8-121 社区养老机构入口门厅示意图

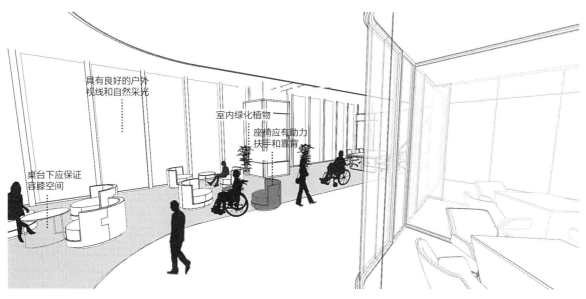

图8-122 门厅休息区示意图

图8-123 用餐空间示意图

公共卫生间除应符合相关设计要求外，应设置无障碍洗手台、小便池和无障碍厕位等，还应在无障碍厕位内设置助力扶手、拐杖（盲杖）放置支架和物品放置台。

应根据老年人储藏旧物较多的习惯，设置相应的（地下）分户储藏空间，储藏空间应与无障碍路线和无障碍电梯连接，并设置相应的无障碍引导标识。

居住楼层公共活动空间的周边墙面应设置助力扶手或扶壁板，并应设置可移动助力辅具，其内的休息座椅应配有助力扶手和靠背，并应设置适合于老年人使用的健身、娱乐和康复设施。

居住楼层的户门侧应设置助力扶手或扶壁板，房门侧可设置物品放置台，并采用不同的户别色彩、户别标识和标志物。

（3）交通空间

二层（含二层）以上社区养老机构应通过无障碍电梯连接各楼层的无障碍路线，并应设有语音提示功能，轿厢内宜设置座椅，且至少有一台为可容纳担架的电梯。（图8-124）

各楼层的走廊墙柱体及家具阳角应采用弧面、抹角或护角措施，墙面应设置助力扶手或扶壁板。地面不应设置高差台阶，地面铺装应选择防滑材料，且不宜选择地毯等摩擦力较大的材料。

（4）防灾疏散

应采用固定挂件将室内立式家具与墙体或柱子相连接，避免发生地震时倾倒伤及老年人或封堵疏散通道。

可结合室外露台和阳台等设置无障碍暂避险区，并可在露台、阳台和窗体开启扇处设置避难逃生挂件和绳索器具，作为补充避难疏散的措施。

可结合建筑造型设置与室外场地相连接的楼层轮椅坡道，并应参照相关规范设置引导标识。

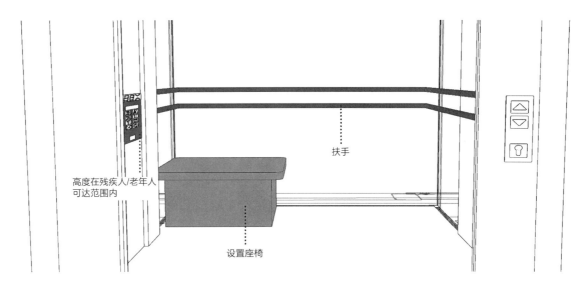
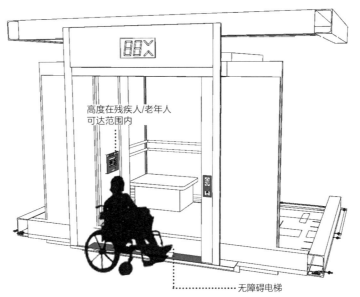

图8-124 电梯轿厢示意图

9 城市环境无障碍模块化建设指引

城市和建筑的无障碍系统，是由一些基本无障碍设施组合而成的，这些无碍设施是无障碍设计的基本要素，它们不论在哪里出现都会遵循一些共同的原则和要求，在国标《无障碍设计规范》第三章集中提出了无障碍设施的设计要求，其中罗列了16项设施要素，本章将按照规范的分类方式和罗列顺序，对其分类为通行类、功能类、导识类三种类型，并进行综合介绍。

9.1 通行类模块

城市无障碍环境建设中的通行类模块，在建筑外部主要包括缘石坡道、盲道等，建筑内部主要包括无障碍出入口、无障碍走道（包括自动人行道）、无障碍楼梯、自动扶梯、自动人行道、无障碍直梯等。

9.1.1 缘石坡道

缘石坡道指的是位于人行道或人行横道两端，为避免路口缘石处高差带来通行障碍，而设置的便于行人来往的坡道。其设计应首先符合以下规定：1）坡道应做到平整防滑不积水；2）坡口不应与车行道存在高差。（图9-1～图9-4）

坡道有单面坡、三面坡等多种形式，应尽量选择全宽式单面坡，满足以下的坡度和宽度要求：1）坡度平缓，其中全宽式单面坡的坡度应不大于1:20，三面坡的正面和侧面坡道坡度应不大于1:12，其他形式坡道的坡度也应尽量不大于1:12；2）宽度满足轮椅通行需求，全宽式的宽度与人行道相同，三面坡正面宽度不小于1.2m，转角处的单面坡宽度应大于2m，其他形式的坡道宽度也应不小于1.5m。（图9-5）

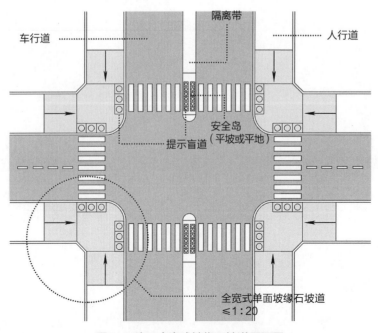

图9-1 路口全宽式坡缘石坡道平面图

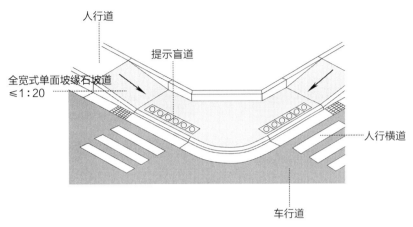

图9-2 路口全宽式坡缘石坡道轴测图

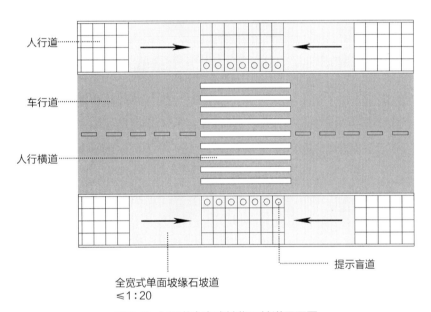

图9-3 人行道全宽式坡缘石坡道平面图

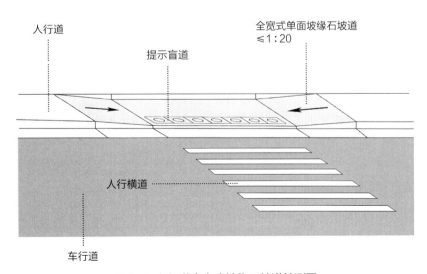

图9-4 人行道全宽式坡缘石坡道轴测图

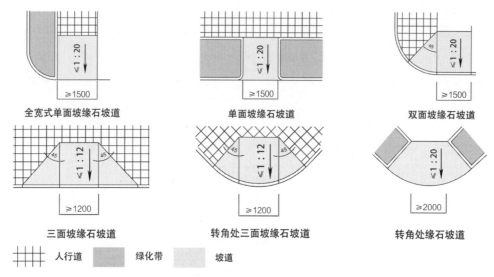

图9-5 各类缘石坡道做法图示（单位：mm）

9.1.2 盲道

盲道是一种铺设于人行道或其他相关场所的模块化地面砖，分为行进盲道和提示盲道两种，旨在通过向视觉障碍者提供杖触感和脚感，引导他们辨别方向和向前行走。行进盲道的表面呈条状，提示盲道的表面为圆点，前者序列排布，在其起始点、终点、拐弯处和标识服务设施的位置处应设置提示盲道，以通过这种方式告知视觉障碍者前方道路有变化或存在潜在的安全风险等。（图9-6）

盲道设计应符合下列规定：1）表面纹路突出地面的高度应为4mm，表面触感以下的厚度应与所设置位置的人行道砖一致；2）应尽量避开树木、凹陷、电线杆等障碍物，连续铺设，若遇无法避开的道路井盖，应采用允许盲道铺设其上的下沉式井盖，且保证顶面不突出地面；3）颜色应与周边景观协调，推荐采用中黄色；4）表面应做防滑处理。（图9-7）

行进盲道还应注意以下方面：1）宽度应根据道路状况决定，推荐范围在250～500mm；2）走向应与人行道方向一致；3）起终点和拐弯处应设置表面为圆点的提示盲道；4）应避开非机动车停放的位置。

在具体位置的选择上：1）人行道外侧有围墙、花坛等时，行进盲道应设置在距其

图9-6 行进盲道（左）、提示盲道（右）

250~500mm处；2）人行道内侧有树池时，行进盲道应设置在距树池250~500mm处；3）人行道没有树池而与路缘石上沿口在同一平面时，行进盲道应设置在距离路缘石500mm以外的位置；4）当行进盲道低于路缘石时，其距离路缘石应不小于250mm。（图9-8）

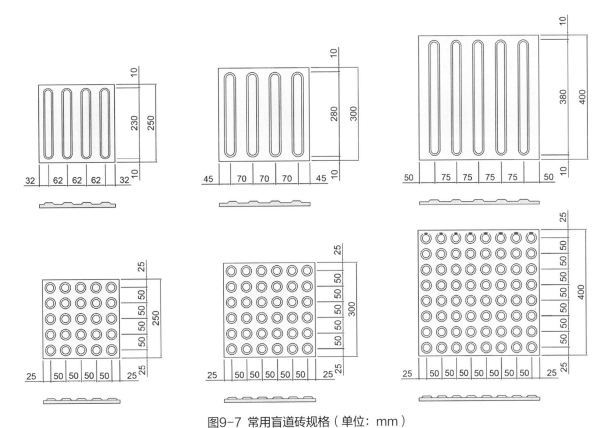

图9-7 常用盲道砖规格（单位：mm）

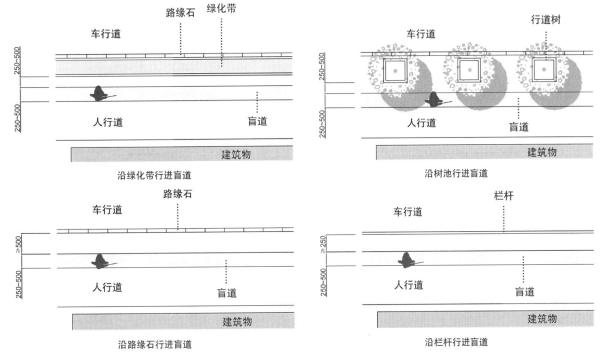

图9-8 行进盲道与障碍物的关系

行进盲道的触感条规格应符合以下规定（表9-1）：

行进盲道触感条规格表　　表9-1

部位	设计要求（mm）
面宽	25
底宽	35
高度	5
中心距	62~75

提示盲道的设置应符合下列规定：1）宽度应在300~600mm；2）长度应与各入口的宽度相对应；3）应设置在行进盲道的起点、终点和转弯处，人行道的台阶、坡道、障碍物等之前的250~500mm处，人行横道、人行天桥、人行通道、广场、地下铁道出入口等之前的250~500mm处。

提示盲道的触感圆点规格应符合以下规定（表9-2）：

提示盲道触感圆点规格　　表9-2

部位	设计要求（mm）
表面直径	25
底面直径	35
圆点高度	5
圆点中心距	50

9.1.3 无障碍出入口

无障碍出入口指的是在坡度、宽度、高度、材质、配套等方面进行专门设计，以方便行动障碍者或其他残障人士通行的出入口，包括平坡型、台阶坡道型、台阶和升降平台型。其中：

平坡出入口是目前国内外建筑中最方便的出入口形式，同时体现了通用设计的理念，因此近年来被广泛应用。地面的坡度要小于等于1:20，当场地比较好时，宜做到小于1:30的坡度，这种出入口需要注意的问题是解决好竖向设计和场地排水问题，防止积水倒灌。

台阶坡道型即同时设置台阶和轮椅坡道的出入口。应避免只设置台阶而不设置坡道的做法。轮椅坡道是为满足肢体残障人士、推婴儿车者等行动不便人群的通行需求，但轮椅坡道对有一些人的行走是不方便的，比如，为脚踝部受伤的人设置轮椅坡道和台阶，可以给这一类人群提供适合的选择。

台阶和升降平台型即同时设置台阶和升降平台的出入口。这种类型出入口的造价和维护费用都比较高，另外存在一定的安全隐患，因此一般只适用于受场地限制无法做坡道的改造工程，在新建的建筑中不推荐选用。（图9-9~图9-11）

总体来说，无障碍出入口应符合下列规定：1）地面平整，选用防滑材料；2）建筑无障碍出入口的上方应设置雨棚，出挑宽度需能覆盖出入口平台，建议至少有1.5m；3）出入口平台也应满足一定的宽度要求，最小应满足轮椅回转、人员停留和疏散需要，一般需在门完全开启的情况下满足至少1.5m的净深要求，人员密集处无障

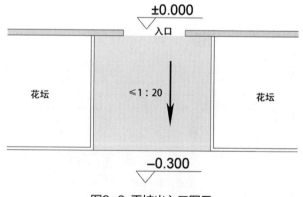

图9-9 平坡出入口图示

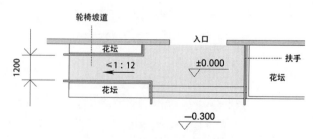

图9-10 轮椅坡道出入口图示

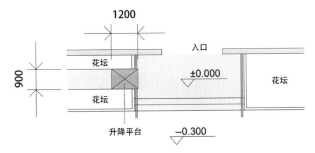

图9-11 升降平台出入口图示（单位：mm）

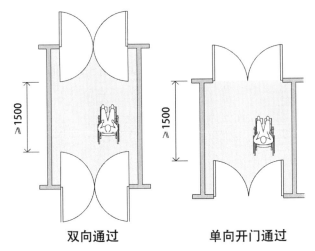

图9-12 两道门同时开启时轮椅的通行距离（单位：mm）

碍出入口的平台净深应超过2m；4）出入口室外地面滤水箅子的孔洞宽度应小于15mm，避免产生安全风险；5）当有两道门时，两道门之间的宽度应满足同时开启后间距不小于1.5m的要求；6）出入口内外应设置照度足够的灯具，还应提供能使人分辨出门禁操作按钮等重要部位的局部照明。

在建筑物的无障碍设计中，规范要求至少有一处为无障碍出入口，因此解决室内外之间高差的坡道成为一个重要的无障碍设施。在过去的改建过程中，坡道只是一个"加号"，在视觉和使用上，或"障碍"或"无障碍"地加上，以达到满足功能的要求。随着无障碍与设计概念的有机融合，可以通过坡道与出入口标识及景观进行"有形"地结合，或通过平坡出入口将坡道"无形"地消化。（图9-12、图9-13）

无障碍出入口的平坡出入口及轮椅坡道的坡度应符合下列规定：1）平坡出入口外的地面坡度应小于1∶20，有条件时应尽量小于1∶30；2）台阶坡道式出入口处的轮椅坡道，坡度应符合对应的专项规定。此外，应在无障碍出入口和对应通道处的必要范围内设置安全阻挡措施。

9.1.4 轮椅坡道

轮椅坡道指的是在坡度、宽度、高度和地面材质、设施等方面做出专门设计，以方便乘轮椅者通行坡道。一般将坡度小于1∶20的无障碍坡道定义为平坡，将坡度在1∶20和1∶8之间的坡道定义为轮椅坡道。轮椅坡道是解决乘轮椅者出行的最关键手段，在室外的人行道上存在高差设置台

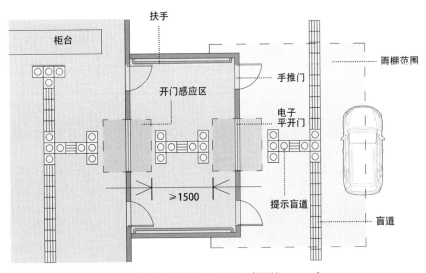

图9-13 无障碍出入口图示（单位：mm）

阶的地方，同时设置台阶和轮椅坡道是一种非常见的无障碍出入口形式。在建筑室内的无障碍通路上出现高差时，也需要设置轮椅通道。

轮椅坡道的整体布局应遵循以下原则：1) 轮椅坡道一般和台阶同步设置，坡度缓于1:20以下的平坡出入口除外；2) 轮椅坡道的设置应尽量避免与其他行人的通行方向产生交叉，尽量使轮椅坡道的流线与台阶上通行流线相平行；3) 轮椅坡道应与首层住户的外窗户保持一定距离，必须贴近设置时需采取遮挡措施。

同时，建筑出入口设置坡道时要与建筑环境融合，避免浪费空间，还要考虑行人的路线，避免迂回或影响正常的通行。坡道的设置在一些坡地区域会带来占地大的问题，行走枯燥也带来心理性的劳累。这就需要从规划设计入手，结合景观，将行走的过程赋予积极的功能。

此外，在基地高差的无障碍处理上，还有一种长缓坡的处理方式，是在解决较大高差时平坡的一种设计形式。在保证路面不湿滑的前提下，健康人群更喜欢这种无负担的行走。在采用这种方式时，需同时为行动不稳和迟缓者，以及乘轮椅者提供必要的设施或其他的方式，比如同时设置长缓坡、带栏杆扶手的台阶和轮椅坡道。

轮椅坡道的材质等具体设计应满足以下规定：1) 形式上应尽量设计成直线形、直角形或折返型；2) 坡面应尽量做到平整防滑，避免选择过于坚硬的石材，不应进行抛光处理，可以选择礓磋形式，或是作割槽处理，但这样的做法会使乘轮椅者感到行驶不畅；3) 室内轮椅坡道的净宽度不应小于1m，无障碍出入口的轮椅坡道净宽度不应小于1.2m，但也不宜做得太宽，1.2m的宽度能保证一辆轮椅和一个人通行，或者是一个人扶另一个人行走；4) 当坡道长度超过300m且坡度较大时，应在两侧设置扶手，同时保证整个坡道系统的扶手连贯性；5) 应尽量为乘轮椅者提供足够轮椅通行和回转的空间，有条件的地方还应设置短暂的休息平台，以避免上行体力不支，下行时还可作为缓冲使用；6) 轮椅坡道起点、终点和中间休息平台的水平长度不应小于1.5m；7) 此外，应在坡道临空侧设置安全阻挡措施，一般选取高度高于50mm的安全档台，或与地面空隙小于100mm的斜向栏杆。（图9-14）

轮椅坡道的最大高度和水平长度应符合表9-3的规定：

9.1.5 无障碍通道

无障碍通道指的是在坡度、宽度、高度以及地面材质、扶手形式等方面进行专门设计，方

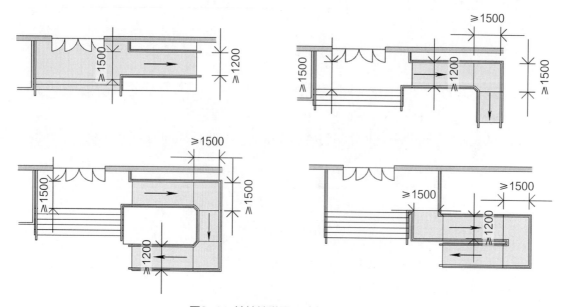

图9-14 轮椅坡道图示（单位：mm）

轮椅坡道的最大高度和水平长度　　　　　　　　　　　　　　　　　　　　表9-3

坡度	1:20	1:16	1:12	1:10	1:8
最大高度（m）	1.2	0.9	0.75	0.6	0.3
水平长度（m）	24	14	9	6	2.4

注：1 其他坡度可以用插入法进行计算。
　　2 后两列的坡度只适用于山地和村镇社区在场地受限情况，其他地区轮椅坡道坡度不应大于1:12。

便包括障碍人群在内的各种行动者通行的通道。无障碍通道包括室内通道及室外通道。室内无障碍通道如住宅中连接住户与楼电梯间、出入口的公共走廊；公共建筑中无障碍流线中的走廊、厅等。室外无障碍通道如从无障碍停车位到无障碍出入口的通道等。

无障碍通道的布局应符合以下要求：1）应避免在路口处产生高差；2）存在缘石高差、设有台阶的地方应设置缘石坡道或轮椅坡道，以满足轮椅的无障碍通行要求；3）应避免与行人通行流线产生交叉，尽量选择平行的流线并设置简明清晰的路径；4）应保证无障碍通道路权，各类设施不能占用无障碍通道，应布置在设施带内。

无障碍通道的设计，在总体上应符合以下要求：1）通道表面应平整防滑无反光，不宜设置厚地毯；2）通道应连续、简短、直接、光线充足。

室内无障碍通道方面，其净宽度不应小于1.2m，这是满足单台轮椅与单个行人侧身通过的最低要求，考虑到紧急情况等因素，尽端和重要区域应超过1.5m，中小型公共建筑走道应大于1.5m，人流集中的大型公共建筑的室内走道应大于1.8m。固定在无障碍通道的墙、立柱上的物体（如消火栓、配电箱等）或标牌应采用放在向内凹的空间里或嵌到墙体里的做法，如果采取明装，其距地高度应超过2m，若小于2m应满足探出宽度小于100mm的要求，应以不减少走道净宽为标准。此外，墙体或固定设施的阳角处宜作圆角、切角处理或采用软性材料包裹。斜向的自动扶梯、楼梯等下部三角区净空高度小于2m时，应安装防护设施或设置阻挡性的警示装置。（图9-15~图9-17）

室外无障碍通道方面，宽度不宜小于1.5m。检票口、结算口、安检口、闸机口净宽不应小于800mm，轮椅通道不应小于900mm。室外通道上的雨水箅子的孔洞宽度不应大于15mm。路旁装置应避开通道范围。公园和花园内的悬垂植物、树桠、花卉等，应妥为修剪，以免伸延至无障碍通道。（图9-18）

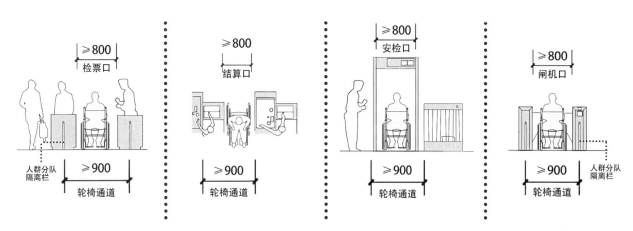

图9-15 检票口、结算口、安检口、闸机口轮椅通道图示（单位：mm）

图9-16 无障碍通道上的障碍物尺寸关系示意图（单位：mm）

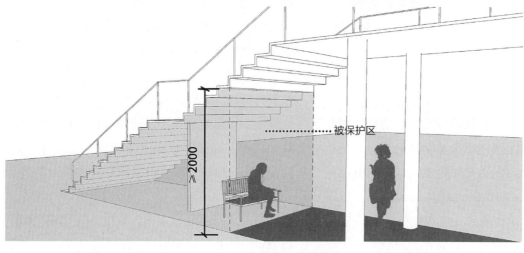

图9-17 无障碍保护区域示意图（单位：mm）

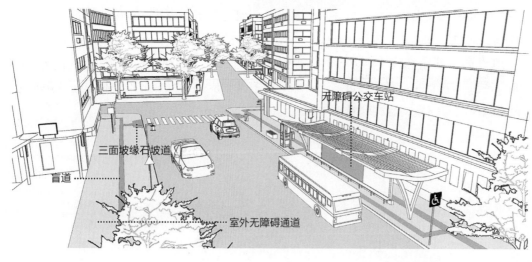

图9-18 无障碍通道示意图

9.1.6 无障碍楼梯

楼梯是建筑中重要的垂直交通方式，特别是无电梯的普通住宅、低层公共建筑。残疾者和老人平时要利用楼梯上下楼，抬担架紧急救护和紧急疏散也都要利用楼梯。不当的楼梯形式、细节上处理粗糙等都会影响到他们对上下楼产生更为严重的畏难情绪，甚至会带来危险。此外，楼梯还需要满足视觉障碍者的使用要求，给各类人群都带来方便。

无障碍楼梯指的是在宽度、高度、坡度、材质、扶手等方面做出专门设计，以方便视觉障碍者使用的楼梯。对于居住建筑来说，当无法提供无障碍电梯时，楼梯就要满足无障碍楼梯的要求。而对于公共建筑，面对公众的楼梯也应是无障碍楼梯。

无障碍楼梯设计在总体上应符合以下规范：1）按照《住宅设计规范》（GB 50096—2011）的规定，楼梯梯段净宽不应小于1.1m；楼梯休息平台的净宽不应小于楼梯梯段的宽度，且不得小于1.2m，考虑到剪刀梯的梯段间为实墙，不利于担架的回转，这个数值还需放大到1.3m以上；2）临空侧需同时设置栏杆和遮挡措施，防止出现拐杖头滑出的危险现象，可以选取高度大于50mm的安全档台或与地面空隙小于100m的斜向栏杆等。

楼梯踏步方面应满足以下要求：1）宽度不应小于280mm，高度不应大于160mm，过高或过低的楼梯踏步都不能采用；2）同一梯段内的踏步高度应均匀设置，由于老年人等行动不便的人对于踏步高度的变化反应不敏感，施工及装修过程中造成的个别梯级高度异常的情况要避免出现，以防发生危险；3）不应选择无踢面或有直角突缘的踏步，避免对鞋面和拐杖造成刮碰和绊倒；4）踏面应平整防滑，在踏面和踢面处通过颜色做出区分和对比，有条件处还应在第一节台阶处采取与其他台阶有明显区别的颜色和材质，以提醒有轻微视觉障碍者发生明显的转折变化；5）还应在起终点250~300m处设置提示盲道，以提示高度变化。（图9-19、图9-20）

此外，宜在两侧均做扶手，且宜采用直线形

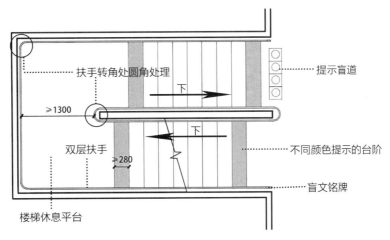

图9-19 无障碍楼梯平面示意图（单位：mm）

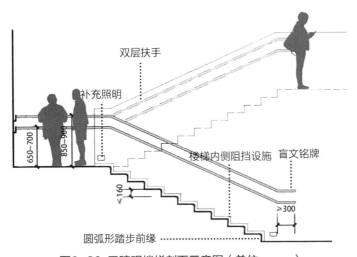

图9-20 无障碍楼梯剖面示意图（单位：mm）

楼梯。设置双侧扶手有两个作用，其一，能够发挥惯用手的作用，使行动不便的人使用楼梯时更加安全和方便。调查表明，人的惯用手力和反应速度等都比非惯用手为佳。其二，一侧上肢受损的人，比如偏瘫患者，在使用楼梯时只能由健全一侧的手配合用力才能保证上下。楼梯的扶手要保持整体上的连贯性，应在栏杆式扶手的下方设置安全阻挡措施。

此外，公共楼梯间宜尽量争取对外开窗。一方面可以保证楼梯间内白天的采光，另一方面也可以进楼间的通风，提高卫生条件。照明灯具应满足照度、均匀度等方面要求，且与户内的照明度协调。

9.1.7 无障碍电梯

无障碍电梯是指适合行动障碍者和视觉障碍者进出和使用的电梯。目前的《住宅设计规范》和《无障碍设计规范》规定7层以上的住宅要设置电梯，并且要求设置电梯的居住建筑每个居住单元至少设置0.9~1m无障碍电梯。目前，中高层和高层住宅都按规范的要求配置了电梯，但由于种种原因，仍然造成了乘轮椅者使用不便或在用担架紧急救助急重病患者时发生困难。前者往往是从家门口到电梯门之间的路线上存在高差，后者则是由于电梯厅或者轿厢的深度不足。因此，电梯的理想配备是大多数人乘坐的同时还要满足这两类特殊人群的使用。

无障碍电梯的候梯厅应符合下列规定：1）候梯厅的深度应大于1.5m，对于公共建筑尤其是医疗类建筑，深度应超过1.8m；2）候梯厅内设置消火栓等设施，设计时最好能够暗装，以免过于凸出占用通行空间；3）呼叫按钮高度应为0.9~1.1m，其最高处按钮的中心线不应高于1.1m，建议设置盲文；4）宜在距地100~350mm高度设置脚下操作按钮；5）候梯厅应设电梯运行显示装置和抵达音响；6）电梯门洞宜采用梯形入口，门洞宜朝外放大，最窄处净宽度不宜小于900mm，且不应小于800mm；7）候梯厅的周围通常会有消防前室门、楼梯间门等，应注意门的位置和门洞宽度等，要满足轮椅和担架的通行；8）宜在电梯按钮处设置提示盲道。（图9-21、图9-22）

无障碍电梯轿厢应符合下列规定：1）满足建筑性质和相应的使用要求，最小规格的深度和宽度应不小于1.4m和1.1m，中等规格的深度和宽度应不小于1.6m和1.4m；2）有条件处应设置一部能够容纳救护担架的电梯，医疗建筑与老人建筑宜选用病床专用电梯；3）电梯轿厢的轿

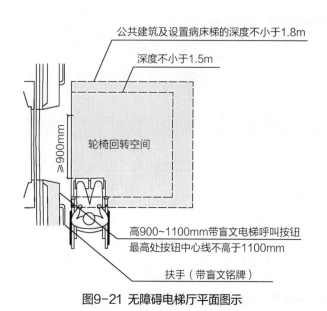

图9-21 无障碍电梯厅平面图示

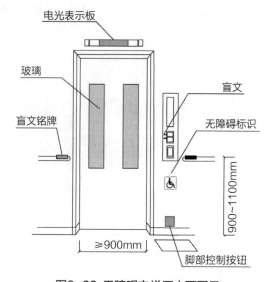

图9-22 无障碍电梯厅立面图示

厢门开启的净宽度不应小于800mm，以保证轮椅通过的最低宽度要求；4）选层按钮的高度应为0.9~1.1m，并在其旁设置盲文；5）轿厢内应设置三面扶手，高度在0.85~0.9m左右，正面高0.9m至顶部应安装镜子或带有镜面效果的材料；6）轿厢内应安装楼层显示装置或能以语音方式提示楼层的音响。（图9-23~图9-25）

升降平台是一种方便乘轮椅者进行垂直和斜向通行的设施，无障碍电梯的升降平台应符合下列规定：1）扶梯和升降台，适宜在空间局限的区域设置，也是建筑物解决高差衔接的有效措施。升降平台只适用于场地有限的改造工程，这种方式在设备的初期设置和后期运行维护上需要有经济支持；2）垂直升降平台的深度和宽度应分别不小于1.2m和0.9m；3）斜向升降平台的深度和宽度应分别不小于1m和0.9m；4）平台上应设置扶手、挡板和呼叫控制按钮；5）平台基坑处应设置安全防护措施，避免误入。（图9-26）

无障碍电梯的自动扶梯与自动人行道应符合下列规定：1）出入口应设提示盲道，并设置清晰的导识运行方向标识；2）出入口宜从扶手端部起留有不小于3.5m，且不应小于2.5m的畅通区，以便乘客安全步入或离开；3）应设置呼叫控制按钮，有条件处设置语音提示音响；4）应在梯级边缘及移动抓杆采取颜色和材料上的对比处理，保证视觉残障人员的安全；5）梯级、梳齿板、自动人行道的踏板等都应采用防滑材料。

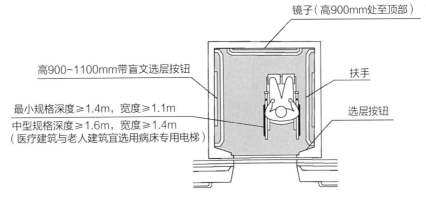

图9-23 无障碍电梯平面图示

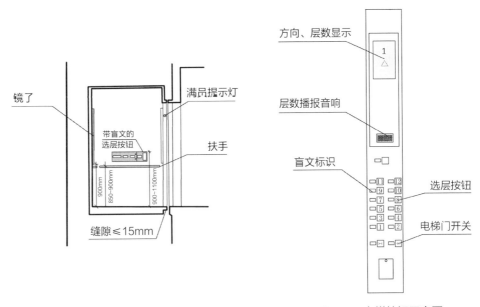

图9-24 无障碍电梯剖面图示　　　　图9-25 电梯按钮示意图

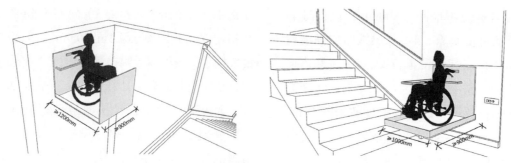

图9-26 升降平台示意图（左：垂直式；右：斜向式）

9.2 功能类模块

功能类模块包括无障碍停车位、无障碍卫生间及其中各类配套、无障碍洗浴设施、无障碍休憩节点等。

9.2.1 无障碍停车位

无障碍停车位是方便行动障碍者使用的停车位，包括无障碍机动车停车位、残疾机动轮椅车停车位以及一些特殊人群的停车位。应将无障碍机动车停车位与建筑物或景区的出入口就近配置，并与无障碍通道等无障碍路线衔接。

无障碍车位应符合下列规定：1）应将通行便捷和靠近人行通道的停车位作为无障碍机动车停车位的设计或改造对象；2）地面应平整防滑不积水；3）坡度应小于1:50；4）最小宽度宜为2.5m，长度宜为6m，应预留宽度不小于1.2m的乘降区，在停车位的后部用黄色交叉线在路面标出，有残疾人通道的停车位可与标准尺寸停车位一起排列，共用乘降区；5）应在无障碍停车位与相邻车位之间留有宽度1.2m以上的轮椅通道，且不应与车行道交叉，当与安全步道有高差时应设置坡道；6）地面应明确标出停车线、轮椅通道、停车位和乘降区，停车位应以国际残疾人通道标志标示，标志上应说明进行定期检查，以确保只有残疾人使用；7）地下车库中的无障碍停车位应尽量避开车档、排水箅子等地面障碍物，通往无障碍垂直交通的门洞处不设置门槛，保障通行畅通。（图9-27）

残疾人可进入的商店和建筑物的停车场车位分配可参考下列规定：每25个停车位，设1个加宽的停车位；每50个停车位，设2个加宽的停车

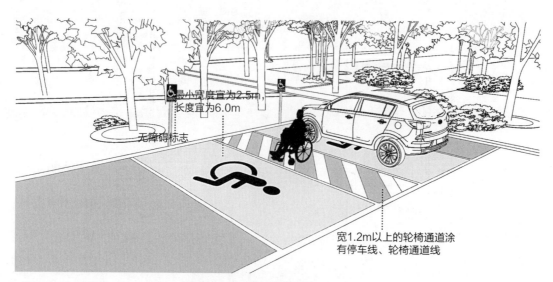

图9-27 地面无障碍停车位示意图

位；每75个停车位，设3个加宽的停车位；每100个停车位，设4个加宽的停车位；超过100个停车位的大型停车场，停车位应酌情设置。

残疾机动轮椅车是指专供下肢障碍者使用的非机动车。下肢障碍者经过核实身体健康程度后可以申请车牌照使用。使用者以中低收入者为主，经常在菜市场超市及残联办公服务建筑和公园门口等处出现。在这些场所及其他公共场所的自行车停放处靠近出入口的区域，如果能设置专用残疾机动轮椅车的停车位会给使用者带来很大的方便。

无障碍机动轮椅车车位应符合下列规定：1）宜在室外场地的适合位置设置无障碍机动轮椅车车位，与机动车停车区域形成分隔；2）地面应平整防滑不积水，坡度应小于1∶50；3）最小宽度和长度应分别为1m和2.1m；4）有条件处应设置不小于1.2m的通道；5）地面应标明停车线、轮椅通道线等。（图9-28）

9.2.2 无障碍卫生间

无障碍卫生间既包括小型的、无性别的无障碍厕所，还包括设置无障碍洗手盆、厕位、小便器等设施的公共厕所。在大型公共建筑的卫生间中，不应只满足简单的"无障碍规范"要求，人性化做得好的设计应考虑到儿童、老人、母婴、急救等需求。在有条件时，建议在公共厕所内设置无障碍洗手盆、厕位、小便器等设施的同时，在公共厕所的邻近位置设置无性别的无障碍厕所。（图9-29）

无障碍卫生间的配置应符合下列规定：

应单独设置；出入口、室内空间、地面材质及设施应满足无障碍使用要求；至少包括坐便器、洗手盆、多功能台、挂衣钩和呼叫按钮等设施。

第三卫生间的配置应符合下列规定：

应满足无障碍卫生间配置的有关规定；配

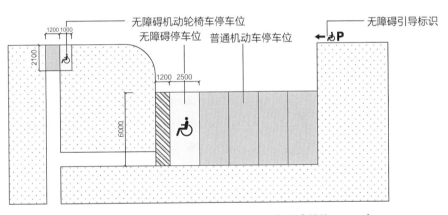

图9-28 无障碍机动轮椅车车位布置示意图（单位：mm）

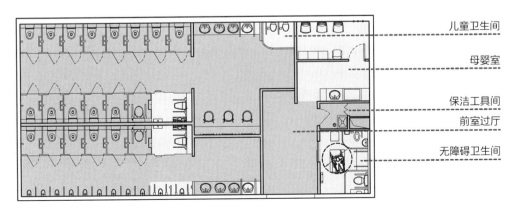

图9-29 卫生间无障碍设计示意图

设全龄化无障碍使用设施，至少应包括儿童坐便器、儿童洗手盆和婴儿安全座椅。

无障碍卫生间的设计应符合下列规定：1）应设置在靠近公共厕所的位置，功能可以与母婴室结合；2）面积应至少为4m²，以方便乘轮椅者进入和回转；3）应尽量采用电动移门，若选取平开门，门扇应向外开起，否则须能提供直径不小于1.5m的轮椅回转空间；4）门的通行净宽不应小于800mm；5）应设置外侧可以紧急开启的门锁；6）卫生间内外均应做好防滑处理，避免出现积水。

无障碍卫生间内应配置能满足无障碍使用需求的坐便器、小便器、洗手盆、多功能台、安全抓杆、挂衣钩和呼叫按钮，其中：1）多功能台的宽度和长度应分别不小于400mm和700mm，高度应在600~900mm之间，空间有限时可以设置为上翻式；2）挂衣钩距地高度应小于1.2m；3）呼叫按钮、安全抓杆等的设计均须符合相应的无障碍设计规范。此外，满足第三卫生间要求的无障碍卫生间，面积应至少有6.5 m²，门净宽不应小于1m，儿童坐便器高度宜为300mm。（图9-30）

无障碍厕位应符合下列规定：1）尺寸应不小于1.8m×1m，尽量达到2m×1.5m；2）厕位的门应尽量向外开启，若向内则需满足开启后厕位内有足够的轮椅回转空间，直径至少为1.5m；3）厕位门的通行宽度应大于0.8m，设置门外可紧急开启的装置，同时配备距地高度为0.9m的横扶手；4）厕位内坐便器两侧距地高度0.7m处设置长度大于0.7m的水平安全抓杆，其中一侧还应设置高1.4m的垂直安全抓杆；5）宜在距地高度不大于1.2m处设置挂衣钩。（图9-31）

无障碍洗手盆设置应符合下列规定：1）水嘴中心距墙面的距离应大于550mm，宜采用杠杆式水龙头或感应式自动出水方式；2）洗手盆高度应为750~800mm，儿童洗手盆高度应为500~550mm；3）洗手盆上方应安装镜子，镜子宜防雾且上端向外倾斜5°；4）洗手盆下应流出足够乘轮椅者使用的移动空间，尺寸至少为宽750mm、高650mm、深450mm；5）应在洗手盆两侧50mm、距地高度800mm、距洗手盆前端20~30mm处设置安全抓杆，其直径应在35~50mm，内侧距墙应不小于40mm，抓杆的长度应长于500mm，台式洗手盆两侧可以不设置；6）应将洗手液、取纸器等设置在靠近无障碍洗手盆的位置，操作点高度应小于1.2m。（图9-32）

无障碍小便器的设置应符合下列规定：

小便器下口距地面高度不应大于0.4m；小便器两侧应在离墙面0.25m处设高度为1.2m的垂直

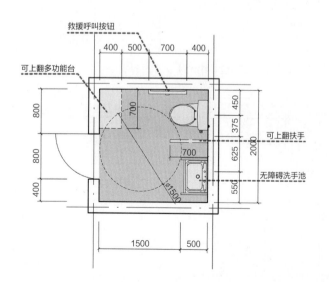
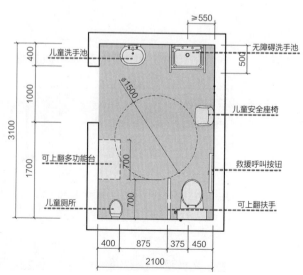

图9-30 无障碍卫生间（左）、第三卫生间（右）（单位：mm）

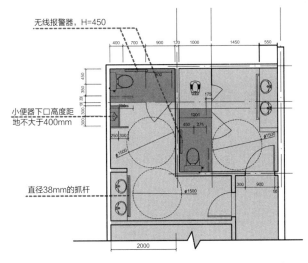

图9-31 无障碍厕位改造后平面图示（单位：mm）

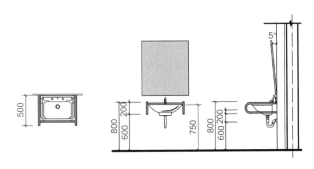

图9-32 无障碍洗手盆图示（单位：mm）

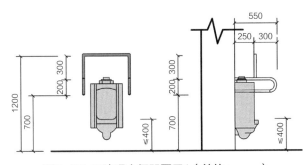

图9-33 无障碍小便器图示1（单位：mm）

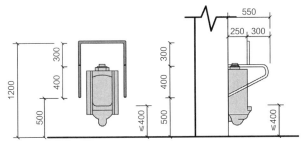

图9-34 无障碍小便器图示2（单位：mm）

安全抓杆，在离墙面0.55m处设高度为0.9m水平安全抓杆，且与垂直安全抓杆连接。（图9-33、图9-34）

9.2.3 母婴室

母婴室的设置，在布局上应符合以下的总体要求：1）母婴室面积不宜小于6m²，且宜与无障碍卫生间相邻设置；2）应设置独立出口，若必须与公共卫生间贴邻，其出入口应错开和互不干扰，同时设置清晰的标识。

母婴室内部应划分哺乳区、护理区和休憩区，其中：1）应通过隔墙或拉帘等，在哺乳区与护理区、休憩区之间形成隔断；2）哺乳区应安装单独的封闭门，空间受限时可以采用牢固和有固定装置的拉帘。母婴室内部应配置的设施包括哺乳座椅、婴儿护理台、婴儿安全座椅、洗手盆和电源插座，大型母婴室尚应设置儿童洗手盆，其中：1）婴儿护理台面尺寸（长×宽）宜为900mm×600mm，台面距地面高度宜为850~950mm；2）儿童洗手盆台面距地面高度宜为500~550mm，宽度宜为400~450mm；3）婴儿安全座椅不可设置于转角，当设置在隔墙处时，应保证墙体坚固稳定。此外，应在母婴室内距地高度1.3m以下的内墙墙角、窗台及窗口竖边等阳角处，采用圆角、切角处理，或采用软性材料包裹，以减少潜在的安全风险因素。（图9-35、图9-36）

母婴室可与无障碍卫生间或第三卫生间结合设置，结合设置时，应符合下列规定：面积不宜小于9m²；内部宜配置可折叠的儿童安全座椅、哺乳凳、婴儿护理台和呼叫按钮；其中，婴儿护理台可兼作多功能台。（图9-37）

9.2.4 低位服务设施

低位服务设施主要为满足乘轮椅者的使用需求，包括问询台、服务窗口、电话台、安检验证台、行李托运台、借阅台、各种业务台、饮水设施等。具体应符合以下规定：1）上表面距地高

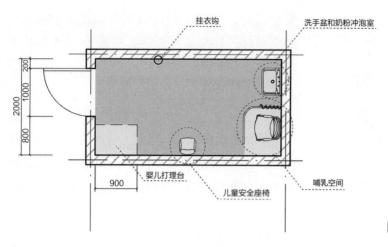

图9-35 母婴室图示(单位:mm)

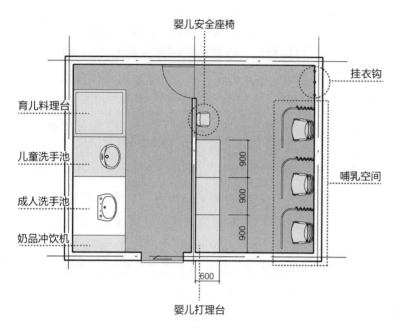

图9-36 大型母婴室图示(单位:mm)

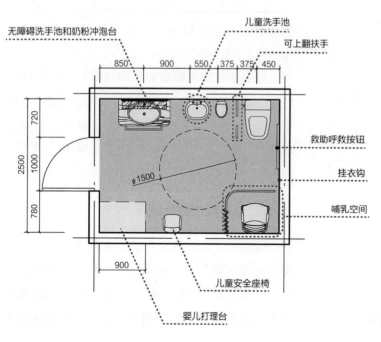

图9-37 与第三卫生间结合的母婴室图示
(单位:mm)

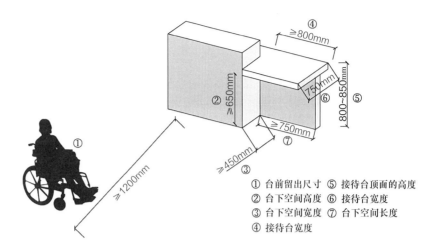

图9-38 低位服务台设计图示（单位：mm）

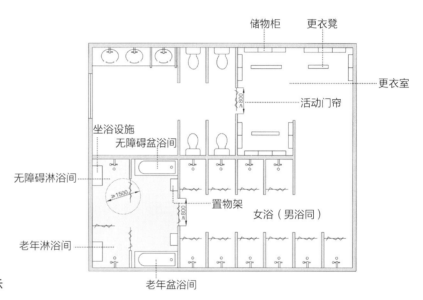

图9-39 无障碍洗浴设施平面布局图示

度应为700~850mm；2）下部应留出足够的容膝空间；3）前部通道宽度应大于1.2m，留出直径不小于1.5m的轮椅回转空间；4）挂式电话应设置在距地高度小于900mm的位置。

无障碍工作台应符合下列规定：1）应设置在靠近无障碍通道的位置；2）上表面距地高度应为700~850mm；3）其下部应留出容膝空间；4）工作台的角部应作圆角或切角处理；5）工作台前的通道宽度不宜小于1.2m，且应有轮椅回转空间，回转直径不小于1.5m。（图9-38）

9.2.5 无障碍洗浴设施

无障碍洗浴设施主要包括更衣间、淋浴间、盆浴间、厕位和洗手盆等，应符合以下规定：

1）设施入口处的门满足无障碍通行需求，室内空间应便于乘轮椅者进入和回转，回转直径不小于1.5m；2）设施内地面应做到平整、防滑、不积水；3）淋浴间入口应采取活动门帘，若采取平开门，门应向外开起，反侧应设置高度在0.9m的横扶手，并设置门外可紧急开启的插销，门的通行净宽应大于0.8m。（图9-39）

无障碍淋浴间应符合下列规定：1）短边宽度应至少为1.5m；2）淋浴间坐台尺寸应满足高度和深度均不小于450mm的要求；3）应设置距地高度700m的水平安全抓杆，距地高度在1.4~1.6m的垂直安全抓杆；4）淋浴喷头的控制开关应设置在距地高度小于1.2m的位置，喷头应可以上下移动，软管长度不应小于1.5m；

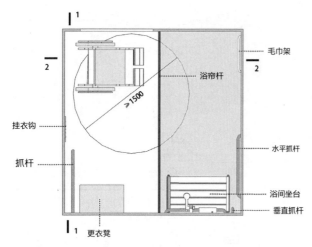

图9-40 无障碍淋浴间平面图示（单位：mm）

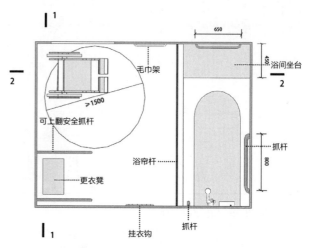

图9-42 无障碍盆浴间平面图示（单位：mm）

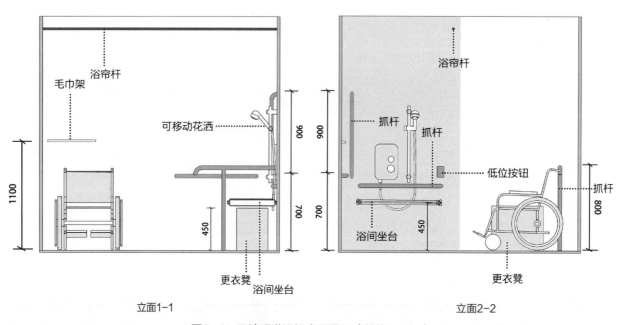

图9-41 无障碍淋浴间立面图示（单位：mm）

5）毛巾架应设置在距地高度小于1.2m的位置。（图9-40、图9-41）

无障碍盆浴间的设计应符合下列规定：1）在其中一端设置深度不小于400mm的坐台；2）内侧应设置高度在600mm和900mm的双层安全抓杆，水平长度应大于800mm，坐台一侧还应补充设置高度在900mm、长度大于600mm的安全抓杆；3）毛巾架应设置在距地高度小于1.2m的位置。（图9-42）

无障碍更衣设施的设计应符合下列规定：1）应设置高度为450mm，深度不小于450mm的更衣坐凳；2）应在坐凳两侧距地高度700mm处设置水平安全抓杆，长度应大于700mm，可以设置为上翻形式；3）应在距地高度小于1.2m处设置固定挂衣钩；4）储物柜的操作高度应小于1.2m。（图9-43）

9.2.6 无障碍轮椅席位

轮椅席位应符合下列规定：1）应尽量将轮椅席位设置在疏散口和通道附近，而不应设置在公共通道之内；2）通向轮椅座席的通道宽度应大于1.2m；3）每个轮椅席位的占地面积应不小

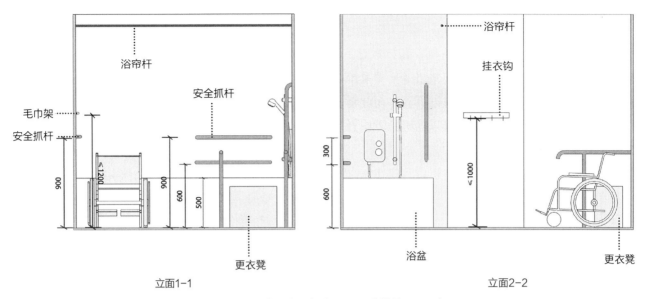

图9-43 无障碍盆浴间立面图示（单位：mm）

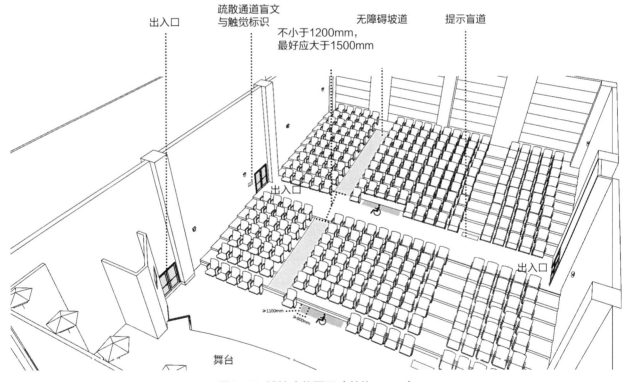

图9-44 轮椅席位图示（单位：mm）

于1.1m×0.8m，附近的地面应平整防滑；4）应在轮椅席位的外缘处安装栏杆或挡板，以保证安全；5）轮椅席位处的观览视线应不被遮挡，同时也不应影响其他区域的观览；6）应在轮椅附近设置1∶1的陪护席位；7）应在地面设置无障碍标识。（图9-44）

9.2.7 无障碍休憩节点

人行道上设有服务设施时应注意以下几点：

其一，应为残障人士提供方便。在人行道上，服务设施的旁边同时设有低位服务设施，能够给乘轮椅者带来方便，比如低位的电话、低位的饮水器等。需要注意的是低位服务设施在高度上应方便乘轮椅者使用，前面要留有供轮椅回转的空间。

其二，当设有屏幕信息服务设施时，宜同时提供触摸及音响一体化信息服务和屏幕手语文字提示信息服务。同时，提供触摸式语音辅助系统可满足视觉障碍者获取同等信息的需要，而屏幕上提供手语或配以文字提示则可以为听觉障碍者带来方便。

其三，人行道上设置休息座椅时，应在休息座椅的旁边留有轮椅停留空间，以方便乘轮椅者与他人交流。

9.3 导识类部件

导识类部件包括视觉标识、触觉标识、听觉标识、感应标识、交互标识等。视觉标识主要有名称标识、方向标识、危险标识、限制标识和其他说明标识等；触觉标识主要有各类盲文标牌、按钮和盲文地图等；听觉标识主要包括语音提示器和音响等；感应标识主要包括有红外电子感应、提示和识别功能的各类设施；交互标识主要包括可双向传递信息的显示器、显示屏及可移动、可携带的设备等。此外，应急报警类设施一般集视觉、听觉、交互等多重功能，包括警示器、对讲机、音响频闪显示灯等。应将导识类设施纳入城市环境或建筑内部的引导标志系统，形成完整的系统，清楚地指明无障碍设施的走向及位置。（图9-45）

主要步行街、商业街、人行横道、人行天桥、人行地道及桥梁、隧道和立体交叉的人行道、城市广场和绿地等处的导识设施应指示各类室外无障碍设施的位置、功能和走向。建筑物及场地附近的导识设施应指示无障碍出入口、无障碍机动车停车位、无障碍楼电梯、轮椅坡道、无障碍厕位或无障碍卫生间、低位服务设施、轮椅席位等室内无障碍设施的位置和前往路线。

9.3.1 无障碍标识系统

（1）视觉标识

视觉标识分为贴壁式、横越式、地牌式、悬挂式、地面式和阅读板式，应符合下列规定：
1）运用系统的静态视觉符号，对无障碍环境、设施进行导向和标明，位置应设置在视线范围内，并便于施工及维护；2）应采用国际标准的两种规格，即100mm×100mm与400mm×400mm，达到与远近距离辨识相匹配的要求；3）标识底色与图

无障碍标识			指示标识		
	标识名称	标识意义		标识名称	标识意义
 ♿	无障碍设施标识	表示此处为无障碍设施	 ♿→	无障碍设施引导标识	表示箭头指示方向有无障碍设施
 ♿	无障碍坡道标识	表示此处为无障碍坡道	 ♿→	无障碍坡道引导标识	表示箭头指示方向有无障碍坡道
 P♿	无障碍车位标识	表示此停车场有无障碍停车位	 P♿→	无障碍车位引导标识	表示箭头指示方向有无障碍车位
 🛗	无障碍电梯标识	表示此处有无障碍电梯	 🛗→	无障碍电梯引导标识	表示箭头指示方向有无障碍电梯
 🚻	无障碍卫生间标识	表示此处为无障碍卫生间	 🚻→	无障碍卫生间引导标识	表示箭头指示方向有无障碍卫生间

图9-45 部分无障碍标识与指示标识图示

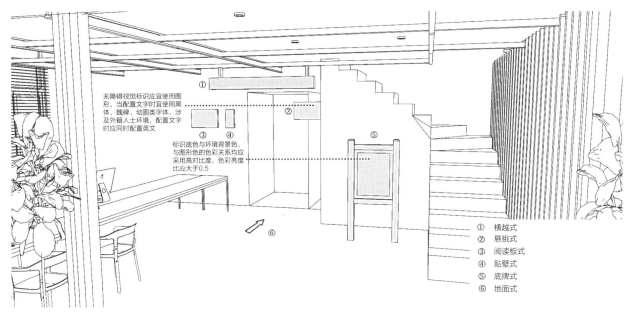

图9-46 视觉标识图示

形色彩应形成高对比度，色彩亮度比应大于0.5，字符大小和间距应根据视觉需要进行尺寸控制，以达到醒目作用，有需要处应设置外文字体。

研究表明，无论是中文外文还是数字，字符大小、高度、笔画数、粗细、字体风格、宽度和间距等因素都会直接影响辨认度，因此为弱视者设计的文字标识应格外注意，做到位置准确，大小合适，对比明显，其中图形标识应满足以下具体要求：1）与背景界限清楚，反差明显，静止稳定；2）构图应尽量采用水平和垂直的块面，避免单一的线条要素，同时应做到闭合完整，简单明了；3）应确保图形与意思对应一致，每种图形能准确和唯一地与某个物体或动作对应；4）尽量采取亮度大、色彩对比明显的组合形式，且图文亮、背景暗的做法对弱视者相对友好。（图9-46）

专栏9-1 » 文字标识的主要特征要求

字符高度。根据Peters&Adams公式，当字符高度与认视距离之间符合H=00022D+0.335的公式时，有利于弱视者辨认。其中H为字符高度，D为认视距离。

笔画数量。弱视者识别笔画数量多的文字一般需要耗费较长的时间，研究表明1~9画的字的认知距离明显比10画以上的字的认视距离更宽泛。

笔画粗细。不宜过粗过细，应做到适当，因为过粗的笔画使字体笔画空间减小，过细的笔画在高亮度下会影响辨认，两种情况均可使认视距离降低。

字高宽比及间距。对外文和数字采用3:2~5:3的高宽比，字距采用1.2d~1.4d（d为笔画宽度），词语间隙不小于3d，行距不小于1:3h（h为字高）；对汉字可采用3:2~43的高宽比，字距采用0.25h~0.30h（h为字高），词语间隙不小于0.75h~1h，行距不小于h。

字体风格。汉字的字体风格繁多，复杂的字体特征不便认识，在同样条件下，使用新宋、宋体、黑体、仿宋四种字体有利于弱视者辨认。

（2）触觉标识

触觉标识的设计应符合下列规定：1）公共建筑中的所有无障碍设施均应配置触觉标识；2）可以与听觉、视觉标识等整合设置；3）应与

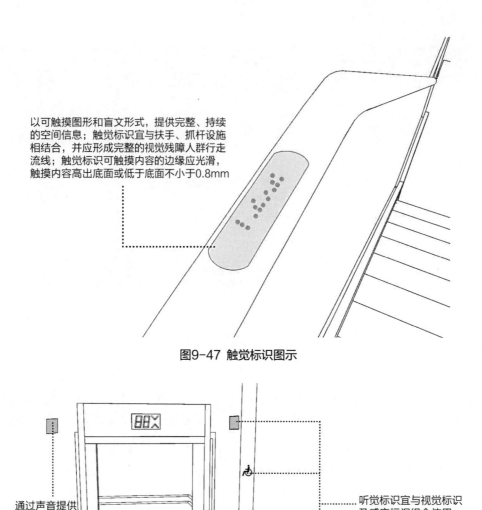

图9-47 触觉标识图示

图9-48 听觉标识图示

抓手、抓杆、扶手等安全设施结合设置；4）应提供完整的视觉残障人群行走路线的信息；5）具体操作层面，其可触摸内容可以采取图形和盲文相结合的方式，边缘应光滑，凸起应不小于0.8mm。（图9-47）

（3）听觉标识

听觉标识应符合下列规定：1）可以与视觉和感应标识结合使用；2）应充分考虑发出声音的方向、大小，避免各种听觉标识之间的发信声音产生冲突和对使用者带来干扰；3）听觉标识应满足在干扰或噪声影响下，语言清晰度仍不小于75%，强度不小于背景噪声15dB的要求；4）可以在间歇时适当改变声音信号。（图9-48）

9.3.2 无障碍信息系统

（1）感应标识和交互标识

感应标识的设计应符合下列规定：1）结合红外技术，持续提供完整连续的空间信息，起到应有的提示和识别作用；2）可以与视觉、触觉、听觉标识相整合。（图9-49）

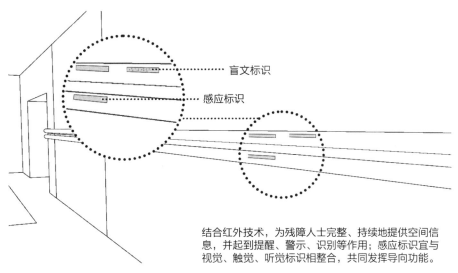

结合红外技术，为残障人士完整、持续地提供空间信息，并起到提醒、警示、识别等作用；感应标识宜与视觉、触觉、听觉标识相整合，共同发挥导向功能。

图9-49 与盲文标识结合的感应标识

专栏9-2 » 墨尔本蓝牙语音导航[①]

一项为期8个月，旨在帮助视障人群使用公共空间的试点方案正在墨尔本开展。南十字车站火车站使用蓝牙和免费的GPS智能手机应用blindsquare，创建信标导航系统。用户通过智能手机接收语音提示，进行导航并告知突发事件等实时信息，例如电梯故障。车站外应用提供实时导航；车站内无法接收GPS信号，20个蓝牙信标仍能保证用户接收信息。语音提示包括建议，如"靠近左边的三个电梯，接着来到一组门前，自动门在左边。"

这项试点由维多利亚导盲犬基金会主持，未来该项目还计划在墨尔本动物园、艾伯特公园（澳大利亚大奖赛主场地）和滨海港区装上类似的系统。

交互标识的设计应符合下列规定：1）结合互联网信息技术，为各类有障碍人士提供建筑、路线导航和应急救援等信息；2）建筑面积在200hm²以上的公共建筑或临时活动场所应配置交互式标识系统；3）交互标识的设置应足够醒目，但不应干扰一般导向标识的功能，避免流线干扰；4）若出现无效操作，应在较短的时间内（如60s内）自动返回初始界面。

[①] 城读：城市可以为残疾人做什么https://mp.weixin.qq.com/s?__biz=MzA3ODA2NTM3NA==&mid=2667877934&idx=1&sn=528b09e17ada7b4ef2834a84050c787f&chksm=85b84d9fb2cfc489b79f5c9dd22793458e78ac8799c978909ddedeeddc2778c895e03396a7c6&scene=27#wechat_redirect

专栏9-3 » 西雅图人行道地图导航应用[1]

地图应用导航让健康人在城市里出行自如,然而导航缺少斜坡、路沿下降等细节,对身体残疾人士就不那么好用了。以山地城市西雅图为例,有些街区根本没有人行道,许多街道的坡度高达10%,甚至20%。

华盛顿大学的塔斯卡可达技术中心提供了一个解决方案:一款基于地图信息的应用AccessMap,协助行为能力受限的步行者规划可达路线。用户在AccessMap输入目的地之后,应用根据自定义设置(如设定上下坡的坡度)向用户发送建议路线。上图按坡度给西雅图街道设色:绿色代表道路平坦,红色表明10%及以上的坡度。

例如,同样从大学街车站到市政厅,谷歌地图建议经由坡道为10%的塞内卡街,而AccessMap给出的方案是坡度不到2%的派克街。

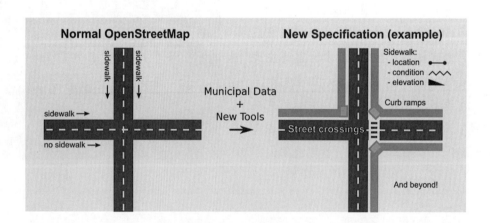

开放人行道(Open Sidewalks)项目正在众包路况信息,例如人行道宽度和路沿下降等。AccessMap还为西雅图交通部和美国地质调查局提供补充数据。现在华盛顿大学的塔斯卡可达技术中心的开放人行道项目正在众包额外信息,例如人行道宽度和扶手位置等。

---

[1] 城读:城市可以为残疾人做什么https://mp.weixin.qq.com/s?__biz=MzA3ODA2NTM3NA==&mid=2667877934&idx=1&sn=528b09e17ada7b4ef2834a84050c787f&chksm=85b84d9fb2cfc489b79f5c9dd22793458e78ac8799c978909ddedeeddc2778c895e03396a7c6&scene=27#wechat_redirect

（2）无障碍信息及网络通讯服务

应在听觉障碍者出入频繁的场所提供文字信息辅助服务，以声音为主要传播手段的公共服务设施同理。在以视觉信息为主的公共服务中，应至少提供1种将视觉信息转换为听觉信息的辅助服务。出版物包括纸质文本、电子文本、语音和视频文件四种类型。面向的受众主要在有视觉障碍和听觉障碍时需要提供辅助。政府和公共服务网站提供无障碍服务。应结合当地公交行业信息化成果，共享利用公交行业基础数据和公交运行状态信息资源，构建人、车、路协同，精准个性化地实现所有有障碍人士公交助乘系统，实现人与公交车、公交站点和场站设施的互联互动。

每1组公用电话中，应至少设1部低位电话，应设置在距地面高度小于900mm的位置，听筒线长度应大于600mm，且能控制音量。每组公用电话中还应配备至少1部能进行免提通话的电话，同时配备音量放大和助听耦合功能。每组自助终端中应至少配备1部低位终端，能提供听觉和视觉等至少两种信息传递方式。

公众使用的计算机，应至少有1部低位台面计算机，至少1部设置屏幕阅读和具备放大功能的计算机，至少1部提供语音输入功能的计算机。可替换键盘的计算机占比应不小于20%，以方便听觉障碍者获得均等的服务，帮助他们解决生活中遇到的信息障碍问题。

9.3.3 无障碍应急系统

（1）应急警示标识

应急警示标识应同时提供视觉和听觉警示。对于应急避难场所，应同时满足无障碍使用功能并设置无障碍标识。对公共场所的信息报警设备和装置，保障残疾人、老年人能够依靠无障碍报警和逃生信息的引导，采取有效行动脱离险境，保障他们的生命财产安全。官方发布的关于突发公共卫生事件（如新冠肺炎）等重大信息，应同时满足残疾人获取要求。

（2）救助呼叫按钮

救助呼叫按钮的设置应符合下列规定（图9-50）：

救助呼叫按钮应为红色。

无障碍坐便器侧前方，距离坐便器前缘200～300mm，距离地面400～500mm，应设置救助呼叫按钮，且宜在坐便器前缘500～700mm，距离地面100～300mm设置低位救助呼叫按钮。

无障碍洗手盆侧边，距离地面100～300mm宜设置低位救助呼叫按钮。

无障碍小便器侧边，距离地面900mm宜设置救助呼叫按钮，100～300mm宜设置低位救助呼叫按钮。

便后冲洗器侧边，距离地面100～300mm宜设置低位救助呼叫按钮。

无障碍卫生间内相近洁具侧边的救助呼叫按钮宜合并设置。

无障碍淋浴坐凳侧前方，距离坐凳前缘200～300mm，距离地面400～500mm，应设置救助呼叫按钮，且宜在坐凳前缘500～700mm，距离地面100～300mm增设低位救助呼叫按钮。

无障碍浴盆坐台侧墙上，距离地面600mm高度，距离坐凳前缘200～300mm，应设置救助呼叫按钮。

无障碍更衣凳侧边，距离地面100～300mm宜设置低位救助呼叫按钮。

无障碍住房、客房和宿舍的居室内，应配置救助呼叫按钮，高度为400～500mm，且不应被其他家具遮挡；卫生间内救助呼叫按钮的设置应符合本条文以上各款的规定。

（3）应急报警设施

应急报警设施的设计应满足信息无障碍要求，主要符合下列规定：1）应结合互联网技术，同时配备视觉、听觉和交互功能；2）除文字提示，还应提供声光预警和逃生指示；3）对讲设施应同时支持语音对讲和文字显示功能，保障对各类有障碍人群的有效救援。

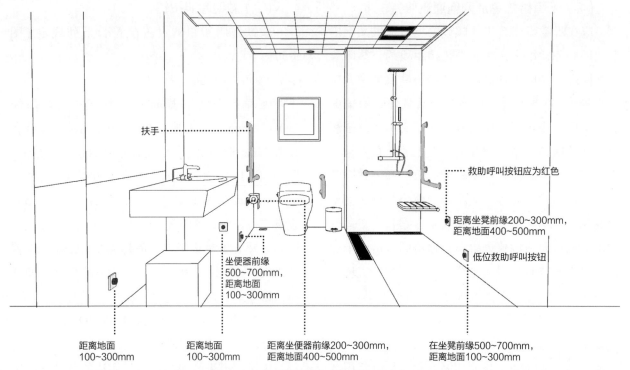

图9-50 卫生间内救助呼叫按钮布置图示

10 城市环境无障碍建设的实施保障

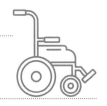

10.1 规范政策标准体系

10.1.1 法律法规建设

由于我国现行无障碍环境建设法律法规不完善，且操作性不强，已成为制约无障碍环境建设持续开展、制约残疾人融入社会的重要方面，因此加强立法，建立无障碍环境建设法律法规体系并切实实施，势在必行。

加强相关法律衔接。在制定或修订《中华人民共和国城乡规划法》《中华人民共和国建筑法》《中华人民共和国民航法》《中华人民共和国铁路法》《中华人民共和国旅游法》《中华人民共和国选举法》《中华人民共和国教育法》《中华人民共和国考试法》《城镇住房保障条例》《城市公共交通条例》《中华人民共和国电信条例》《博物馆条例》等相关法律法规中，切实将无障碍环境建设理念和要求纳入，明确法律责任，行业法律法规与《中华人民共和国残疾人保障法》《无障碍环境建设条例》相协调，相衔接，相得益彰，互为配合，共同形成并推动了我国无障碍环境建设，既保障残疾人生存权又保障残疾人发展权，促进了残疾人全面融入社会生活的法律法规体系，规范了我国无障碍环境建设发展。

为无障碍环境建设专门立法。适时修订《无障碍环境建设条例》，或将《无障碍环境建设条例》上升制定为《无障碍环境建设法》。在立法理念上，进一步强调平等权利理念，突出无障碍环境建设是促进残疾人融入社会的重要措施。在法律实施上，减少倡导性条款，尽量避免使用"有条件的""逐步完善""采取措施"等表述，增强立法强制性和可操作性。在推进无障碍设施改造方面，明确要求和实行奖励措施，更好地推进既有设施无障碍改造落实。在无障碍环境建设经费保障方面，明确各级财政的支持力度，鼓励民间资本、金融部门等社会力量融入。在明确无障碍环境建设法律责任方面，强化对涉及无障碍权利保护的违法违规行为的司法追究。

制定修订地方性法规和规章。应加大无障碍环境建设的地方性法规立法力度。应贯彻《无障碍环境建设》的各项要求，与其他相关的有关法律法规和规章形成衔接配套，对各项原则性内容进行具体化，做到更有实用性和可操作性。应充分结合本地的经济社会发展状况、城乡建设和无障碍环境建设的实际情况、各类有障碍人群面临的突出困难，力求有突破，能创新，推动地方性法规、规章成为推动地方无障碍环境建设的重要保障，切实维护了残疾人、老年人和全体社会成员参与社会生活权益。

制定无障碍环境建设部门规章。我国现行的无障碍法律法规体系中，缺乏法规和规范性文件之间起到衔接作用的部门规章。部门规章的作用在于，既比法规更细，又比规范性文件的效力高。建议住房和城乡建设部和有关部门制定规章的时候，将各级建设部门的责任予以明确和细化，以建立更全面的管理体系和监管处罚机制。

促进法律法规实施。加强《残疾人保障法》等相关法律中无障碍环境建设内容的执法检查和视察调研，加强《无障碍环境建设条例》等相关行政法规的专项检查，依法行政，依法履行职责，加大普法宣传力度，切实促进无障碍环境建设法律法规的实施。可借鉴国外经验，鼓励公众对公共设施的无障碍建设和管理情况进行监督，设立专门机构及时受理公众投诉，既有利于无障碍环境建设法律法规的落实，也有利于公众无障碍意识的提升。

10.1.2 相关建设标准

无障碍标准是开展无障碍环境建设的重要依据，标准既是引导无障碍系统建设、服务提供、产品开发等的技术依据，也是监督和检验相关设施、系统、服务、产品开发的质量的技术依据。完善和规范实施无障碍环境建设的相关标准，将为无障碍环境建设的全面开展做好必要准备，为无障碍政策的贯彻执行提供技术支撑。

增强标准强制性。目前，我国多数无障碍环境建设国家、行业标准均属推荐性标准，影响了标准实施力度。无障碍环境建设主体标准《无障碍设计规范》虽不是推荐性标准，但300个条款中仅6条（款）属强制性条文。《无障碍设施施工验收及维护规范》296个条款中仅有4条强制性条文。建议适时对相关标准进行修订，增设《无障碍设计规范》《无障碍设施施工验收及维护规范》强制性条文，适时地将推荐性内容上升为强制性内容，以切实增加标准实施力度，为无障碍建设提供技术支持。

修改已有标准。在《无障碍设计规范》中增加火灾警示、安全疏散的无障碍设施规定；按照建筑物与外部环境无障碍一体化的思想，细化对公共建筑单体及区域内形成完整的无障碍流线的要求，从而促进形成完整的无障碍环境；在相关标准制定中应考虑对物理环境的无障碍建设与信息无障碍辅助设备及服务的综合利用以达成无障碍效果；全面贯彻通用设计和全寿命管理理念，以通用设计和全寿命管理理念全面重新审定既有无障碍标准规范；按照"终身住宅"理念全面重新审定既有住宅及住宅小区建设相关标准规范，将无障碍建设与老龄化社会的要求与当前的住宅建设无缝衔接；对于强制性的无障碍标准，配以明确的、定量化的指标与图示，改善示意性插图成为引用标准规范后争议根源的情况；将编制设施使用说明书纳入建筑产品交付标准，从技术上为无障碍设施能够在使用阶段得到合理的管理和利用创造必要的条件；加快将新型无障碍技术纳入标准规范的进程，如轮椅安全固定等相关标准。

制定地方标准体系。应结合地方施救，根据《无障碍设计规范》制定有地方特色的无障碍建设标准体系并推动实施，包括无障碍规划、设计、建设、验收的标准规范，无障碍设施的使用、管理、维护、监督、投诉标准，市民无障碍意识和文明行为无障碍公共服务等内容，做实做细无障碍城市环境建设工作。

10.1.3 健全规划体系

加强与发展规划的协同。基于残疾人事业发展五年规划，逐步明确城市无障碍环境建设的中期规划，并与国民经济和社会发展五年规划做好衔接，充分明确当前建设的目标与重点，并在此基础上建立城市无障碍环境建设和改造的年度计划，持续推进无障碍城区建设。

加强与国土空间总体规划的协同。坚持规划先行、相互协同，将无障碍环境建设专项规划纳入国土空间总体规划，加强规划指标、资金平衡和建设项目等各项指标的衔接，确保相关规划总体要求一致，时序安排协调有序。专项规划批复后应纳入国土空间基础信息平台，叠加到国土空间规划与管理"一张图"上。

加强对行动计划方案的传导落实。为切实保障无障碍环境建设规划内容的贯彻实施，按照"部门联手，条块结合，先易后难，攻克难点，突出亮点，逐步完善"的原则，对规划内容进行分解细化，编制和实施专项行动计划、行动方案，建立区政府各职能部门权责清单，明确各职能部门责任分工并纳入年度绩效考核，有效推进实施工作。

10.1.4 配套政策文件

出台系列性无障碍政策，使得文化、教育、医疗、养老、社会关怀、财政、金融等方面相互配套。例如，对难度较大的家庭和社区的无障碍改造工程，应配套出台相应的财政和金融政策，鼓励无障碍工程公司、社会组织和专业组织共同参与、协同治理。应探索能积聚各类市场主体力量的政策，推动重点领域的无障碍环境建设和改造事业，包括学校无障碍改造、政府和社会公共服务网站、食品药品信息识别等方面的无障碍改造，全方位健全无障碍基本公共服务体系，为残疾人参与社会生活和获得公共服务创造更好的条件。

10.2 健全组织工作机制

10.2.1 组织领导机制

我国多年的无障碍环境建设与管理的实践经验表明：无障碍环境建设工作是一项复杂的社会系统工程，它不仅涉及多个管理部门，而且还涉及多个方面，例如无障碍环境建设不仅与各部门的规划设计和施工密切相关，还与交通运载工具的制造、交通管理设施、通信网络、广播电视等相关服务设施的设置和利用等都有直接关系。

政府部门应加强对无障碍环境建设的组织领导，打破条块壁垒，做到政府统一领导、部门职责明确、基层落实到位，以提高行政管理效率，从而切实推动无障碍城市环境建设。

建立无障碍城市环境建设绩效考核机制。将无障碍环境建设规划年度跟踪监测、中期评估和末期全面评估纳入年度绩效考核，与政府目标管理挂钩，将无障碍建设相关各项工作落实至各责任主体，每年度总结各相关部门和单位无障碍建设工作，表扬先进，奖励典型，对措施不力、没有完成工作任务的部门和单位予以通报批评。

10.2.2 部门协同机制

建立政府无障碍环境建设工作领导小组或联席会议制度。应吸纳包括发改委、住房和城乡建设部、交通运输、文化、公安、教育、财政、人力和社保、宣传、工业和信息化、新闻出版、广电等部门，共同组成无障碍环境建设工作领导小组或联席会议制度，定期召开会议。领导小组的主要职责包括：1）研究制定促进本地区开展无障碍环境建设的法规规章和规划计划；2）部署本地区无障碍建设工作的开展并检查落实；3）总结工作经验，表彰成绩突出的单位和个人；4）协调解决相关问题。

将无障碍环境建设纳入各部门工作日程。在城市无障碍环境建设中，发改委应将重大项目纳入规划计划；住房和城乡建设部应主管规划、设计、施工、验收、监理等各方面内容；交通运输、公安、教育、文化、人力和社保、旅游等部门应落实上位政策和无障碍规范，制定工作计划，切实做好本系统的建设管理；财政部门应充分将各类经费纳入财政预算；宣传、工业和信息化、民政等部门也应切实推进无障碍建设落实工作。

10.2.3 资金保障机制

建立完善无障碍环境建设经费管理机制。政府投资的公共项目无障碍设施建设与管理经费由政府财政予以保障，各部门要按照支出责任合理安排无障碍环境建设与改造工作所需经费，各责任单位将工作经费列入年度部门预算。应在资金使用上优先保障政府主导的示范项目顺利推进，重点投向基础性、公益性项目，优先支持涉及民生的无障碍相关工程。

允分调动社会资本投入。建立规范的投融资机制，充分发挥公益慈善组织等社会力量作用，鼓励采用政府和社会资本合作模式，形成多渠道、全方位投入格局，引导社会资金参与无障碍城市环境的建设改造和维护管理。

10.2.4 动员基层组织

依托基层组织建立基本公共服务平台。增强街道残联、街道综合（职业）康复服务中心、社区残协等基层组织和机构的服务能力，逐步形成县（市、区）、乡镇（街道）、村（社区）三级联动互补的基层无障碍基本公共服务网络。

发挥残联等社会团体、残疾人及有关方面的作用。应充分发挥自组织机制，将身心障碍者组织、老年组织、康复组织、社会福利组织、社区组织等调动起来，在城市无障碍环境建设的各个领域中发挥基础作用，包括：1）代表各自群体反映需求，向政府提出建议；2）配合政府的立法和规划计划制定工作；3）配合推进宣传和监督工作等。

动员社会各方力量积极参与无障碍建设。例如，组建由残疾人、老年人等组成的无障碍义务监督员队伍，鼓励广大市民开展"随手拍路障"等活动，调动媒体参与监督，鼓励专业科研机构开展专项研究等。应同步制定相应的无障碍奖惩机制，通过奖励无障碍建设与创新主体、设立无障碍建设"红黑榜"、创建义工"时间银行"等举措，推进无障碍建设。

10.3 强化管理监督系统

10.3.1 严控规划建设管理

严格无障碍城区建设规划设计、竣工验收环节审查验收程序。在审查项目立项、设计及竣工验收时，必须对无障碍设施进行审查，对于不按规定落实无障碍建设内容或不符合规范要求的建设项目，不予核发《建设工程规划许可证》和《建设工程施工许可证》。有关项目竣工验收时，应按规定充分听取残疾人代表的意见，若不符合规范要求或违反规范标准，应责令建设单位限期整改。

在规划设计阶段、竣工验收阶段和使用阶段多次开展无障碍评价，并与既有的政府监督程序有机结合。评价应有专业人和残障人共同参与，在规划设计阶段，建设单位和使用单位应有义务根据无障碍评价中发现的问题和优化建议对相关规划设计进行尽可能的改进，以优化无障碍建设投资的使用效果；在竣工验收和设施使用阶段，建设单位和使用单位应有义务针对无障碍评价中发现的与经评审的规划设计要求不符或不满足强制性无障碍建设标准的问题进行整改。对于拒绝整改的，尚未施工的不予颁发施工许可证，已经施工的不予竣工验收；已投入使用的，评价人员应有权发起公益诉讼，经由法院强制执行相应的整改工作。

10.3.2 加强设施维护管理

加强无障碍设施的日常运行管理。将无障碍设施的日常维护管理纳入城市日常管理，建立城市无障碍设施的电子数据库，加大对破坏和占用设施等违法行为的处罚力度。

对无障碍设施进行系统性检查维护。依据有关标准和规范，对竣工验收交付使用的无障碍设施，应明确维护管理部门。维护管理部门应对城市无障碍设施进行全面、长期的检查维护，应进行每年至少一次的系统性检查维护，每季度至少一次的功能性检查维护，以及每月至少一次的一般性检查维护。

建立运维服务体系和巡查制度。对居住区公共建筑的无障碍设施应由物业公司主导，与住户共同维护无障碍设施的使用，不破坏、不占用。同时由上一级的居委会或街道办事处为主体形成监管制度，定时检查和抽查无障碍设施情况，形成责任人和一定的奖惩制度。

10.3.3 完善反馈监督机制

推进无障碍城市环境巡查督导制度规范化。各相关部门应积极开展无障碍环境建设进程监测，将建设情况纳入考核和监理范围，督促检查无障碍环境建设相关政策的落实情况。定期组织开展动态检查，发现并纠正无障碍建设违法违规行为，对违规单位依法处罚，通过检查确保无障碍环境建设质量。应定期开展无障碍城市环境建设有关的培训课程，提高无障碍城市环境督导队伍的工作水平。

建立多渠道的无障碍环境建设社会监督机

制。积极发挥人大代表、政协委员、残疾人、老年人代表等社会群体和新闻媒体的监督管理作用，促进无障碍建设的持续发展。政府部门应指导残疾人、老年人协会开展无障碍环境建设管理状况满意度调查、督导评估，更好地指导建设工作的开展。

建立完善的无障碍环境投诉举报机制。建设无障碍投诉平台，疏通反馈渠道通过网络与电话方式，接受全体居民关于城市障碍问题的投诉、意见与建议。建立面向任何单位或个人的投诉举报机制，接到无障碍环境投诉举报的部门和单位应当及时处理或者转交有权处理的部门处理，并将处理结果及时反馈给投诉举报的单位或者个人。

10.4 全流程公众参与

无障碍环境建设的战略、立法及公共政策实施结果具有公益性与普惠性，"残疾人国际"组织在1981年成立时确立了一句口号，"没有我们的参与，不要做关于我们的决定"（Nothing About Us Without Us）。能力障碍者对无障碍城市环境建设具有敏锐的洞察力和深刻的理解力，将他们纳入无障碍城市环境规划建设的全过程，将能力障碍者关注的问题、意见和相应的解决办法转化为技术可行、投资合理的规划方案，将确保城市无障碍环境建设过程富有成效，并最终实现结构性的变革。（表10-1）

10.4.1 组织利益相关方参与

将能力障碍者及其组织的参与放在利益相关方组织的首位，让规划师了解能力障碍者对其建成环境和生活的独特看法，突出他们考虑的优先事项，充分采纳他们提出的解决办法。进而，与有着共同利益和行动目标的群体（政府部门、NGO组织等）建立友好联系，在当地"支持者"和能力障碍者之间建立联盟。与高等院校或科研机构合作，建立无障碍环境建设专家智库，基于一定的依据和标准，共同研究、合理确定规划建设方案。

10.4.2 编制预算和调动资源

基于现实的目标，计算能力障碍者友好的城市环境建设投资所需的资源，将其纳入规划的初步预算，对初步预算进行目标分解，寻求分阶段、从小到大、从临时性到结构性地逐步实现的途径。筛选来自公共和私人领域的资金资源（赞助商、开发商、社区、众包、捐赠、债券、项目产生的现金流等），采用适当的融资方法（市政投资规划、政府间转移支付、公共土地价值优化、开发商税收等）促进无障碍城市环境的建设优化。

10.4.3 共同行动与逐步改变

开展以能力障碍者为主导的试点项目和临时项目，它们具有成本低、建设速度快的特点，便于能力障碍者进行测试和评估。从能力障碍者的利益角度分析试点的结果，并根据这些证据就不同利益相关方提出的改进和扩大规模的建议做出决定。以试点项目和临时项目为基础，自下而上推动其纳入政府或残疾人公益组织的工作议程，让更多人加入相关行动，呼吁结构性变革。

无障碍环境建设的全流程
社会参与工作方式　　表10-1

步骤1	步骤2	步骤3
利益相关方参与联盟	预算编制资源	逐步改变共同行动
能力障碍者和其社区优先参与	能力障碍者友好的资源规划（估算、分阶段）	让能力障碍者共同参与的临时或试点项目
建立能力障碍者和共同利益群体间的联盟	调动财政资源和资产（土地价值获取、集资）	聚焦于能力障碍者的传媒（公共舆论、媒体）
让专家确定能力障碍者和其他利益相关方的共同利益	进行能力障碍者友好城市规划的成本效益分析	聚焦能力障碍者的行动计划（后续计划、建议）
愿景	策略	执行

> **专栏10-1 » 情景式规划的趣味参与**
>
> 联合国人居署开发的逐块构筑项目和埃洛斯研究所开发的绿洲游戏等情景式模拟规划工具可以对由社区主导的评估过程和利益相关方的参与形成有力的支撑。经过精心设计的情景式模拟规划项目可以提升传统的城市设计和规划实践。它们可以促进沟通、交流和参与，并提升对空间参数、决策情景和相应结果的了解。
>
> 情景式模拟规划作为工具，可以将复杂的问题形象化，从而促进设计过程中相关人员的互动，是一项应用前景广泛的社交技术。

10.5 开展研究宣传工作

10.5.1 加大科技支撑力度

培育无障碍环境建设技术研究机构。发动全社会力量，从不同角色位置进行无障碍技术研究。大学通用设计研究中心、相关企业研发部、相关民间组织、残疾人组织以及医疗、交通福利等政府部门对各不相同却有密切联系的各种类别的无障碍设施技术进行不同层面的研究。鼓励高等院校和研究机构开设无障碍有关课程，开展相关专业知识培训。

制定无障碍产品研发资助政策。贯彻落实有关创新创业扶持政策，出台支持无障碍环境建设领域产品研发制造等的创新政策。在设计源头，鼓励和支持无障碍产品的设计、生产、应用，可通过设计大赛等形式，激发社会各界人对无障碍产品的构思和创意。在生产和应用方面，鼓励互联网、电信网等运营商完善无障碍硬件、软件以及信息系统的开发和使用，对于生产无障碍产品的企业给予一定税收优惠。对于采购应用方，给予适当的社会荣誉，可参考环保产品的奖励办法，采购环保产品的企业在政府招投标中享有一定优势。探索建立从事无障碍设计和产品生产的社会企业资质认定、社会责任评价及奖励资助机制，推动实施统一规范的政府购买服务政策和标准。

加强无障碍环境建设高新技术的研究与应用。近几年来，国际社会对无障碍设施建设影响最大的莫过于信息技术的快速发展和仿生技术的日臻成熟。将信息技术运用于无障碍设施的建设中，可实现合理交通组织出行路径诱导，危险防范及室内外信息获取。通过对残障人士生理障碍的病理研究，运用高科技手段，可从其内在根本解决阻碍残障人士正常参与社会生活的生理障碍。

> **专栏10-2 » 数字化信息技术在无障碍环境建设中的应用**
>
> 一、美国先进运行系统
>
> 研究全球卫星定位系统（p：Global Positioning System）在公共交通领域的应用并利用公共交通的先进运行系统（AOS：Advanced Operating System）（包括：CPS、AVL系统、车载系统的设备和计算机辅助调度）可以实现按美国残疾人法（ADA）的规定为特殊乘客提供的准公共交通服务。
>
> 二、日本行人ITS（Intelligent Transportation Systems）系统（智慧型运输系统）
>
> 日本是最重视ITS系统应用于出行弱势群体的国家。行人ITS系统主要向3个目标迈进：创造高龄者能安心、舒适出行的道路环境；执行《无障碍空间法》确保残障人士积极参与社会活动；利用资讯发展创造整合个人相关资讯的通信社会。日本的行人ITS系统主要利用个人可携式设备的发展来提供行人安全防护和资讯获取。
>
> 三、英国视障者行动引导计划
>
> 英国视障者行动引导计划以视障人士为对象，提供微观环境和宏观环境的引导资讯。系统应用无线通信网络将视障行人步行情景连接至路径引导中心，然后用语音信息方式，将引导信息描述给使用者。
>
> 四、日本盲文图书馆网络系统（NAllVNet）
>
> 通过对全日本所有盲文图书馆中的图书目录

进行统一管理，实现了数据的随处搜索。每一家信息供应机构利用借阅系统，通过自己的图书馆目录进行图书馆管理。视障人员也可以使用该系统，通过使用JAWS（语音任务访问）屏幕阅读软件，并利用JAWS中的语音合成技术管理搜索借阅系统。视障人士可以搜索全日本的图书馆目录，并使用主页浏览器发出借阅申请。

专栏10-3 » 仿生技术在无障碍环境建设中的应用

一、日本：开始生产一种专门供行动不便的老年人和残疾人使用，装备自动机的特殊机械服装。这种服装可使老年人和残疾人在无他人帮助的情况下，自己坐下、站起和上楼梯，此外还能在没有一把椅子的任何地方进行休息。

二、美国Color Test 150颜色分辨器，声音合成器。

10.5.2 加强公众宣传普及

（1）无障碍意识宣传

宣传方式。以重要国际会议（如联合国大会、残疾人大会等）为契机，开展各类宣传活动，引导媒体有效介入，将无障碍事业的内容等制作成简明的宣传材料，开展丰富有趣的各类活动，奖励在无障碍建设中表现突出的单位和个人。

宣传内容。其要点包括：1）强调无障碍建设对全民的益处；2）强调残障人士和有障碍群体的能力，形成积极的社会形象；3）宣传相关法规和设施的使用方式；4）宣传人人平等，从思想上消除歧视。

（2）无障碍知识培训

对广大公众而言，接受理解无障碍理念，共同创造良好的社会环境就能达到宣传的目标。然而，对特殊需求人士的相关服务人员、工作生活中可能有较多机会接触特殊需求人士的人员，仅理解无障碍理念是远远不够的，他们必须学习无障碍设施的使用维护知识，用专业的手段帮助自己，帮助他人。

对特殊需求人士的培训。培训特殊需求人士如何使用无障碍设施非常重要。例如：视障人士如何实现定向行走，如何使用可携式信息仪器；肢残人士如何使用辅助行动工具；针对特定智障人的生活培训等。国际上对特殊需求人士的培训基本由相关特殊学校、福利机构以及国际组织承担。

对服务人员的培训。对相关服务人员和在工作生活中有较多机会接触特殊需求人士的人员的培训也必不可少。美国制定了《地方政府ADA指南》，培训地方政府部门工作人员如何帮助特殊需求人士，甚至细化到每个部门对不同残障类型人士如何帮助。日本在《无障碍交通法》中也明确规定公共交通企业必须对员工进行必要的培训。

普通人的残疾模拟训练。分批对普通人进行残疾模拟训练，有助于常人切身感受特殊需求人行动、交流不便产生的困扰，帮助他们更好地理解残障人士的需求。国际老龄化及帮助亚洲培训中心经常举办这样的训练。

（3）无障碍知识教育

与宣传和短期培训相比，教育对社会成员无障碍意识的培养和无障碍知识的获取更具系统性和延续性。

在所有学校中纳入无障碍意识和相关知识教育。欧美、日本、澳大利亚、加拿大等国家实行的融合式教育（也有特殊教育机构），使孩子们从小在实践中学习、理解尊重不同的孩子，并学习如何与他们平等相处，如何帮助他们，学校在课程设计上也加强了无障碍知识的教授。

在大学相关专业开设无障碍设计课程。例如，日本建筑学会残疾人分会一直致力于在日本高校系统推广无障碍设计教育，推动建筑、土木工程、环境设计和规划、交通等相关专业开设无障碍设计课程，涵盖设计练习、生理学、心理学、法规等方面。